CONSTITUTION DE LA MODERNITÉ
sous la direction de Marina Mestre Zaragozá
27

En traduisant
Franco Sacchetti

Ce travail a été réalisé au sein du LABEX COMOD (ANR-11-LABX-0041)
de l'université de Lyon, dans le cadre du programme
« Investissements d'avenir » (ANR-11-IDEX-0007) de l'État français,
géré par l'Agence nationale de la recherche (ANR).

COMOD
UNIVERSITE DE LYON

En traduisant Franco Sacchetti

De la langue à l'histoire

Sous la direction de Laurent Baggioni
et Sylvain Trousselard

PARIS
CLASSIQUES GARNIER
2021

Laurent Baggioni est maître de conférences HDR en études italiennes à l'université Jean-Moulin – Lyon III et membre du laboratoire Triangle (UMR 5206). Ses travaux concernent l'histoire de la littérature et de la pensée politique italiennes des XIVe-XVe siècles. En 2015, il a publié *La Forteresse de la raison : lectures de l'humanisme politique florentin d'après l'œuvre de Coluccio Salutati.*

Sylvain Trousselard est maître de conférences HDR à l'université Lumière – Lyon 2. Ses travaux portent sur la production comique et la littérature didactique et morale du Moyen Âge italien. Il a traduit Rustico Filippi, Folgore da San Gimignano, Cenne da la Chitarra, Bono Giamboni ainsi qu'un bestiaire anonyme du début du XIVe siècle pour lequel il a également établi une nouvelle édition.

ISBN 978-2-406-11170-2 (livre broché)
ISBN 978-2-406-11171-9 (livre relié)
ISSN 2493-8947

AVANT-PROPOS

Le regard de Sacchetti sur la politique – Les jeux du rire et du hasard

Les études qui composent ce volume s'inscrivent dans le cadre d'un travail collectif dirigé par Sylvain Trousselard pour lequel un groupe d'italianistes a entrepris de traduire les *Trecento Novelle* à partir de l'édition de Michelangelo Zaccarello. Le présent volume pourrait ainsi apparaître comme les prolégomènes de ce travail, ou comme un ensemble d'investigations contiguës. Il recueille plutôt le fruit d'une réflexion concomitante à l'acte de traduire, stimulée par une édition nouvelle proposant d'importantes réévaluations du texte[1]. La traduction des *Trecento Novelle* génère en effet un questionnement critique engageant la compréhension de l'écriture dans sa dimension la plus ponctuelle ainsi que l'élucidation du sens global de l'œuvre et du principe, ou des principes, d'articulation des récits entre eux. En somme, la question du *comment traduire* se heurte au caractère mouvant, multiforme, irréductible du texte et réactive une autre question : « Comment lire les *Trecento Novelle* ? » La question de la cohérence des choix de traduction ouvre donc la voie à la réévaluation herméneutique d'une œuvre dont la cohérence a toujours été considérée comme problématique.

L'objet principal des études qui suivent est d'interroger cette cohérence, du point de vue du rapport entre fiction et histoire, à partir d'une méthodologie philologique, fondée sur l'examen du texte et de sa littérarité. Au delà des tensions constitutives de la nouvelle des XIIIe et XIVe siècles – les trois « dilemmes » mis en lumière par Cesare Segre[2] – émerge une particularité de Sacchetti : la tension constante ou

---

1 Franco Sacchetti, *Le Trecento Novelle*, édition critique de Michelangelo Zaccarello, Firenze, Edizioni del Galluzzo, 2014.

2 Cesare Segre, « La novella e i generi letterari », in *Notizie dalla crisi. Dove va la critica letteraria*, Torino, Einaudi, 1993, p. 109-119, p. 110 : « *La novella è una narrazione breve generalmente in prosa (a differenza dal fabliau, dal lai e dalla nova), con personaggi umani*

l'incertitude voulue entre fiction et récit véridique. Il ne s'agit pas là d'un procédé très original[3]. Pourtant Sacchetti, dès le prologue, insiste fortement sur le fait qu'il a été témoin de certaines histoires et que si les noms des personnages peuvent être inexacts, la plupart des histoires sont vraies. Et même s'il y a des « fables », ajoute-t-il, elles ont été écrites « en vérité[4] ». Cette insistance sur le témoignage visuel et sur la vérité des récits dépasse la question rhétorique de la distinction entre le vrai, le vraisemblable et le fabuleux[5] : ce qui se joue plutôt, c'est la volonté de rattacher la poétique narrative à un témoignage, un regard, un point de vue sur l'histoire contemporaine. Le présent ouvrage explore un aspect de cette tension dans les variations d'un jeu plaisant entre fiction exemplaire et ancrage historique des récits, avec une attention particulière pour le point de vue qu'elles composent. Si par certains aspects, Sacchetti s'écarte de l'édifice littéraire mis au point par le modèle boccacien pour en proposer un nouveau, il invite néanmoins à un jeu constant entre l'inventivité narrative et l'histoire, jeu propre à aiguiser le plaisir du lecteur tout autant que son regard critique.

Ce questionnement a été porté au cœur du texte. Sans définition préalable de ce qu'est une œuvre, justement. Antonio Corsaro, souligne dans son introduction le caractère d'œuvre « ouverte » de Sacchetti,

(a differenza dalla fiaba esopica) e contenuti verosimili (a differenza dalla fiaba) ma generalmente non storici (a differenza dall'aneddoto), per lo più senza finalità morali o conclusione moraleggiante (a differenza dall'exemplum). Il tipo di narrazione così abbozzato si realizza nella scelta tra vari dilemmi : narrazione orale / narrazione scritta ; strumentalizzazione / libertà inventiva ; inserzione in un frame, in una cornice / autonomia. »

3 On le retrouve dans le *Décaméron*, par exemple, à propos de la nouvelle de Federigo degli Alberighi (v, 9). Ce *topos* prend de l'importance chez Sacchetti et on le retrouve dans la *Novella del Grasso legniaiuolo* d'Antonio Manetti au siècle suivant, voir André Rochon, « Une date importante dans l'histoire de la *beffa* : *la nouvelle du Grasso legniaiuolo* », *Formes et significations de la* beffa *dans la littérature italienne de la Renaissance*, 2e série, Cirri n. 4, Paris, Université de la Sorbonne Nouvelle – Paris III, p. 211-376, p. 237.

4 « [...] *mi proposi di scrivere la presente opera e raccogliere tutte quelle novelle le quali, et antiche e moderne, di diverse maniere sono state per li tempi, et alcune ancora ch'io vidi e fui presente, e certe di quelle che a me medesimo sono intervenute.* [...] *E perché molti, spezialmente quelli a cui in dispiacere toccano, forse diranno, come spesso si dice, questi sono favole, a ciò rispondo che ce ne saranno forse alcune, ma nella verità mi sono ingegnato di comporle* », *Le Trecento Novelle*, *op. cit.*, p. 3-4.

5 Nous nous référons à la distinction entre *historia*, *argumentum* et *fabula*, l'une des distinctions à partir desquelles Michelangelo Picone reconstitue le processus d'autonomisation de la nouvelle au XIVe siècle, *Cf. Boccaccio e la codificazione della novella*, Ravenne, Longo, 2008. Chez Sacchetti par ailleurs, le terme *novella* ne renvoie presque jamais à une forme littéraire mais à un récit transmis oralement.

dominée par l'action irrépressible et incontrôlable du hasard. De son côté, l'article de Marina Gagliano montre que le recueil est guidé par une ambition comique et morale nourrie par le modèle de Dante auquel la crise multiforme de la fin du XIVe siècle confère une nouvelle actualité. Deux lectures, et deux pôles, en un sens. Deux conceptions de l'œuvre ? Nous y voyons plutôt deux perspectives qui ouvrent la voie à un questionnement varié : enquêter sur une visée comique dirigée vers le redressement du monde et goûter les extravagances du hasard. Et si les contributions n'ont pas voulu résorber la tension entre ces deux lignes de fuite, c'est précisément pour déployer l'étendue et la variété des configurations narratives et la multiplicité des jeux établis entre l'identification de l'auteur, les interventions du narrateur, et la matière narrative des nouvelles.

L'ensemble de ce travail s'est dirigé vers la portée politique du recueil. En faisant ce choix, nous avons souhaité nous concentrer sur les modalités d'apparition de la vie sociale en analysant les formes de leur représentation[6]. Non par souci documentaire, ni par volonté d'en extraire une idéologie, mais en posant que c'est le regard sur le monde, et en particulier sur le monde social, qui se trouve au fondement de l'entreprise littéraire de Sacchetti[7].

La première partie, intitulée « Les mots des autres : le texte et ses horizons socio-culturels », interroge la tradition du texte et la façon dont l'écriture de Sacchetti joue avec l'altérité et les normes sociales contemporaines. Michelangelo Zaccarello, rappelant les étapes fondamentales de l'histoire du texte, démontre combien la matière linguistique du

6 Patrick Boucheron, dans ses études sur la nouvelle italienne de la fin du Moyen Âge, a redonné toute son importance à une relecture des textes littéraires envisagés comme des manifestations culturelles privilégiées d'une société politique en crise : « Vitupération, dévoilement et catégorisation sociale dans les *Novelle* du XVe siècle. Remarque sur une forme médiévale de méchanceté littéraire », in Patrick Boucheron, Vincent Azoulay (dir.), *Le mot qui tue. Les violences intellectuelles, de l'Antiquité à nos jours*, Seyssel, Champ Vallon, 2009, p. 332-353 ; « "Bien qu'il fût cruel, il y avait dans ses cruautés une grande part de justice" : l'étrange popularité littéraire d'un justicier exemplaire, Bernabò Visconti », in Olivier Mattéoni et Nicolas Offenstadt (dir.), *Un Moyen Âge pour aujourd'hui. Mélanges offerts à Claude Gauvard*, Paris, PUF, Paris, 2010, p. 63-71 ; « La sociologie implicite de la *novellistica* italienne de la fin du Moyen Âge », *Ce qu'ils vivent, ce qu'ils écrivent : mises en scène littéraires du social et expériences socialisatrices des écrivains*, Paris, Éditions des archives contemporaines, 2011, p. 537-566.

7 Marina Marietti « La crise de la société communale dans la *beffa* du *Trecentonovelle* », in *Formes et significations de la* beffa, *op. cit.*, p. 9-63.

recueil, en l'absence d'autographe, est tributaire d'une tradition postérieure. En explicitant ses critères d'édition, l'auteur démontre néanmoins que certains aspects micro-textuels, notamment l'intérêt du narrateur pour la mimésis dialectale, constituent des acquis définitifs. Cette mimésis dialectale traduit une volonté de caractérisation comique des personnages par des jeux linguistiques, comme en témoigne l'inventivité onomastique de Sacchetti, destinée à mettre en relief l'épaisseur socio-économique des personnages : l'article de Sylvain Trousselard révèle de quelle manière le déictique de la personne s'inscrit pleinement dans la diégèse pour renvoyer parallèlement l'attention du lecteur sur les rapports socio-professionnels qui s'invitent alors dans le récit. D'autant que les rapports verticaux se prêtent merveilleusement à une conception du rire fondée sur l'écart par rapport à la norme, conception dont Pascaline Nicou, à partir d'une analyse des usages du mot *nuovo* (qu'on peut traduire par « singulier », « étrange », « extravagant »), révèle les implications politiques dans la critique de la fragilité des sociétés et des États contemporains.

Dans la deuxième partie, « Nouvelles de la vie florentine », les formes littéraires de la vie sociale sont interrogées à partir du regard porté par Sacchetti sur sa propre cité. S'agissant des rapports familiaux, la sphère de la fiction traduit une transposition de conflits qui se jouent dans la communauté politique, « ce qui souligne l'importance aussi bien de l'ancrage historique des nouvelles pour en comprendre le sens que de l'horizon historique dans la poétique narrative de Sacchetti », comme le démontre Cécile Terreaux-Scotto. De même, l'importance de l'espace urbain dans la mise en scène des artistes, étudiée ici par Ismène Cotensin, trahit l'intérêt fondamental de Sacchetti pour la représentation de la sociologie urbaine et les rapports de pouvoirs qui la structurent. Par conséquent, si la « pyramide inversée[8] » qui caractérise le spectre social du *Décaméron* subit chez Sacchetti un élargissement vers le bas au profit de la *gente mezzana*[9] (« les gens du milieu », les couches sociales

8 Cesare Segre souligne que le *Novellino* et le *Décaméron* offrent une « coupe intégrale » de la société contemporaine avec une sur-représentation des classes supérieures, d'où l'image d'une pyramide inversée, *ibid.*, p. 117 : « [...] *si tratta di una piramide capovolta, per un maggior potere di suggestione e di modellizzazione attribuito ai membri delle classi più elevate.* »

9 Lanfranco Caretti, *Saggio sul Sacchetti*, Bari, Laterza, 1951, p. 142-143 : « *È evidente, infatti, che nelle novelle sacchettiane il vero protagonista è quasi sempre il multiforme mondo della gente "mezzana"*'[...] *: quella gente, cioè, che nell'intenso e dibattuto clima medioevale aveva massimamente avvertito, alla stregua dello stesso Sacchetti, il valore politico e religioso della "comunità".* »

intermédiaires), comme on l'affirme traditionnellement, il n'est pas moins vrai que Sacchetti est avant tout le peintre des rapports inégalitaires, de la hiérarchie entre pères et fils, maîtres et disciples, artisans et ouvriers, commanditaires et peintres. Laurent Baggioni, dans son article, montre que l'univers politique est avant tout régi par les lois du renversement comique entre le pouvoir et ses sujets, renversement qui invite à s'interroger de façon critique sur le fonctionnement de la sphère politique et sur les points de continuité entre la Commune florentine et les seigneuries contemporaines.

La troisième partie, « Un regard sur le monde : éthique et poétique de Franco Sacchetti », est consacrée aux rapports complexes entre récit et discours. La question dépasse de loin la dichotomie entre les nouvelles proprement dites et les commentaires conclusifs du narrateur. Tout d'abord parce que l'éclatement du recueil ne dispense pas d'une réflexion d'ensemble sur le projet d'auteur, comme le montre Marina Gagliano qui analyse les multiples indices d'une figure auctoriale rapprochant Sacchetti du Dante comique et se surimposant à celle du narrateur. Ensuite parce que les éléments discursifs ne se limitent pas aux commentaires conclusifs, Élise Leclerc met en effet en lumière un usage rhétorique conscient et massif des formes sentencieuses dans l'ensemble du recueil, usage qui témoigne de la texture essentiellement exemplaire des *Trecento Novelle* mais aussi de la stimulation constante du lecteur dans sa capacité de discernement. Ilaria Tufano, pour sa part, révèle les limites d'une lecture étroitement historique et met en lumière l'épaisseur littéraire de la figure de Bernabò Visconti, soulignant le caractère principalement moral des nouvelles de Sacchetti où règne la fortune : « l'inquiétante imprévisibilité du puissant n'est autre que l'un des nombreux visages sous lesquels se manifeste dans le monde la déesse aux deux natures pour laquelle il n'existe aucun remède ». Si projet éthique il y a, on ne saurait le lire comme un manuel de redressement social et politique en bonne et due forme mais plutôt comme une entreprise de rééducation du regard civique grâce à laquelle tout homme vivant en société est appelé à rejeter les vices qui sapent la pérennité de la vie collective. Dans son analyse d'une séquence de nouvelles et de sa réception au XVIe siècle, Enrica Zanin explique ainsi que le « projet éthique de Sacchetti n'est pas systématique, mais accumulatif » de sorte que chaque nouvelle fournit des indications concrètes de conduite, susceptibles d'être complétées ou modifiées par les nouvelles suivantes. Le tableau d'ensemble est ainsi la résultante d'une multiplicité de considérations ou de méditations singulières destinées à régénérer les capacités d'appréciation morale du lecteur.

Au delà d'une morale de la mesure, développée dans ses œuvres didactiques[10], la variété de l'écriture narrative de Sacchetti, maintes fois soulignée, se présente à nous comme la tentative d'établir ou de rétablir, par la narration, une juste distance par rapport au monde contemporain. Un Sacchetti moraliste, donc ? Le *novelliere* serait alors le prolongement narratif et plaisant des méditations religieuses des *Sposizioni di Vangeli* et de la prose spirituelle des *Lettere* ? Outre l'opposition sacrosainte entre littérature et histoire, plus d'un obstacle s'oppose à l'établissement d'une telle continuité univoque. Le plus important et le plus significatif demeure l'irréductible variété des récits, leur structure polymorphe, fluide, fondamentalement régie par le hasard. Dans l'introduction, Antonio Corsaro développe l'idée d'une impossibilité structurelle des *Trecento Novelle*, « œuvre ouverte » (à la différence des poèmes politiques), à se faire le support d'une idéologie ou d'un système doctrinal, et notamment du patriotisme florentin. Sacchetti se plaît à mettre en échec la morale pour mieux mettre en valeur « les » morales de ceux qui tirent leur épingle du jeu au sein d'une combinatoire narrative qui paraît inépuisable. Narrateur résolument comique, il s'insère pourtant pleinement dans cette fin du XIVe siècle où les auteurs de nouvelles traduisent de profondes inquiétudes politiques et religieuses en réactivant et en laïcisant des schémas narratifs et figuraux issus de l'*exemplum*.

Le monde des *Trecento Novelle* est un monde étrange, proche de celui du lecteur mais constamment parcouru d'incongruités et d'extravagances qui suscitent le rire, un rire inquiet qui mène à la réflexion. Dans cet univers inquiétant et comique à la fois, le monde social et le monde politique se détachent avec un relief particulier. Pour construire le regard de son narrateur, Sacchetti s'est sans doute souvenu de sa propre expérience. Toutefois, la politique dont il est question n'est pas celle des manœuvres pour conquérir ou conserver le pouvoir, un monde que Sacchetti, issu de la noblesse et membre actif de la classe politique florentine, connaissait bien et avait probablement observé avec attention. Ce sont plutôt les hasards insolites de la vie quotidienne et collective qui l'intéressent. Car Sacchetti avait aussi été podestat dans la ville de San Miniato, et il

10 Lanfranco Caretti, *op. cit.*, p. 132-133.

connaissait l'extrême variété des situations concrètes qui se présentent quotidiennement à la justice, où la réalité dépasse souvent la fiction. Dans les *Trecento Novelle*, c'est bien un ensemble composite de rapports sociaux qui est tumultueusement mis en scène, à travers le retard surplombant d'un observateur curieux et parfois condescendant dont la parole exhortatoire et réformatrice invite au détachement, à la pondération et à la sagesse.

Nous devons donc reconnaître la pertinence du prologue : s'il y a des fables, elles ont été écrites « en vérité ». Il importe de ne pas limiter la polysémie de ce terme, en le réduisant soit au contenu implicite et voilé d'une parénèse exemplaire, soit à une pure mimésis de la société contemporaine. Si ces *novelle* ne relèvent ni uniquement du discours, ni uniquement du récit, elles procèdent en revanche d'une volonté de composition, d'une intentionnalité littéraire, d'une visée d'écriture. Sans prétendre la résoudre, les contributions de ce volume permettent de reposer une importante question d'interprétation : le renoncement au récit-cadre boccacien est-il un pas en arrière, un choix anti-moderne, ou au contraire un jalon important dans l'affirmation du point de vue dans la pratique littéraire ? Les coordinateurs de cet ouvrage ont voulu activer cette interrogation en formant le vœu qu'elle anime à l'avenir l'approche critique de Sacchetti.

En dépit du caractère inachevé et lacunaire du texte, les *Trecento Novelle* sont une œuvre littéraire au sens plein dont l'enjeu particulier est celui de conduire le lecteur à questionner le rapport qu'il entretient, comme être social, avec la réalité de son temps. En ce sens, si Sacchetti, dans une confrontation implicite et constante avec le modèle décaméronien, entend rénover radicalement, par la langue et par le style, l'écriture du récit bref, c'est pour participer pleinement à une maturation intellectuelle et politique, afin de mettre en avant une expérience individuelle dont le caractère symptomatique et exemplaire permette plus généralement de réinterroger le rapport entre les individus et leurs groupes d'appartenance, entre les sujets et leurs communautés, entre les histoires particulières et l'histoire commune.

Laurent BAGGIONI
Sylvain TROUSSELARD

INTRODUCTION

> [...] *mi proposi di* [...] *raccogliere tutte quelle novelle* [...] *et alcune ancora ch'io vidi e fui presente, e certe di quelle che a me medesimo sono intervenute*[1].

Dans la seconde moitié du XXe siècle, et au cours des décennies suivantes jusqu'à nos jours, les études consacrées à Sacchetti semblent s'être multipliées. Cela vaut pour l'établissement du texte des *Trecento novelle*, crucial à partir de la fin de la seconde guerre mondiale, avec les éditions de Pernicone, Ageno, Lanza et Marucci, jusqu'à la dernière édition critique récemment réalisée par Michelangelo Zaccarello. Cela vaut également pour les travaux critiques consacrés à la structure du texte et à son style, comme pour les études qui ont proposé, comme clef de lecture, une approche des textes en relation avec les modalités de la chronique qui les caractérisent de manière si évidente. Cela vaut enfin pour les aspects spécifiquement linguistiques et historico-linguistiques. Je n'entends pas ici reparcourir l'ensemble de la critique, mais je m'y référerai, dans les pages qui suivent, ainsi qu'à des travaux spécifiques[2].

Les travaux ici rassemblés, fruits d'un colloque international, s'organisent selon les lignes directrices évoquées dans le titre, *De la langue à l'histoire*. Nous trouvons tout d'abord les riches perspectives mises en lumière par le nouveau texte établi en 2014 par Michelangelo Zaccarello

---

1 « [...] je me suis proposé de [...] recueillir toutes ces histoires [...] et d'autres encore que j'ai vues et dont j'ai été le témoin », Franco Sacchetti, Proemio, *Le Trecento novelle*, éd. Michelangelo Zaccarello, Firenze, Edizioni del Galluzzo, 2014, p. 3.

2 Au delà des éléments bibliograhiques présents dans ce volume, je renvoie également à la contribution de Teresa Nocita, *Bibliografia della lirica italiana minore del Trecento (BLIMT)*, Roma, Salerno, 2008.

qui constitue la matière d'une première traduction française intégrale à venir chez Classiques Garnier, résultat d'un séminaire de traduction dirigé par Sylvain Trousselard : le texte et la langue de Sacchetti sont donc le point de départ incontournable. Mais les différents parcours qui découlent de ce texte initial sont fort nombreux et partent d'un cadre philologique, linguistique et comparatiste pour étendre l'interprétation à des aspects historiques et littéraires du texte. Michelangelo Zaccarello[3] récapitule les points essentiels et les choix ecdotiques de sa nouvelle édition, en mettant en évidence les nombreuses incertitudes et apories dues à une leçon malmenée (d'où les nombreuses nouveautés que son édition introduit en rectifiant souvent une tradition qui éclaire peu le sens) et, parallèlement, la difficulté de reconstituer de manière adéquate la réelle dimension linguistique de l'original face à une tradition textuelle qui débute, comme on le sait, avec les copies du XVIe siècle. Cet élément pour le moins singulier doit, me semble-t-il, être considéré comme une prémisse nécessaire à toute lecture des *Trecento novelle* : une tradition très lacunaire, donc, qui donne l'impression d'une œuvre restée inachevée dont manquent les autographes (contrairement à d'autres œuvres de l'auteur) et le public (que nous ne pouvons qu'imaginer dans les intentions de Sacchetti d'après ce qu'on lit dans le *Prologue*). Il n'y a pas de traces de diffusion au cours du XVe siècle, mais seulement à une toute autre époque, pour des motifs liés à un intérêt linguistique plutôt que narratif.

Il s'agira dès lors de partir de ces aspects de la fortune du texte, entendons de sa place au sein de la production de nouvelles du Moyen Âge. Derrière les *Trecento novelle* se tient, évidemment, Boccace. Dès son *Prologue*, l'auteur n'en fait d'ailleurs pas mystère :

> *ragguardando infine all'eccellente poeta fiorentino messer Giovanni Boccacci, il quale descrivendo il libro delle Cento Novelle per una material cosa, quanto al nobil suo*

3 Face également aux nombreuses recensions publiées, qui ne sont pas toutes élogieuses, comme cela était imaginable, étant donné la nature et la qualité des changements subis par la leçon, et surtout étant donné les aspects d'un travail d'ensemble effectué sur un texte de base différent de celui qui était retenu jusque-là, voir : Antonio Corsaro, 2015, *Ecdotica*, 12, p. 273-280 ; Cristiano Lorenzi, *Lettere italiane*, LXVIII/2, p. 402-406 ; Valerio Marucci, « Sulla tradizione del testo del *Trecentonovelle* di Franco Sacchetti : vecchie e nuove proposte editoriali », *Humanistica*, II, 2013, p. 55-70 [l'article a en réalité été publié l'année suivante] ; Paolo Pellegrini, « Franco Sacchetti e la lingua del *Trecentonovelle* : a proposito del testo base », *Studi linguistici italiani*, XLII, 2017, p. 220-240.

ingegno, quello è così divulgato e richiesto che insino in Francia et in Inghilterra l'hanno ridotto nella loro lingua [...][4]

Mais en examinant chaque mot de ce passage, on remarque un rapport singulier et précis avec ce modèle indépassable. Chez Sacchetti, le *Décaméron* apparaît « écrit comme une chose fruste » (« *descritto per una material cosa* »), mais jouissant d'une diffusion exceptionnelle ; cela vient faire écho à ce qu'on découvre dans la chanson CLXXXI sur la mort de Boccace où le *Décaméron* ne figure pas comme objet de louange. Et cette œuvre ne pouvait pas y figurer, pourrait-on dire, puisqu'elle est justement une *material cosa*, autrement dit indigne des mérites du grand érudit et du grand humaniste que la chanson entendait célébrer[5]. Malgré la déférence du *Prologue*, Sacchetti regardait le *Décaméron* comme une œuvre hors du territoire de la grande littérature, un modèle mineur de divertissement, peut-être célèbre, mais ramené, dans les faits, à la même dimension limitative qu'il voyait dans ses propres nouvelles. Tout en invitant à revisiter ce thème à travers les contributions présentes dans ce volume[6], je me limiterai à proposer quelques réflexions sur le fait que, dès lors que les nouvelles de Sacchetti sont lues à l'aune du *Décaméron*, surgit un vide inquiétant : parce que les reprises directes sont très rares (le cas de Sercambi[7] est fort

---

4 « et prêtant enfin attention à messire Boccace, l'excellent poète florentin dont le livre des Cent nouvelles, qu'il a écrit comme une chose fruste, eu égard à son noble esprit, a été toutefois si divulgué et réclamé qu'il a même été traduit en France et en Angleterre [...] », *Le Trecento novelle*, p. 3.

5 Franco Sacchetti, *Il libro delle rime*, éd. Franca Brambilla Ageno, Firenze-Perth, Olschki-University of Western Australia, 1990, CLXXXI, p. 259 : « *Chi sonerà parola / in letture propinque, / là dove libri cinque / di questo diretan composti stimo ? / "De' viri illustri" il primo / conta, e 'l secondo "De le donne chiare", / terzo si fa nomare / "Buccolica", il quarto "Monti e fiumi", / il quinto "Delli dii e loro costumi".* » Nous renvoyons également à Giuliano Tanturli, « Giovanni Boccaccio nella letteratura italiana », in *Boccaccio autore e copista*, dir. Teresa De Robertis, Carla Maria Monti, Marco Petoletti, Giuliano Tanturli, Stefano Zamponi, Firenze, Mandragora, 2013, p. 17-23, p. 21 : « *La canzone in morte di lui Or è mancata ogni poesia* [...] *cita tutt'e cinque i grandi libri latini* [...] *e tace, come se non ci fosse, il simmetrico impegno nell'idioma materno* [...] *la qualifica di "materiale cosa" giustifica con l'implicito dislivello come fra la lingua latina e volgare, così fra i contenuti e il fine di questo e di altri scritti volgari da un lato e quelli degli scritti latini dall'altro, il silenzio della canzone.* »

6 Nous renvoyons en particulier à la contribution d'Enrica Zanin qui explore les contenus sacchettiens en tant que *projet éthique*, dans ses rapports possibles avec le *Décaméron* et, surtout la réception diversifiée des messages contenus dans les nouvelles au cours du XVIe siècle et de la Contre-Réforme.

7 Je renvoie ici à Antonio Corsaro, « Boccaccio e Sacchetti. Incontri e dissociazioni », *The Italianist*, II, 1982, p. 5-14.

différent de ce point de vue), mais essentiellement parce que l'approche narrative est très différente, et fait de Sacchetti « le moins boccacien des auteurs nouvelles postérieurs à Boccace[8] ». Sacchetti est l'épigone qui, contrairement à Sercambi et au *Pecorone*, n'a pas intégré son recueil dans un récit-cadre, renonçant ainsi radicalement à la cohérence du *Décaméron* qui fait de chaque nouvelle la partie d'un tout trouvant son sens en tant que telle. De ce point de vue, le texte se rapproche davantage du *Novellino*, mais le parallèle s'arrête bien vite, car les *Trecento novelle* ne constituent pas une œuvre « ancienne » (pré-boccacienne) mais plutôt un texte qui tend à dissoudre ce qui pouvait relever chez Boccace d'une auctorialité moderne. Ainsi, si le *Décaméron* fondait sa nouveauté (sa modernité) dans l'élaboration d'une forme de récit dont la valeur autonome correspondait à un regard sur le monde, la structure méta-narrative de Sacchetti désactive cette même autonomie en soumettant la narration à un commentaire auctorial presque systématique, entendons par là un texte ajouté qui justifie le récit, en explicite la fonction, en donne une clef de lecture et une raison d'être. Il s'agit là, en substance, de la dimension « exemplaire » des nouvelles sacchettiennes qui a bien été explorée, de cette propension à fournir pour chaque événement raconté une moralité ou un enseignement[9]. La distance la plus grande qui sépare notre auteur de Boccace se trouve avant tout dans la relation entre une structure narrative et une sélection de matériaux, dans une conception implicite de la nouvelle qui, dans son ensemble, chez Sacchetti, ne vise pas à définir l'homme dans ses composantes historiques et naturelles essentielles, mais davantage dans le « paradigme du caractère exceptionnel que revêtent les relations entre les hommes ».

Il est dès lors possible de réfléchir sur l'absence de tout sens de la diachronie, et à l'inverse, sur la primauté constante qu'il donne aux éléments de chronique, de biographie, de mémoire, d'anecdote. Par

---

8 « [...] il meno boccaccevole degli scrittori di novelle posteriori a Boccaccio », Letterio di Francia, *Franco Sacchetti novelliere*, Pise, Successori Fratelli Nistri, 1902, p. 314. Voir l'exposé clair de Michelangelo Picone, qui vaut également pour sa dimension synthétique : « Il "Trecentonovelle" di Sacchetti », dans le chapitre « Gli epigoni del Boccaccio e il racconto nel Quattrocento », in *Manuale di letteratura italiana. Storia per generi e problemi*, dir. Franco Brioschi e Costanzo Di Girolamo, I, Torino, Bollati Boringhieri, 1993, p. 655-696.

9 Voir Carlo Delcorno, « Dalle *Sposizioni di Vangeli* al *Trecentonovelle* », in *Id., Exemplum e letteratura tra Medioevo e Rinascimento*, Bologna, Il Mulino, 1989, p. 295-316 ; Biagio Testa, « Note su carattere e struttura del *Trecentonovelle* : tra exemplum e letteratura religiosa », *AION. Annali dell'Istituto Orientale di Napoli. Sezione romanza*, XXXII, 1990, 1, p. 275-297.

ailleurs, il ne me semble pas que l'on puisse se prévaloir d'une datation chronologique et systématique de toutes les nouvelles, mais je pense pouvoir dire que, chez Sacchetti, c'est la contemporanéité qui est privilégiée, non pas tant pour des raisons objectives de chronologie qu'en raison d'un choix conceptuel initial qui prévaut sur l'ensemble du recueil. Si Boccace, dans son prologue avait révélé ses difficultés à associer le mot *nouvelle* avec de possibles synonymes comme *fables*, *paraboles*, *histoires* (*favole, parobole, istorie*), Sacchetti est bien plus linéaire dans sa manière d'assigner au terme une sémantique liée à l'idée du « compte rendu ». Sa stratégie met régulièrement en lumière l'auteur comme un personnage ou un témoin, et les personnages comme des personnes historiques que celui qui écrit et ceux qui lisent connaissent bien. Sur ce point, il est intéressant de rappeler la déclaration de la nouvelle LXX : « *La novella, detta per alcun giovane, fu già scritta, e molto più lungamente* [...]. *E questo non fu vero, però che quella della cucina seguì a un gentiluomo de' Cerchi* [...][10] », (soit dit en passant, cette déclaration a été corroborée par un texte anonyme qui a survécu). Les attestations de véridicité basées sur la chronologie vont dans le même sens : « de mon temps » (« *nel mio tempo* » ; « *ne' dì miei* »), « il y a peu de temps » (« *ne' miei dì poco tempo* »), « il a vécu à mon époque, je l'ai connu et fréquenté » (« *fu a' miei dì, e io il conobbi, e spesso mi trovava con lui* »), « il y a peu », « récemment » (« *non è gran tempo* ; *poco tempo fa* ; *non è molto* »), « quelques années en arrière » (« *non è molti anni* »), « il n'y a pas dix ans » (« *non è ancora dieci anni* »), jusqu'à la déclaration paradigmatique de la nouvelle CXXXV, signe à la fois de vérité et d'actualité :

> [...] *e non è mill'anni che questo fu, ma è sì piccol tempo che io ho favellato al buon uomo a cui questa novella, ch'io racconterò, advenne*[11].

Il s'agira sans doute dès lors de considérer comme une simple formule de circonstance le passage du prologue où il est question de nouvelles « anciennes et contemporaines », alors qu'un autre passage, dans la nouvelle CXCIII, est bien plus explicite :

10 « Quelqu'un a déjà écrit cette nouvelle, racontée par un jeune homme, mais dans une version beaucoup plus longue [...]. Mais cela n'est pas vrai, car l'histoire de la cuisine est arrivée à un gentilhomme de la famille des Cerchi [...] », *Le Trecento novelle*, p. 156.

11 « [...] et cela ne s'est pas passé il y a mille ans, mais c'est tout récemment que j'ai parlé au brave homme auquel cette histoire, que je vais raconter, est arrivée », *ibid.*, p. 306.

> *Che vo io cercando le cose antiche, delle quali si potrebbe dire : forse non fu così ? Diciamo di quelle che ieri vedemmo*[12].

Un récit dont la matière – la domination absolue de Fortune dans les affaires mondaines – peut être emblématique de l'ensemble du volume.

Face à cette affirmation, continuelle et insistante, de la vérité de ce qui est raconté, que privilégie Sacchetti ? Carlo Delcorno écrivait dans une de ses études :

> *Di fatto lo scrittore dà grande spazio ai casi nuovi, alle cose viste, agli aneddoti nei quali egli stesso è protagonista : è la sua personalità, la sua voce di narratore e di commentatore a coordinare una materia eterogenea*[13].

Une telle organisation constitue de fait une sélection qui oriente des récits dont la valeur exemplaire finit par coïncider avec le *hasard exceptionnel.* À cet égard, on peut rappeler une analyse de Lanfranco Caretti :

> *La scoperta del Sacchetti, onde si genera poi il fervore stupito del suo perenne novellare, è* [...] *la scoperta, tutta terrestre, di una sorta di magico quotidiano : della ricca forza d'ispirazione, cioè, e delle infinite risorse che sono rinvenibili anche sotto gli aspetti più insignificanti o addirittura mortificati dei fatti correnti e giornalieri.* [...] *Entro queste spire, le "costanti" veristiche* [...] *affiorano pertanto* [...] *dal fondo cronistico dove quotidianamente vivono e donde son tratte, fantasticamente reinventate*[14].

L'imagination, donc, ou plutôt l'incroyable, l'étrange que la réalité nous réserve. Les retombées structurelles sont évidentes sur la forme, plus encore que sur le contenu, comme le synthétisait admirablement Cesare Segre :

---

12 « Qu'ai-je besoin d'aller chercher des histoires anciennes, dont on pourrait se demander : en est-il vraiment allé ainsi ? Parlons de celles qui datent d'hier et que nous avons vues », *ibid.*, p. 501.

13 « De fait, l'auteur accord une grande place aux hasards étranges, aux choses vues, aux anecdotes dont il est lui-même le protagoniste : c'est sa personnalité, sa voix de narrateur et de commentateur qui coordonne une matière hétérogène », Carlo Delcorno, « Dalle *Sposizioni di Vangeli* al *Trecentonovelle* », *op. cit.*, p. 299.

14 « La découverte de Sacchetti, qui engendre la ferveur émerveillée de son récit sans fin est [...] la découverte, toute terrestre, d'une sorte de *magie quotidienne*, c'est-à-dire de la puissante source d'inspiration et les ressources infinies que l'on peut atteindre même sous les aspects les plus insignifiants et les plus vils des faits courants et journaliers. [...] À l'intérieur de ces spires, les "constantes" véristes [...] affleurent néanmoins [...] du fond de chronique où elles vivent quotidiennement et d'où elles sont tirées, réinventées par l'imagination », Lanfranco Caretti, *Saggio sul Sacchetti*, Roma, Bulzoni, 1978[2], p. 118-119.

> *È abbastanza raro nel caso del Sacchetti che un intrigo novellistico sia condotto con rigore sino a una conclusione inevitabile. Anche le novelle più belle sono dominate dal caso : è esso l'artefice di curiosi sviluppi, che il narratore cerca di seguire e rappresentare*[15].

Cela signifie que la cohérence de l'intrigue ne constitue pas un objectif absolu, mais dépend de la vérité de ce qui s'est passé : avant toute chose, donc, le récit se situe dans la *sincérité* des événements racontés en fonction de *ce qui se trouve à la portée de la mémoire individuelle ou collective*. Ainsi, la contribution de Pascaline Nicou explore de manière systématique (et nécessaire dès lors qu'on envisage une traduction en langue française) les nombreuses et diverses occurrences du mot *nuovo*, sans doute le mot sémantiquement le plus riche à l'intérieur du recueil, qui se trouve effectivement « au cœur de la poétique de Sacchetti », et qui signifie, non seulement *inconnu*, et pas uniquement *fou* ou *grossier*, mais également, et surtout, *bizarre*, *singulier*, *inattendu*, *surprenant*. Le plus haut degré de hasard associé au plus haut degré de vérité, donc : l'événement étrange, exceptionnel, inouï, entendu comme moteur narratif susceptible de renforcer une sélection qui relève en apparence de la chronique et apparaît comme « empirique[16] ». La langue et les contenus – dans cette perspective – ne peuvent qu'évoluer de concert, du moment que la recherche, dès qu'elle se précise, révèle la nature et l'importance des implications d'un système linguistique et lexical au sein du recueil de nouvelles de Sacchetti.

Par ailleurs, le terme *histoire* a également son importance, et il ne faut pas l'entendre uniquement du point de vue du récit des événements socioculturels, géographiques et relevant de la chronique. Cette question est bien présente dans les travaux scientifiques en amont et on les retrouve dans le présent ouvrage. À l'origine, chronique et nouvelle obéissent, comme chacun sait, à des impulsions analogues ou contiguës : enregistrement de *mirabilia*, conservation de la mémoire collective[17]. Or, si *nouvelle*

15 « Il est assez rare chez Sacchetti que l'intrigue d'une nouvelle soit menée avec rigueur jusqu'à une conclusion inévitable. Même les nouvelles les plus belles sont *dominées par le hasard* : c'est celui-ci qui est l'artisan des curieux développements que le narrateur cherche à suivre et à représenter », Cesare Segre, « La beffa e il comico », in *id.*, *Notizie dalla crisi*, Torino, Einaudi 1993 (1991), p. 95. Nous renvoyons sur ce point aux travaux importants de C. Segre, « Tendenze stilistiche nella sintassi del *Trecentonovelle* », in *id.*, *Lingua stile e società*, Milano, Feltrinelli, 1974, p. 315-354.

16 Cet aspect s'oppose à « imaginaire », si l'on suit la terminologie abondamment illustrée par Robert Scholes, Robert Kellog, *La natura della narrativa*, Bologna, Il Mulino, 2000 (1970).

17 Voir Alberto Vàrvaro, « Tra cronaca e novella », in *La novella italiana*, Atti del Convegno di Caprarola 19-24 settembre 1988, Roma, Salerno, 1989, I, p. 155-171.

correspond à un « fait singulier, digne d'être raconté », il est évident que dans cette dimension de chronique, le message politique et « idéologique » apparait comme nécessairement négligé. Ilaria Tufano[18] explore des exemples typiques de la façon dont Sacchetti occulte ou transforme les événements historiques et militaires en un message « métahistorique » alors qu'à travers les anecdotes concernant Bernabò Visconti, le portrait de l'ennemi proverbial de Florence (à des moments les plus difficiles de l'histoire de la cité, la guerre étant définie dans la nouvelle CXLVIII comme « la plus grande que [les Florentins] eussent jamais à mener », « *la maggior guerra ch'eglino* [*i fiorentini*] *avessero mai* ») est abstrait de son rôle historique et contingent. Ce qui émerge, peut-on en déduire, c'est la transformation de la figure historique en une « fonction » socio-culturelle. Ce qui est représenté en prise directe – juste ou méchant selon les cas –, c'est le prototype d'un prince puissant et intelligent en contact avec des personnes qui lui sont inférieures, qu'il punit pour des comportements déplacés ou pour un manque d'intelligence, ou qu'il récompense (comme dans la nouvelle CLXXXVIII) en dépit de toute prévision. Mais, de cette manière, les grands et les seigneurs se font protagonistes du récit même lorsqu'ils se trouvent désavoués ou édifiés par les humbles (à commencer par la nouvelle II de Frédéric II et de ser Mazzeo, et de la nouvelle III du roi Édouard d'Angleterre), précisément parce que même dans ces cas ils réaffirment leur supériorité en tant que puissants. L'intelligence, semble nous dire Franco Sacchetti, est une chose connue et digne d'être racontée *mais elle n'est pas pour autant le moteur du monde* (comme chez Boccace). Parfois elle n'apparaît pas au service de la vertu et, ailleurs, elle se juxtapose au libre arbitre mais sans garantie de succès. Sur cet aspect, nous pourrons à présent nous appuyer sur la contribution de Laurent Baggioni qui nous explique le traitement et la représentation du pouvoir dans ses aspects les plus arbitraires et moralement déviants.

Nous avons désormais la base pour nous interroger sur les contenus ou, si l'on préfère, sur la somme des messages véhiculés par les nouvelles en nous penchant sur une question de fond : est-il possible d'extraire des *Trecento novelle* une idée du monde (sinon une idéologie), un système capable d'illustrer la réalité des rapports humains sous un profil cohérent ? À ce sujet, je tenterai d'isoler quelques thèmes ou plutôt quelques suggestions

---

18 Citons également, du même auteur, l'article « Dalla cronaca alla novella », *Rassegna Europea di Letteratura Italiana*, 29-30, 2007, p. 157-167.

interprétatives – qui ne cherchent pas à être conclusives – de façon à susciter une lecture renouvelée. Si on observe l'univers social privilégié par Sacchetti, la *modestia* (la modestie) et la *varietà* (la variété) apparaissent comme des catégories dominantes. Segre mettait l'accent sur le nombre élevé de nouvelles « scatologiques » comme « [...] *una delle conseguenze del livello sociale più modesto messo in scena da Sacchetti rispetto a Boccaccio*[19] » ; et la toile de fond socio-économique globale des *Trecento novelle* illustre pleinement le changement radical par rapport au *Novellino*, avec la prédominance de protagonistes issus des classes et des métiers proprement citadins (mercantiles ou inférieurs) par rapport à l'importante sélection opérée dans le recueil du XIIIe siècle[20]. Des éléments qui, au demeurant, ne coïncident pas exactement avec les déclarations du *Prologue* :

> [...] *e perché in esse si tratterà di* [...] *e di diverse condizioni di gente, come di* [...] *marchesi, conti e cavalieri e di uomini grandi e piccoli, e così di grandi donne e mezzane e minori e d'ogni altra generazione* [...][21].

Mais, en réalité, ce passage se trouve corroboré non pas tant dans la sélection des couches sociales ou des groupes sociaux que dans leur variété : une *varietas*, entre autres, envers laquelle l'auteur montre bien peu d'indulgence, qu'il s'agisse de familles anciennes ou des milieux mercantiles ou plébéiens. La contribution d'Ismène Cotensin revient sur le thème canonique de l'artiste comme le catalyseur d'une société en pleine mutation qui se dirige vers un processus de laïcisation. La contribution de Cécile Terreaux-Scotto analyse, quant à elle, le rapport entre jeunes et vieux dans sa dimension essentiellement conflictuelle susceptible d'accentuer la décomposition morale qui suit les grandes transformations alors en cours.

Dans cette *fragmentation* de la vision d'ensemble, ce qui dérange Sacchetti, et qui est le substrat de sa narration, c'est cette précarité non régulée des

---

19 « [...] une des conséquences de la mise en scène par Sacchetti d'un niveau social plus modeste par rapport celui mis en scène par Boccace », Segre, *La beffa e il comico*, *op. cit.*, p. 95.

20 Sur ce point, voir Massimo Miglio, « La novella come fonte storica », in *La novella italiana*, *op. cit.*, I, p. 173-190, part. p. 182-188. Mais d'autres approfondissements demeurent possibles comme, par exemple la contribution de Sylvain Trousselard, centrée sur le rapport de sens entre dénominations propres et caractérisation des personnages.

21 « [...] d'autant qu'il y sera question de [...] et de gens de diverses conditions, comme des [...] marquis, comtes et chevaliers, hommes puissants ou petits, ainsi que des dames de condition élevée, moyenne et basse, et de toute sorte », *Le Trecento novelle*, p. 4.

rapports sociaux en lien avec une idée non pas de *société* mais plutôt de *pluralité de groupes en mouvement et en conflit*. Sur ce point, d'autres considérations sont possibles, à commencer par la dimension ouvertement *anti-intellectuelle* des *Trecento novelle*. Non pas qu'il manque dans le recueil des références à de grands personnages que la culture et la tradition ont rendus illustres, mais il convient d'observer à quoi ces personnages sont réduits. On est ainsi surpris par la piètre figure de Guido Cavalcanti dans la nouvelle LXVIII, traitée à partir du lieu commun du philosophe en marge du monde, la tête dans les nuages, qui se retrouve victime de la plaisanterie d'un enfant (tout autre est le traitement complexe que Boccace avait réservé à Cavalcanti dans la nouvelle VI, 9 du *Décaméron*). Plus surprenantes encore sont les anecdotes dantesques exposées dans le recueil, où il est aisé de constater – malgré l'énoncé du *Prologue* (« [...] [*il*] *vulgare poeta fiorentino Dante, che quando aveva a trattare di virtù e di lode altrui parlava egli* [...][22] ») – l'avilissement, dont on ne sait s'il est systématique ou inconscient, du célèbre personnage ; lequel en est réduit à dispenser d'amusants conseils en amour dans la nouvelle VIII (un épisode situé à Ravenne, signe éventuel d'une tradition anecdotique). Dans la nouvelle XV, ce même Dante est utilisé à la manière d'une chronique (référence au passage du chant VIII du *Purgatoire*), il est colérique et rancunier envers deux de ses humbles concitoyens dans les nouvelles CXIV et CXV, selon un *topos* traditionnel ici mis en scène, de façon absurde, à Florence après la diffusion de la *Comédie*[23]. Il apparaît également dans des citations régulièrement hors contexte et mal comprises dans les nouvelles CLIII, CLXXVIII et CXCIII[24]. Mais ce qui est le plus saisissant, c'est l'antipathie assumée de Sacchetti envers l'univers académique des *istruiti* (les « instruits ») et des *scientifichi* (les « savants ») qui peuplent de manière négative l'univers de ses nouvelles. Dans le commentaire final de la nouvelle VII (de Ridolfo da Camerino), on peut lire :

---

22 « [...] [le] poète florentin en langue vulgaire qui, lorsqu'il devait traiter des vertus et faire l'éloge des uns, parlait lui-même [...] » p. 4.

23 Concernant ce motif traditionnel, voir Saverio Bellomo, « Tra biografia e novellistica : le novelle su Dante e il *Trattatello* di Boccaccio », in *Favole parabole istorie. Le forme della scrittura novellistica dal Medioevo al Rinascimento*, Atti del Convegno di Pisa 26-28 ottobre 1998, dir. Gabriella Albanese, Lucia Battaglia Ricci e Rossella Bessi, Roma, Salerno, 2000, p. 151-162, p. 155 : « *Analogo gesto è attribuito da Diogene Laerzio al poeta Filosseno e da don Juan Manuel a un trovatore. In altre parole un gesto significativo viene associato a una persona reale, caratterizzata in modo da rendere verosimile il caso* ».

24 Voir la contribution de Marina Gagliano, « Sacchetti. Récit comique et commentaire moralisant ».

> *e non pure nelle cose dell'armi, ma eziando di quelli che in teologia si fanno maestrare non per altro si non per esser detto maestro, dottor di leggi per esser chiamato dottore e così in fisolofia e medicina e di tutte l'altre ; e Dio sa quello che li più di loro sanno*[25] !

Dans la nouvelle XXVII, le bouffon Gonnella parvient à annuler l'interdiction du Marquis Obizzo d'Este par une astuce verbale définie par l'auteur comme une « loi singulière qu'aucun juriste ne sut jamais citer[26] ». Dans la nouvelle XXIX :

> *Altri scientifichi uomini già sono stati, che dicendo una ambasciata dinanzi al Papa, senza che caso sia occorso loro di vergogna, sono cascati, non sapendo perché, in così fatta maniera che sono penati una gran peza a ritornare in loro*[27].

Mais également dans la nouvelle XLIX de Ribi, « conduit devant le podestat » (*giunto dinanzi al podestà*), l'entente essentielle qui se crée entre les deux personnages (issus d'une classe sociale et d'un niveau intellectuel manifestement différents) ne se produit pas sur la base d'une science commune mais, à l'inverse, sur la capacité de l'homme cultivé et puissant à « s'abaisser », à l'encontre de tout savoir établi, à une lecture antiphrastique de la répartie du bouffon (« [...] *ma pure, considerando quello che doveva considerare e chi Ribi era, di quello che aveva detto si doveva dar pace, però che alli loro pari pare che debba essere lecito ciò che dicono e ciò che fanno* »)[28]. Du reste, c'est l'auteur lui-même – « inculte et mal dégrossi » (« *discolo e grosso* ») – qui se félicite d'avoir démasqué personnellement les faux savants : dans la nouvelle CLI, en racontant ses prouesses rhétoriques aux dépens du faux astrologue, le Pisan Fazio, dont les prétentions à prédire l'avenir sont vilipendées et ridiculisées ;

25 « [...] il s'agit non seulement de ceux qui font métiers d'armes, mais aussi de ceux qui, en théologie, ne deviennent docteurs que pour bénéficier du titre, être docteur en droit, être appelé docteur en philosophie, médecine, et en tout autre discipline ; et seul Dieu sait ce que savent vraiment la plupart d'entre eux ! », *Le Trecento novelle*, p. 20.

26 [...] *una nuova legge, che niun dottore seppe mai allegare*, *ibid.*, p. 60.

27 « Sans qu'ils aient eu matière à avoir honte, d'autres hommes pétris de savoir ont déjà été dans l'embarras alors qu'ils étaient en ambassade auprès du pape ; ne sachant pas pourquoi, ils ont eu grand peine à reprendre leurs esprits », *ibid.*, p. 65.

28 « mais s'il avait considéré ce qu'il devait considérer, et notamment qui était Ribi, il n'aurait pas dû s'irriter de ce que ce dernier avait dit, car il semble qu'à ses pairs tout soit permis, en paroles comme en actions », *ibid.*, p. 114. À propos de la florentinité ambiguë et particulière des bouffons présents chez Sacchetti, voir Riccardo Bruscagli, « Ribi buffone tra *Decameron* e *Trecentonovelle* », in *Studi di filologia e letteratura italiana in onore di Gianvito Resta*, dir. Vitilio Masiello, Roma, Salerno, 2000, I, p. 249-268.

ou encore dans la nouvelle CXII où, en matière de sexe, il apparaît bien plus instruit que le médecin Conco qui, auparavant, était volailler ; ou dans la nouvelle XL dans laquelle il déconseille aux étudiants d'Agnolo da Perugia d'« apprendre le droit » (« *apparare ragione* ») car celui-ci « n'est pas utilisé » (« *ella non s'usa* »). Un Sacchetti donc qui, dans ces situations, complète un portrait personnel déjà proposé dans la lettre de réponse *magistri Bernardi ser Pistorii* :

> *mea locutio, sicut materialis et grossa, dependens vulgariter in ratione rittimarum extra gramaticis, rectoricis, philosophicis sermonibus, alioquin apparebit quia istorum discolus et scolaris sum*[29].

Il ne semble pas s'agir d'une aversion feinte, mais d'une affirmation qui relève d'une identité culturelle assumée : une identité qui vient ainsi croiser la présence massive du proverbe, véritable paradigme conceptuel, et non seulement stylistique, ici revisité par Élise Leclerc[30], un paradigme à travers lequel la « voix collective » indique la sagesse du « lieu commun » plutôt que celle de la pensée originale ; une identité qui place au fondement du récit de nouvelles le modèle « exemplaire », c'est-à-dire une culture destinée à l'édification des gens simples et des non savants.

Je poursuis en étendant la réflexion à l'ensemble du monde florentin dont le narrateur se déclare être le fidèle témoin dans le *Prologue* :

> *di quelle che a me medesimo sono intervenute. E non è da maravigliare se la maggior parte delle dette novelle sono fiorentine* [...] *che a quello sono stato prossimano* [...] *e se non al fatto, più presso alla* [*voce*...][31].

Or, si le chronotope nécessairement florentin, c'est-à-dire relatif à une géographie délimitée à partir de Florence, est rattaché au maillage métanarratif dont il était question plus haut et aux moralités conclusives, il dessine, tout bien considéré, un tableau qui met rarement en valeur les Florentins en tant que protagonistes positifs. Florence regorge de personnages pédants, stupides, balourds, au physique ingrat, souvent

29 Franco Sacchetti, *La battaglia delle belle donne. Le lettere. Le sposizioni di Vangeli*, ed. Alberto Chiari, Bari, Laterza, 1938, Lettera 1b, p. 81-82.

30 Pour ce qui est de la bibliographie historique, voir au moins Franca Ageno, « Ispirazione proverbiale del *Trecentonovelle* », *Lettere Italiane*, X, 1958, p. 288-305.

31 « [...] certaines qui me sont arrivées. Et il n'y a rien d'étonnant si la plus grande partie de ces histoires est florentine [...] car je les ai vécues de près [...] si ce n'est dans les faits, du moins [parce qu'on me les a racontées] », *Le Trecento novelle*, p. 3.

et volontiers dépeints dans des aventures où des étrangers intelligents et rusés ont régulièrement le dessus sur eux. Sur ce dernier point, nos connaissances progressent et le présent volume ne manque pas d'illustrer, face à l'idée d'un monde dominé par la fortune, la constance idéologique que constitue le danger couru par les hommes libres de Florence de se retrouver aux prises avec un seigneur puissant et intelligent. Mais Sacchetti, considérablement attiré par l'arbitraire et la violence lorsque ces derniers peuvent devenir des éléments comiques, est vraiment loin d'inscrire dans ses nouvelles une position sociale ou politique en mesure de célébrer sa ville. Le soi-disant « moralisme » de Sacchetti ne constitue pas dès lors un système idéologique, ni même un ensemble cohérent d'éléments doctrinaux. Caretti écrivait que dans ses poèmes moraux et civils :

> [...] *gli obiettivi vi sormontano di troppo le capacità vere del nostro scrittore, il quale era troppo uomo del comune, se non del borgo, chiuso nell'orizzonte esiguo della sua città ; e soprattutto era troppo sensibile agli eventi più immediati e anche accidentali dell'esistenza, per trascendere quei confini e interpretare da vicino e con occhio penetrante le ragioni più vere della storia*[32].

Cela peut aisément être appliqué aux *Trecento novelle*, un texte qui fonctionne par *exempla* tout comme les *Sposizioni* mais qui est essentiellement *laïc*, en tant que porteur de messages articulés autour de la précarité de l'existence. Une précarité inhérente aux systèmes moraux traditionnels, alors qu'il n'est pas rare de percevoir des allusions parfois éloignées du moralisme conventionnel ; comme c'est le cas dans le commentaire final de la nouvelle CXLVIII où Bartolo Sonaglini, véritable prototype des fraudeurs fiscaux modernes, se révèle durant la guerre contre Milan très habile pour feindre la pauvreté face à l'acharnement des *Settine*, un organe public chargé de fixer l'impôt des marchands, et se fait l'exemple d'une morale minimale réduite à la mesure de sa survie, honorant ainsi une raison essentiellement mercantile :

> *Io scrittore credo che detto Bartolo sarebbe forte da riprendere, se Bruto o Catone, o loro discendenti fossono stati quelle Settine. Ma considerato come la volontà aveva*

32 « [...] les objectifs dépassent de loin les capacités réelles de notre écrivain, lequel était trop homme du commun, voire de son quartier, enfermé dans l'horizon exigu de ville, et surtout trop sensible aux événements les plus immédiats et les plus accidentels de l'existence pour transcender ces limites et interpréter de façon pénétrante les raisons véritables de l'histoire », Lanfranco Caretti, *Saggio*, *op. cit.*, p. 77.

> *sottomesso la discrezione di quelli* [...] *io reputo lui essere degno di perpetua memoria come uomo mercatante avveduto in tutte le cose*[33].

Les travaux du présent volume mettent en évidence à bien des égards, me semble-t-il, l'importance et les nombreux aspects d'une œuvre *ouverte. Ouverte* en tant que témoin d'une société en crise et parfois fluide dans laquelle la fracture avec le passé se traduit en une vision du présent et de l'instantané qui, par touches, semble anticiper le *hic et nunc* de la narration moderne (par certains aspects, j'oserais même penser à Pirandello). D'un point de vue formel, cela correspond à une dimension du comique aussi déficitaire sur un plan structurel que riche sur le plan de la syntaxe descriptive. Et c'est sans doute la raison pour laquelle les *Trecento novelle* demeurent, parmi les textes des XIVe et XVe siècles qui ont suivi le *Décaméron*, celui qui est le plus riche et le plus divertissant.

Antonio CORSARO
Université d'Urbino

33 « Moi qui écris ces lignes, je crois que ce Bartolo serait digne de reproche, si Brutus, Caton ou leurs descendants avaient été membres des *Settine.* Mais étant donné que la volonté avait eu raison du discernement de ces hommes [...], je l'estime, comme marchand avisé en toutes situations, digne d'une mémoire perpétuelle », *Le Trecento novelle*, p. 351-352.

PREMIÈRE PARTIE

LES MOTS DES AUTRES

LE TEXTE ET SES HORIZONS SOCIO-CULTURELS

LE NOUVEAU TEXTE CRITIQUE DES *TRECENTO NOVELLE* DE FRANCO SACCHETTI

AVANT-PROPOS

Quatre ans après la publication de la nouvelle édition critique des *Trecento Novelle* de Franco Sacchetti, le plaisir de la présenter à un public de collègues et d'amis français est mêlé d'un léger embarras : après quatorze années d'études sur cet important auteur classique de la littérature italienne, qui ont donné lieu à une quinzaine d'articles publiés en différents lieux (en grande partie cités dans les notes de cette étude) et aux près de mille pages de l'édition, que nous abrègerons ici en *TN*[1], je n'ai pas grand chose de nouveau à rajouter à ce que j'ai publié. Avec un degré plus ou moins grand d'acceptation, certaines des principales nouveautés de *TN* ont été ponctuellement intégrées, et en grande partie accueillies, par les recensions publiées jusqu'ici[2], surtout en relation avec les points obscurs qui demeurent dans l'interprétation de certains passages.

D'autres voix[3] ont soutenu l'approche traditionnelle du texte sacchettien, en commençant par l'univerbation du titre traditionnel (le) *Trecentonovelle*. L'abandon de ce dernier, toutefois, reflète non pas une opinion mais un usage plus attentif de la vaste documentation, y compris de celle qui avait été utilisée jusqu'ici : l'examen direct des témoins révèle

1 Franco Sacchetti, *Le Trecento Novelle*, édition critique de Michelangelo Zaccarello, Firenze, Edizioni del Galluzzo, 2014.

2 Par exemple Antonio Corsaro, *Ecdotica*, 12, p. 273-280 ; Cristiano Lorenzi, *Lettere italiane*, LXVIII/2, p. 402-406.

3 Valerio Marucci, « Su/per Franco Sacchetti (a proposito di una edizione critica del *Trecentonovelle*) », *Filologia e critica*, XXIII, p. 121-143 ; Paolo Pellegrini, « Franco Sacchetti e la lingua del *Trecentonovelle* : a proposito del testo base », *Studi linguistici italiani*, XLII, p. 220-240.

en réalité – comme on verra plus bas – que la forme traditionnelle n'est rien d'autre qu'une erreur de copie isolée. Quoi qu'il en soit, la donnée réellement positive a été constituée par le fait que le débat sur cette œuvre importante a été immédiatement relancé : le débat philologique et critique est le viatique nécessaire à la validation du nouveau texte, passage essentiel vers la promotion du texte sur le marché éditorial, à travers des éditions de poche commentées et des traductions. Parmi celles-ci, se détache celle qui est en préparation dans la prestigieuse collection des Classiques Garnier, effectuée par une équipe aguerrie coordonnée par Sylvain Trousselard. Pour aborder les différents aspects de l'édition, il convient de résumer brièvement l'état de la question philologique sur le recueil sacchettien.

BREF RÉCAPITULATIF SUR LA TRADITION DU TEXTE

Le recueil, qui comprend 222 nouvelles attestées au moins partiellement, fut élaboré par Franco Sacchetti (Raguse en Dalmatie, 1332 – San Miniato, 1400) au cours de la dernière décennie de son existence : il représente l'un des plus importants épigones médiévaux du *Décameron*, mais ne fut jamais diffusé du vivant de son auteur, très probablement parce qu'il était inachevé et/ou non soumis à une révision suffisante. Progressivement rassemblées, les nouvelles durent être copiées à partir de miscellanées à usage personnel d'un genre assez peu différent de l'autographe rassemblant les œuvres mineures de Franco Sacchetti (Florence, Biblioteca Laurenziana [BML], Ashburnham 574 = A). Ce qui est certain, c'est que cet original, demeuré dans les documents de la famille, parvint « déchiré et abîmé » dans les mains de Vincenzio Borghini (1515-1580) un peu moins de deux siècles plus tard, car en 1559, Borghini en informe Cosme Ier, auquel il adresse une modeste sélection de 11 nouvelles, correspondant à un fascicule conservé à Florence (Biblioteca Nazionale Centrale (BNCF), Filze Rinuccini 22/1). Sans jamais le désigner comme autographe, Borghini se rend compte de l'importance du manuscrit, le seul, désormais, à transmettre le recueil sacchettien (« *con altri non s'è potuto riscontrare* » / « On n'a pas pu le comparer avec aucun autre », *TN* p. XLIX) ; c'est pourquoi il en fait exécuter deux copies, les actuels B (démembré en deux parties : BNCF VI 112 et BML XLII 12) et L (BML XLII 11). Ces manuscrits doivent être datés d'avant 1580, car tous deux sont annotés par Borghini. Pour des raisons évidentes liées au caractère peu présentable du texte, une publication intégrale des nouvelles était difficilement pensable au cœur de la Contre-Réforme, alors que les premiers index de livres interdits étaient déjà publiés depuis longtemps. Pour faire néanmoins connaître le texte (considéré comme un excellent exemple linguistique du Grand siècle, le XIVe), Borghini effectue une sélection (*Scelta*) de 133 nouvelles jugées inoffensives à l'égard de la morale catholique, plus le *Proème.* Bien qu'elle n'ait pas eu les honneurs de l'impression, la *Scelta* est très largement représentée dans le vaste ensemble des témoins manuscrits des *Trecento Novelle*, quoique dans une relation de dépendance à l'égard des copies borghiniennes (surtout à l'égard de B).

À ce titre, bien que d'excellentes études sur l'importance historico-littéraire et linguistique des *Trecento Novelle* soient disponibles depuis plusieurs années, les enquêtes plus spécifiquement textuelles et philologiques sont très rares. Dans la seule étude consacrée au XXe siècle à la *recensio* du recueil[4], Michele Barbi fait de B le seul témoin valable pour la constitution du texte. La deuxième copie faite par Borghini, L, serait un *descriptus* de B, effectuée pour prévenir une rapide détérioration de ce dernier. En tant que seule source, B doit être complété au moyen de L et/ou au moyen des témoins de la *Scelta* pour les seules *lacunes d'origine matérielle*, intervenues à cause de la détérioration physique qui a frappé B peu après sa transcription.

L'étude de Barbi n'avait pas pour objet d'effectuer une *recensio* exhaustive de l'œuvre, mais seulement un examen de ses caractéristiques textuelles fondamentales, afin de mettre en garde contre l'édition la plus diffusée à l'époque (celle d'Ottavio Gigli, Florence, Le Monnier, 1886 : *TN* p. XXI-XXII) et en même temps d'établir les bases méthodologiques permettant de rendre possible une nouvelle édition, et c'est sur ces bases que sera publiée l'édition de Vincenzo Pernicone[5]. Dans le

4 Michele Barbi, « Per una nuova edizione delle novelle del Sacchetti », in *La nuova filologia e l'edizione dei nostri scrittori da Dante a Manzoni*, Firenze, Sansoni, 1938, 1977^3, p. 87-124 [déjà paru dans *Studi di Filologia italiana*, I, 1927, p. 87-131].

5 Il *Trecentonovelle*, ed. Vincenzo Pernicone, Firenze, Sansoni, 1946.

cadre d'un examen pourtant très sommaire, Barbi indique l'existence possible d'une tradition parallèle et indépendante de l'initiative de Borghini, révélée par N, de date plus récente (BNCF, II I 25, c1720)[6]. Au début des années 2000, la découverte d'un important manuscrit de la fin du XVIe siècle à Oxford (Wadham College A.21.24=G) a donné corps à cette *tradition parallèle et indépendante* de l'initiative de Borghini, condition fondamentale pour une réélaboration totale de la classification des nombreux témoins des *Trecento Novelle.*

L'édition de Pernicone marque un grand progrès dans l'aventure éditoriale du recueil sacchettien, mais il laisse ouvertes un grand nombre de questions ponctuelles, liées à des difficultés linguistiques et interprétatives qui en conditionnent la lecture. Dans les années 1950, Franca Ageno[7] amende un grand nombre de passages des *Trecento Novelle* à l'aide de solutions très brillantes, sans jamais remettre en question la reconstruction de Barbi. Souvent fondées sur la *varia lectio* disponible (L, N), ces solutions sont en grande partie partagées par de nombreux éditeurs ultérieurs, sans que soit relevée la contradiction méthodologique implicite consistant à employer des *lectiones* tirées de témoins considérés comme des *descripti* pour amender la source sur laquelle la *descriptio* aurait été accomplie.

Copiés à quelques années de distance l'un de l'autre, B et L sont le fruit d'un même contexte de copie, répondant à des indications analogues de la part de Borghini sur la façon de traiter l'original sacchettien ; pendant quelques années, Borghini dut avoir simultanément à sa disposition l'original et ses deux copies, car il liste des entrées onomastiques et lexicales en les citant à partir d'un B déjà démembré en ses deux tronçons actuels (BNCF, II II 8, c. 103r : *TN*, p. XLII). La question des rapports entre les deux manuscrits et de leurs rapports avec leur source est par conséquent très complexe, et il est indubitable qu'il existe de très nombreux endroits où L est corrigé, en marge ou dans l'interligne,

6 Barbi était bien conscient des conséquences ecdotiques d'une telle possibilité : pour expliquer la quantité et la qualité de ces variantes, il faut « admettre, à côté de la transcription borghinienne, quelque autre tradition manuscrite indépendante, dont on doit soigneusement tenir compte non seulement pour les passages en question mais aussi pour le texte tout entier (*op. cit.*, 1927, p. 128).

7 Franca Ageno, « Per il testo del *Trecentonovelle* », *Studi di filologia italiana*, XVI, 1958, p. 193-274 ; *ead.*, « Ispirazione proverbiale del *Trecentonovelle* », *Lettere italiane*, III, 1958, p. 287-306.

pour aligner le texte avec celui de B (même là où ce dernier ne peut être considéré comme recevable : *TN*, p. XLVIII-XLIX et tableau 6). C'est là l'un des motifs pour lesquels, dans plusieurs cas, les rapports entre témoins ne peuvent être représentés par la linéarité d'un *stemma*, mais plutôt par un graphique récapitulatif de la *recensio* comme celui présenté en *TN*, p. LXXXVII. Malgré les nombreuses corrections inspirées par B, il est indubitable qu'en plusieurs endroits, c'est L qui transmet la leçon recevable contre B, généralement en convergeant avec la branche non borghinienne de la tradition (par exemple en LXXVII 4, *TN*, p. CXXI ; en général, voir p. LXXXIV).

LE PROBLÈME DU TITRE

L'innovation la plus macroscopique de la nouvelle édition critique est sans aucun doute le titre. À l'instar des précédents éditeurs, Valerio Marucci[8] et Davide Puccini[9], de nombreux spécialistes continuent d'utiliser le titre traditionnel, (le) *Trecentonovelle*, qui ne se trouve qu'en B et L. Il s'agit d'un aspect qui met en lumière l'accès jusque-là extrêmement limité à la *varia lectio*, puisque dans les autres manuscrits, c'est la forme *Le Trecento Novelle* qui domine, forme qui prévaut largement y compris dans les autographes de Vincenzio Borghini[10] ; à bien y regarder, même en B et en L, le titre n'est pas en un seul mot, et la forme participiale qui le suit, *composte* (« composées »), est unanimement acceptée, si bien qu'il faut supposer une banale omission d'un signe d'abréviation (*del*, « du » surmonté d'un *apex*, qui correspondrait à *delle*, « des »).

Du reste, dès 2004, Luigi Matt avait soulevé des doutes raisonnables sur la forme traditionnelle, se demandant si « le titre "le *Trecento Novelle*" est dû à la plume de Borghini (ou d'un de ses collaborateurs) qui aura suivi son modèle » : au XVIe siècle, il était en effet on ne peut plus fréquent d'employer le titre (le) *Centonovelle* pour désigner le *Décaméron*

8 Franco Sacchetti, *Il Trecentonovelle*, éd. Valerio Marucci, Roma, Salerno Editrice, 1996.
9 Franco Sacchetti, *Il Trecentonovelle*, éd. Davide Puccini, Torino, UTET, 2004.
10 Michelangelo Zaccarello, « Ancora sul testo base delle *Trecento Novelle* », *Nuova Rivista di Letteratura italiana*, XX/2 (2017), p. 131-154, *Cf.* p. 136-138.

boccacien, paradigme de l'écriture de nouvelles et exemple linguistique absolu : la tendance analogique tournée vers ce modèle peut donc d'une certaine manière être considérée comme *facilior*. Toutefois, un examen plus approfondi des écrits de Vincenzio Borghini révèle que le Prieur des Innocents utilise toujours, dans ses autographes, la « nouvelle » forme, par exemple « *sopra il secondo volume d(e)lle 300 novelle composte da Franco Sacchetti, cominciato alla novella 140* » (BNCF, II II 8, c. 10r). Dans une lettre autographe du 28 août 1559, Borghini écrit ceci à Cosme de Médicis : « *Io mando a* V.E. *Ill.ma le* CCC^{o} *novelle di Franco Sacchetti o, per dir meglio, una parte* » (il s'agit d'observations que j'ai faites il y a longtemps désormais[11]). Quelques années après, un autre grand éditeur des *TN*, Antonio Giamberti da Sangallo (1551-1636) appose également les annotations suivantes, respectivement sur chacune de ses deux copies : (Ricc. 2244) « *Delle Trecento Novelle una gran parte di Franco Sachetti Nostro cittadino fiorentino* » (n. CXXXIX, c. 54r) et « *Le Trecento Novelle di Franco Sacchetti* » (n. CXLVII, c. 57r, *TN*, p. XX n. 9 et p. LXI n. 54). Au moins pour ce qui est du titre, on peut dire en somme que la résistance qui préfère encore le titre traditionnel est tout simplement démentie par la documentation, et uniquement appuyée sur la répugnance largement partagée à modifier des habitudes ancrées dans le débat philologique, habitudes fondées sur la diffusion d'une erreur de copie relativement banale. Du reste, on peut affirmer que le débat sur le titre représente efficacement la particularité de l'aventure philologique du recueil, envisagée jusqu'ici de façon très partielle : ce n'est que depuis quelques années qu'une *recensio* de grande envergure a relancé le débat sur des bases documentaires suffisamment vastes, et il convient de recevoir les résultats de la *recensio* sans préjugés, même s'il on doit changer nos habitudes de lecture.

11 Michelangelo Zaccarello, « Tracce di una tradizione non borghiniana del *Trecentonovelle* », in *Idem*, *Reperta. Indagini, recuperi, ritrovamenti di letteratura italiana antica*, Verona, Fiorini, 2008, p. 149-182, p. 181.

LES NOUVEAUTÉS DU TEXTE CRITIQUE
Points problématiques

En l'absence de collationnement étendu des nombreux témoins, et surtout en l'absence ne serait-ce que d'une classification partielle, le débat philologique sur les *TN* – quoique enrichi d'interventions estimables de la part de grands noms de la philologie – s'est presque toujours limité à une discussion ponctuelle de passages controversés. L'axiome de Barbi qui considérait le texte comme étant uniquement constitué par B, impliquait la nécessité présumée de produire l'édition à partir d'un témoin unique, conduite au moyen d'un large usage de la conjecture et d'une résolution prioritaire des *loci* dont la restitution et/ou l'interprétation étaient incertaines, comme en témoigne l'approche des principales études parues ces vingt-cinq dernières années[12].

Pour une œuvre d'une dimension importante, un tel contexte d'étude a eu pour effet de polariser la discussion sur un nombre tout compte fait limité de points problématiques, et d'en valider implicitement de nombreux autres recelant des pièges tout aussi redoutables. Une *recensio* étendue, surtout à partir d'une claire reconnaissance du filon non borghinien et d'une confrontation systématique des deux branches de la tradition textuelle du recueil, a permis de repérer et de remettre en question un nombre bien plus élevé de points problématiques : « il en résulte une proximité plus grande avec la lettre originale, grâce à la résolution de nombreux points litigieux, et la remise en question de passages jusque-là considérés comme satisfaisants mais en réalité controversés sur le plan sémantique ou sur celui de la tradition » (*TN*, p. VII).

Dans l'édition critique, les pages consacrées à la remise en question ponctuelle de ces passages (*TN*, p. XCV-CXC) sont près d'une centaine : en d'autres termes, ont été annotés tous les passages ayant subi une altération substantielle du *textus receptus*, y compris de nombreux passages

12 *Cf.* au moins Valerio Marucci, « Per una nuova edizione del *Trecentonovelle* », *Filologia e critica*, XIX, 1994, p. 39-56 ; *Idem*, « Su/per Franco Sacchetti… », *cit.*, 1999 ; Renzo Rabboni, « Per il testo e il commento del *Trecentonovelle* », *Lettere italiane*, LI, 1999, p. 94-105 ; Menotti Stanghellini, *Nuove proposte testuali e interpretazioni sul* Trecentonovelle *di Franco Sacchetti*, Siena, Accademia de' Rozzi, 2005 ; Concetto Del Popolo, « Osservazioni per il *Trecentonovelle* », *Lingua nostra*, LXII/1-2, 2011, p. 22-33.

qui présentaient une irréductible adiaphorie entre les leçons transmises par les deux branches. Dans ces cas-là, en effet, la méthodologie anglo-américaine du *copy-text* prescrit que l'on doit accueillir la leçon du texte de base, dans le but de limiter la correction substantielle aux seuls points où le texte de base pourra raisonnablement être considéré comme fautif[13]. En effet, un grand nombre d'erreurs ont été mises en lumière grâce à l'élargissement de la collation, qui a révélé des passages dont le caractère erroné aurait été en réalité reconnaissable à une lecture plus attentive ; un cas instructif est constitué par celui d'Agnolo di ser Gherardo, un septuagénaire alerte qui accepte d'engager une joute avec des amis plus jeunes et se retrouve presque tué par son cheval. Le voyant revenir si mal en point, sa femme le rabroue vertement avec ces mots : « *Deh, va' col malanno – disse la moglie –, va' scamata la lana, come tu sei uso, e lascia l'arte a quelli che la sanno fare* » (LXIV 17). De toute évidence, ce n'est pas *l'arte*, son « art », qu'Agnolo, le lainier, doit abandonner (sa femme l'exhorte à le pratiquer, au contraire !), mais *l'arme*, « les armes », qui conviennent à des gens plus jeunes et mieux entraînés : les manuscrits borghiniens ont substitué (par une erreur « polaire », de manuel), les deux termes semblables, et la leçon correcte (*lascia l'arme*) peut être récupérée par la tradition non borghinienne. Et pourtant, jusqu'à aujourd'hui, nous avons lu ce passage avec la leçon paradoxale de B.

Un aspect illustre la confrontation systématique entre les deux branches : le repérage d'un nombre significatif de passages où la leçon non borghinienne révèle une lacune accidentelle (souvent un saut mécanique) dans B et/ou dans L. Dans le passage suivant, la récupération de la tradition non borghinienne a permis de reconnaître un saut du même ou même jamais perçu jusque-là dans le texte courant. En XXXI 16, on lit à présent : « *E perché da qui innanzi non si diano spesa in mandare ambasciadori, ogni ora che vogliono alcuna cosa da me, per loro pace e riposo, scrivino una lettera semplice e lascino stare l'ambasciate, che io per lettera risponderò loro* » (*TN*, p. 70). Dans B, L et dans toutes les éditions antérieures à *TN*, le

---

13 Selon la théorie anglo-saxonne du *copy-text*, on doit distinguer les aspects formels (*accidentals*) et les aspects substantiels (*substantives*) ; le « texte de base » prévaut même en présence d'adiaphorie irréductible : *In Greg's determination copy-text is a device for helping an edi editor choose between indifferent readings* [...] *A copy text is simply the text most likely to provide an authorial reading, at points where one cannot otherwise reach a decision* (Jerome McGann, *A Critique of Modern Textual Criticism*, Chicago, University of Chicago Press, 1983, p. 27-28).

passage souffre d'une importante omission due à un saut optique de « *una lettera* à *per lettera* : *ogni ora che vogliono alcuna cosa, mi scrivino e io per lettera risponderò loro* ». De façon tout à fait analogue, en CXLIII 8 la « morale » de la nouvelle peut être lue dans sa forme vraisemblablement intégrale :

> *Il minacciare e il rimbrottare del Piovano fu assai, e stette più coppie d'anni dinanzi che non favellò all'Innamorato, sfuggendo ancora d'incontrarlo. E l'Innamorato, poco di ciò curandosi, andava dicendo questa novella e nel contado e nella città, e dando gran diletto a molti che lo stavano ad ascoltare* (*TN*, p. 328)

Ce paragraphe apparaît dans le *textus receptus* gravement mutilé, en relation avec la leçon de B et de L : « *Non favellò all'Innamorato, il quale non vi diè nulla, dicendo questa novella* » ; une fois reconnue, cette importante omission semble également due à un saut optique du premier *l'Innamorato* au suivant, suivie d'une probable tentative de raccommoder la phrase[14]. Un phénomène opposé se trouve à la base de l'exemple suivant (CXXXII 2, p. 297), un point qui témoigne, à cause des éditions courantes, d'une banale diplographie, dérivant encore de la leçon borghinienne : « *E lo conte Luzo con la sua brigata ruppono le mura appresso delle mura di San Salvatore* » ; étant donné qu'il s'agit de localiser la brèche que les troupes assaillantes font dans les remparts de la ville de Macerata, il faut promouvoir comme leçon critique la version de G et de N : « *le mura appresso della porta di San Salvatore* ». Des dynamiques analogues peuvent être établies dans une autre anticipation, tout aussi banale : « *andando, com'è d'usanza la mattina alla predica, fu' alla chiesa di Santo Lorenzo* » (G N), alors que les éditions courantes lisaient, toujours à la suite de B, «*andando la mattina alla chiesa, fu' alla chiesa* ». Sans aucun doute, le style de Sacchetti, volontiers enclin aux répétitions et aux polyptotes, a contribué à « camoufler » ces cas, qui sont apparus seulement à la suite de la confrontation ponctuelle des passages concernés avec la *varia lectio* disponible.

Que les scribes engagés par Borghini – de typiques copistes « à gages » peu enclins à suivre le phrasé syntaxique sacchettien – aient été sujets à une vaste panoplie d'erreurs mécaniques (en grande partie correspondant à des sauts), cela était connu au moins depuis les études de Franca Ageno (*TN*,

---

14 Du reste, *non dare nulla* pour « non darsi pensiero » (ne pas s'en faire) n'est pas attesté ailleurs chez Sacchetti, qui préfère *non*/*poco curarsi* (tandis que l'expression *non* [...] *dar nulla* est utilisée au sens propre, « ne rien donner », en LXXXI 1) : voir l'annotation, *TN*, p. CLIV.

p. XXXI et n. 22)[15]. Le Prieur des Innocents lui-même s'en rendit compte car, à plusieurs reprises, il remédie de sa propre main aux distractions de ses copistes : les exemples sont nombreux (*TN*, p. XXXVIII-XL), mais le cas de la morale de la nouvelle C, qui correspond au paragraphe 7 tout entier, me semble significatif. Le paragraphe entier est absent de la version du texte transmise par les manuscrits borghiniens (et par conséquent des éditions courantes avant *TN*) ; toutefois, que Borghini lui-même l'ait considéré comme authentique est prouvé de toute évidence par l'annotation autographe de ce passage, qui restaure en marge la portion omise par ses copistes :

> ¶ *E però conviene che il predicatore sia sì discreto che se predica a una gente in una terra che sieno ricchi per usure, molto gli riprenda in su quello ; e se predica ai poveri, gli conforti in su la povertà ; s'e' sono maculati di sfrenate concupiscenze, contro a quelle dica ; se da storsioni, se da rubarie o da ingiurie, e così d'altri vizi deve fare il simile, acciò che non sia ripreso da uno pover uomo come fu colui* (*cf. TN*, p. 228 et l'apparat correspondant).

Les exemples analogues sont nombreux[16], mais je crois que ceux qui viennent d'être évoqués peuvent déjà constituer un échantillon très éloquent des limites inévitables avec lesquelles le recueil sacchettien a été lu jusqu'à présent, c'est-à-dire, en substance, à travers le témoignage unique de B. Du reste, il y a plusieurs siècles, Vincenzio Borghini lui-même nous a averti sur la nécessité de compulser tous les témoignages disponibles :

> *E' non basta, acciocché un libro sia da pigliar sicuramente per buono, l'essere scritto in penna o che, in un luogo o due, si truovi tale, né anche in quattro o sei, perché, come non è così buon libro che non habbia alcun mancamento, così non sarà facilmente un sì cattivo che non habbia qualche buon luogo*[17].

15 Franca Ageno (« Per il testo del *Trecentonovelle* », *op. cit.*, p. 226) définit en particulier le scribe de B comme une personne peu intelligente ; à cet égard, les scribes borghiniens se distinguent de la vivacité d'esprit des scribes non borghiniens, enclins à l'intervention tout en étant attentifs au sens global du passage : voir à ce propos Michelangelo Zaccarello, « Un nuovo testimone del *Trecentonovelle* di Franco Sacchetti (Oxford, Wadham College, ms. A.21.24) », in *Storia della Lingua e Filologia. Per Alfredo Stussi nel suo sessantacinquesimo compleanno*, Firenze, Edizioni del Galluzzo, 2004, p. 177-217, publié ensuite in *Idem*, *Reperta*, *cit.*, p. 105-147, et plus précisément p. 134-135.

16 Voir en particulier Michelangelo Zaccarello, « La polvere sotto il tappeto : paragrafi inediti delle *Trecento Novelle* di Franco Sacchetti », in *AMB. Dialoghi e scritti per Anna Maria Babbi*, éd. Giovanni Borriero, Roberta Capelli, Chiara Concina, Massimo Salgaro, Tobia Zanon, Verona, Fiorini, p. 381-398.

17 Borghini, Annotazioni Boccaccio, p. 17.

LES NOUVEAUTÉS DU TEXTE CRITIQUE
Aspects linguistiques

Pour un texte qui survit seulement dans des copies effectuées deux siècles après sa composition, le problème de la langue dans laquelle le présenter est très complexe. L'établissement traditionnel du texte uniquement à partir B avait conduit à sous-évaluer les oscillations qui apparaissent dans l'étroit ensemble de témoins auquel on avait l'habitude de se référer : l'élargissement nécessaire de la collation à la tradition non borghinienne déploie l'éventail des variantes phono-morphologiques attestées et impose de choisir un seul témoin comme base pour l'édition, et de donner à cette dernière un habit linguistique homogène et cohérent. Du reste, la séparation des aspects formels et substantiels dans l'accès aux témoins anciens est une acquisition de la philologie romane du dernier quart du XIXe siècle[18], et fait partie de la pratique, plus que de la théorie, des philologues italiens.

Dans notre cas, cette exigence est accentuée par la spécificité du contexte historico-linguistique dans lequel a mûri le recueil sacchettien : on sait que dans la deuxième moitié du XIVe siècle, le parler florentin connaît une rapide mutation à la suite d'un afflux massif de population de la Toscane occidentale et méridionale (conséquence de la haute mortalité citadine durant les épidémies du milieu du siècle et des flux migratoires consécutifs à celles-ci) et de la mobilité sociale intra-urbaine[19]. Suspendue entre le conservatisme attaché à l'âge d'or du modèle boccacien et les poussées novatrices consécutives à la rapide évolution de l'usage parlé urbain, la langue de Franco Sacchetti doit être examinée avec attention, à partir de dépouillements attentifs du fameux autographe contenant les œuvres mineures, A, cité plus haut.

Dans cette perspective, on ne peut pas espérer grand chose d'un instrument fondamental comme la base de données TLIO (*Tesoro della*

---

18 Lino Leonardi, « Il testo come ipotesi (critica del manoscritto-base) », *Medioevo Romanzo*, XXXV/1, 2011, p. 5-34.

19 Paola Manni, « Ricerche sui tratti fonetici e morfologici del fiorentino quattrocentesco », *Studi di grammatica italiana*, VIII, 1979, p. 115-171 ; Massimo Palermo, « Sull'evoluzione del fiorentino nel Tre-Quattrocento », *Nuovi annali della Facoltà di Magistero dell'Università di Messina*, 8-10, 1990-1992, p. 131-154.

Lingua Italiana delle Origini) qui, grâce à un logiciel spécifique, offre la possibilité d'interroger le texte de façon très fine sur un plan linguistique : pour notre recueil, le TLIO indexe l'édition citée plus haut de Vincenzo Pernicone (1946) : cette dernière ne tient évidemment pas compte le moins du monde des nombreux et indispensables amendements de Franca Ageno, adoptés par tous les éditeurs suivants, comme on l'a souligné précédemment. Du reste, interroger la banque de données pour examiner les usages du manuscrit de base B présuppose que l'édition Pernicone reflète fidèlement les aspects phono-morphologiques de B, ce qui est une absurdité : par exemple, pour CLX 32, le texte restitué par le TLIO est « *avrebbe aùto onore, là dove nella fine del suo officio, credo che avesse vergogna* », mais le manuscrit de base B contient *haverebbe hauto honore* etc.[20]

Malheureusement, ces dépouillements relatifs à l'autographe A font totalement défaut, et même les recherches linguistiques publiées sont partielles et défaillantes ; les délais de l'édition critique ont imposé une solution d'urgence consistant dans le dépouillement linguistique des parties en prose de l'autographe sacchettien A[21]. De là, est apparue une très modeste pénétration des traits novateurs identifiés par Manni et Palermo[22] ; la phase ultérieure consistait à établir quels manuscrits, parmi ceux des *TN*, comportait les traits linguistiques les plus proches de A, en évaluant l'incidence des traits novateurs (il est en effet indubitable que la présence de traits plus tardifs – généralement du XVe siècle – provient d'un effet de superposition dû à la copie). Il en a résulté un taux très similaire (10 pour G, 8 pour B et L), ce qui confirme l'origine linguistique et culturelle commune des manuscrits : selon les critères énoncés plus haut, toutefois, la faible différence autorise néanmoins l'adoption de G comme texte de base du *TN* même sur le plan linguistique, à la condition nécessaire de vérifier au cas par cas la cohérence de ce choix. Même s'ils sont largement minoritaires, il existe en effet des traits phono-morphologiques dominants en G qui apparaissent étrangers à l'usage autographe documenté en A :

20 Michelangelo Zaccarello, « Ancora sul testo base delle *Trecento Novelle* », *Nuova Rivista di Letteratura italiana*, XX/2, 2017, p. 131-154, spécialement p. 141-143 et tables 5-8.

21 Michelangelo Zaccarello, « Il trattamento linguistico rinascimentale delle *Trecento Novelle* di Franco Sacchetti e le relative implicazioni nella scelta del testo base », *Medioevo Romanzo*, XXXV/2, 2012, p. 348-382, réimprimé sous le titre « Criteri linguistici nella determinazione del testo base », in *Id.*, *Alcune questioni di metodo nella critica dei testi volgari*, Verona, Fiorini, 2012, p. 165-184.

22 Voir *supra* n. 20.

dans ces (rares) cas, on a choisi d'intervenir sur le texte de G, en substituant les formes novatrices par les formes originelles privilégiées par A[23].

Ces interventions « d'orthopédie » linguistique ont une incidence quantitative très réduite : dans la grande majorité des cas, le nouveau texte critique des *Trecento Novelle* reflète la patine linguistique de G, dont nous avons pu vérifier l'adhérence globale à l'usage sacchettien. Pourtant, des voix n'ont pas manqué de s'élever pour dénoncer une prétendue incohérence : selon Pellegrini[24], en faisant alterner des formes comme *aveano/avevano, veniva/venia* et d'autres du même type, le texte de base G finit par « produire de continuelles alternances de désinences » avec un effet « d'incohérence déplaisante » pour le lecteur[25]. Il s'agit d'une observation plutôt extravagante : il suffit d'ouvrir au hasard l'édition critique du *Décaméron* pour trouver des phrases comme : « *avendomi recati denari che egli mi doveva dare di panno che io gli avea venduto* ; *come colui che il sapeva troppo ben fare quando volea* ; *pienamente credeva esser vero ciò che ser Ciappelletto avea detto* » (I 1) et ainsi de suite ; selon les mots d'Alfredo Stussi, « il s'agit de l'un des traits les plus évidents de la recherche de *variatio* phonique et rythmique qui caractérise le modèle d'écriture en prose de Boccace [en l'occurrence certifié par l'autographe berlinois], comme on l'observe aussi – par exemple – dans le parfait de sixième personne *dissero-dissono, fecero-feciono*[26] ».

---

23 Parmi les traits étrangers à A qui sont les plus répandus en G, notamment parce qu'ils ne sont pas « marqués » sur le plan sociolinguistique, on peut citer la série des subjonctifs et des parfaits *fussi, fussino, fusti*, etc. Dans le texte de *TN*, ces derniers sont ramenés aux formes de Grand siècle généralisées dans l'usage de Sacchetti, et signalées par l'italique, en conformité avec les cas où des phénomènes semblables concernent des aspects substantiels. La solution avait déjà été annoncée dans l'article cité plus haut : « C'est le manuscrit le plus adhérent à l'usage sacchettien dans sa façon de refléter les traits novateurs de la langue des *Trecento Novelle* qui fournira le texte de base pour la nouvelle édition de l'œuvre, en conformité avec le *critère ecdotique qui impose l'adhérence à une source unique pour les aspects formels* ; d'autre part, les aspects substantiels du texte devront naturellement être discutés point par point en fonction des résultats de la *recensio*, et à chaque fois que le texte de base sera fautif, la leçon critique sera reportée *dans une forme linguistiquement modernisée et distinguée du reste au moyen de l'italique* » (Michelangelo Zaccarello, « Il trattamento linguistico rinascimentale delle "Trecento novelle" », *cit.*, p. 352, nous soulignons).

24 Paolo Pellegrini, « Franco Sacchetti e la lingua del *Trecentonovelle* : a proposito del testo base », *Studi linguistici italiani*, XLII, 2017, p. 220-240.

25 *Ibid.*, p. 235.

26 Alfredo Stussi, entrée « Lingua », in *Lessico critico Decameroniano*, éd. Renzo Bragantini e Pier Massimo Forni, Torino, Bollati Boringhieri, p. 192-221, p. 202 et plus généralement Michelangelo Zaccarello, « Ancora sul testo base delle *Trecento Novelle* », *Nuova Rivista di Letteratura italiana*, XX/2, 2017, p. 131-154.

UN ASPECT RÉVÉLATEUR
La mimésis dialectale

On sait depuis longtemps que, dans le sillage du modèle boccacien, Sacchetti introduit dans les paroles des personnages non toscans une série de traits qui connotent plus ou moins leur parler d'origine. Bien qu'on ne puisse pas y rechercher la même sensibilité linguistique démontrée par Boccace, la quantité et la qualité de ces caractères mimétiques – qu'il est nécessaire de présumer originaux – font l'objet d'un refoulement progressif tout au long de la transmission textuelle. La plus grande adhérence à ce type de traits peut constituer un facteur préférentiel dans le choix du texte de base, et il a fait partie des facteurs fondamentaux qui ont conduit à confirmer le choix de G comme texte de base de l'édition[27]. De mes récents travaux, je reprends quelques exemples instructifs, qui manifestent l'importance d'indications linguistiques de ce type y compris du point de vue de la substance narrative. Dans la nouvelle LIX, Gian Galeazzo Visconti condamne un prêtre à être enterré vivant avec le cadavre du condamné pour lequel il n'avait pas voulu célébrer un enterrement gratuit : « *Et io ve lo darò io. Debito vostro è la morte. Dove è il morto ? addugélo za, mettél nella fossa ; pigliate il prete e cacciatel giù ! Dove è il cherico ? mettéghel sovra ; mo tirè giù la terra !* » (*TN*, LIX 4, p. 130). À la place de ces dernières formes, les manuscrits borghiniens ont des formes toscanisées ou bien moins colorées : « *adugélo qua, mettetel* et *mettetel su, mo tirà*[28] ». Dans une nouvelle se déroulant à la cour de Milan, où Bernabò Visconti improvise une épreuve de résistance à l'alcool entre un de ses serviteurs et un ambassadeur génois « *quasi uomo di corte* », nous trouvons les mêmes formes d'impératif à la cinquième personne, parmi celles qui apparaissent comme sûres, dans un

27 Michelangelo Zaccarello, « Alcune schede linguistiche per le *Trecento novelle* di Franco Sacchetti », *QV. Quaderni veneti*, II/1, 2013 [Schede per Gino Belloni. I], p. 161-172 ; *Idem*, « La rappresentazione dell'alterità geografica e linguistica nelle *Trecento Novelle* di Franco Sacchetti. Alcune novità », in *Lingue, Culture, Letterature tra geografia e storia* [Atti del convegno della Facoltà di Scienze umanistiche – Università Matej Bell, Banská Bistrica (Slovacchia), 10-11 ottobre 2013], éd. Katarína Klimová, Eva Mesárová, Brno, Gaudeamus, 2017, p. 266-281.

28 Michelangelo Zaccarello, « Alcune schede linguistique… », *op. cit.*, p. 165.

dialecte sommairement imité (LXXXII 7, p. 180) : « *Ora, apparecchiato il vino e molti bicchieri lavati, dice il signor : – Pigliévi per la mano, e comincé a ballare* ». Les témoins borghiniens ont un *Pigliave* bien moins coloré et toscanisent complètement le second impératif *cominciate*. Dans la même nouvelle, on enregistre une autre différence d'importance entre les apographes du XVIe siècle dans le traitement des pronoms toniques : dans le parler du souverain, par deux fois apparaît le pronom tonique *ti*, selon l'usage septentrional, mais les témoins borghiniens comportent tous deux les occurrences *te* (LXXXII 13) : « *– Tu l'hai fatto cavaliere pisciato, et io il farò cavaliere sconcagado* ». Dans ce dernier adjectif, toutefois, c'est B qui transmet la phonétique vraisemblablement originale, avec une sonorisation padane, contre *sconcacato* de G, tandis qu'on doit à ce dernier une *mimésis* plus exacte du pronom tonique septentrional de deuxième personne : « *– E ti, che meriti d'avere onore, voglio che sia a mia provvisione per quello che tu domanderai ; – Sì come tu hai battezato lui messer lo Cattivo, così io voglio battezar ti messer Vinci Orlando* » (*TN*, *ibid.*)[29].

Un autre groupe d'exemples significatifs concerne non pas des termes dialectaux, mais des termes ou des expressions qui – entre le XIVe et le XVe siècle – étaient devenus rares ou avaient changé de signification : ils tendent à être modifiés ou mal compris par le versant borghinien, tandis que seule la confrontation avec G N permet de récupérer la leçon et la sémantique originelles. La leçon de XLI 23 (« *Essendo ripreso da Messer Galeotto ch'egli era vecchio senza figliuoli maschi, e esortato a doversi rimaritare* »), lacunaire en B, devient l'objet d'un lourd amendement dans les éditions courantes, suggéré par Ageno[30] : « *e* <*fanciulle da*> *maritare* ». Aussi bien la réticence du scribe que l'initiative des interprètes modernes peut s'expliquer par le malaise créé par le verbe *(ri)maritare* (« remarier ») attribué à Ridolfo. Au XIVe siècle, toutefois, le terme signifiait de façon général « s'unir par le mariage » et on le trouve souvent attribué à des sujets masculins, par exemple dans le *Libro del difenditore della pace* (Florence, 1363) : « *Giesù Cristo non fu punto maritato, dunque lo stato de' maritati elli pare condannare* » (*TN*, p. CIX)[31]. Au XVIe siècle, cet usage était depuis longtemps désuet : la leçon de G N, par conséquent, est à nouveau validée par ce statut implicite de *difficilior*. De façon analogue,

29 De plus amples détails dans « Alcune schede linguistiche… », *op. cit.*, p. 166.
30 Franca Ageno, « Per il testo del *Trecentonovelle* », *op. cit.*
31 Michelangelo Zaccarello, « Beyond Borghini… », *op. cit.*, p. 45.

en CXCVI 14, seul le filon non borghinien présente la leçon vraisemblablement originelle : « *tante cose ho avuto a sfinire dei fatti tuoi* ». Banalisé en *finire* par B (qui le transmet aux éditions courantes), le verbe a une signification technique bien précise : « trancher une question » légale ou académique, et en ce sens, il est également attesté dans une épître autographe de Sacchetti (« *il magno re gallico sfinirà la questione* : *Opere minori* », p. 482). Enfin, dans la phrase « *Con gastigamento e con ristretta vita* » (CCVIII 18), le dernier adjectif a le sens technique d'« austère », bien documenté par la banque de données TLIO ; toutefois, B et L le banalisent en « *e con sì stretta con sì stretta*, leçon qui passe dans les éditions avant *TN* (ces deux derniers passages sont examinés précisément en *TN*, p. CLXXII et CLXXXI).

CONCLUSION

Le texte critique proposé en *TN* est un point de départ, non d'arrivée : parmi les très nombreux amendements proposés en *TN*, la majeure partie nécessite des rapprochements supplémentaires, et les premières recensions ont déjà fourni d'utiles rapprochements. Ce qui compte, toutefois, est que la majeure partie de ces amendements ait eu pour origine le témoignage contradictoire de G et N, examinés pour la première fois. Diverses recensions ont déjà souligné cet aspect : l'édition se distingue par le grand nombre de points jusqu'ici considérés comme évidents et « pour la première fois soumis à une enquête ponctuelle, dans la mesure où ils se sont révélés problématiques seulement à la suite de la confrontation avec G et N[32] ».

Cela doit faire réfléchir : pendant trop longtemps, le texte du recueil a été restauré en fonction d'une *recensio* simplifiée, avec B comme seul manuscrit accrédité pour la *restitutio textus*. Outre la nécessité générique d'avoir une *recensio* globale du vaste ensemble de témoins, les études sur lesquelles se fonde *TN* ont au moins démontré la présence (et la forte incidence) de la tradition « non borghinienne » tant dans la constitution du texte que dans l'histoire de la tradition du recueil (comme on le

32 Cristiano Lorenzi, recension de *TN*, *op. cit.*, p. 405.

voit par exemple par la forme dite de Sangallo, une configuration du texte très répandue au XVIIe siècle, *TN*, p. LXXXVIII-XCIII). À partir de la confrontation systématique entre la tradition borghinienne et les autres, on peut facilement procéder à la reconnaissance de passages problématiques jamais identifiés auparavant, et chercher à les restaurer.

Le « nouveau » texte critique du recueil reflète le mélange linguistique de G, remarquablement respectueux de l'état original présumé du texte : non seulement en termes de traits phonétiques et morphologiques, mais aussi pour les aspects formels certainement imputables à l'original, comme la *mimésis* des parlers non toscans. Quoi qu'il en soit, avec des témoins datés de deux siècles après la composition, *TN* n'est certainement pas un texte idoine pour l'étude de la langue de Sacchetti, qui est du reste abondamment documentée par l'autographe A (au sujet duquel manquent encore des études linguistiques spécifiques).

Enfin, on observe avec intérêt la vigoureuse réouverture du débat philologique, depuis longtemps endormi : d'après les recensions, les articles présents et futurs, on peut s'attendre à une révision attentive du texte des *TN*, dans la forme et la substance. Cette révision représente un viatique précieux et nécessaire pour la vérification et la validation éventuelle des solutions que l'on y a expérimentées : en particulier, on souhaite que le débat puisse compter non seulement sur les données offertes par l'édition critique, mais sur un élargissement effectif des bases de données, à travers une vérification directe sur les manuscrits, des recherches linguistiques plus approfondies, voire systématiques. Dans ce secteur en effet, la masse des recherches effectuées pour l'édition n'a permis que des sondages partiels et presque exclusivement mus par des exigences ecdotiques : à partir de l'étude du fameux autographe A, notre connaissance de la langue sacchettienne devra rapidement faire de nouveaux progrès.

Michelangelo ZACCARELLO
Université de Pise

ONOMASTIQUE ET REPRÉSENTATION DE LA SOCIÉTÉ DANS LES *TRECENTO NOVELLE*

L'examen des seules dénominations accompagnées d'un attribut de profession dans les *Trecento Novelle* permet de se rendre compte que les catégories sociales et économiques font l'objet d'un traitement spécifique. En effet, les artisans urbains, les domestiques ou employés sont désignés par un prénom et plus rarement par un patronyme. Dès lors, la catégorie sociale convoquée dans le récit est celle d'une position inférieure, celle de personnes actives dans la ville ou le *contado* (l'arrière-pays), mais dont la sphère d'influence restera négligeable, si on se réfère à l'organisation sociale et politique de Florence.

Ainsi, désigner le *farsettaio* (« le confectionneur de pourpoint ») par son prénom, *Bartolino*, pourra de ce fait donner l'impression d'une proximité renforcée ici par la forme diminutive en *–ino* qui révélera une connivence ordinaire, peut-être même intime, du client qui se rend chez son couturier pour lui donner à voir ses formes dans l'ajustement de ses vêtements ou encore, comme c'est le cas de la nouvelle XXVI, donner à voir un Bartolino livrant un cours de médecine alors qu'il se trouve aux bains de Petriuolo. Il en ira de même pour le volailler *Francesco*[1] chez qui passera la *cuoca*[2] (« la cuisinière ») ou la *serva* (« la servante ») pour faire les courses du repas, cette évocation permettra également de situer un commerce, pas n'importe lequel, celui de Francesco, certes, mais avant tout celui que

1 Franco Sacchetti, *Le trecento novelle*, a cura di Michelangelo Zaccarello, Firenze, Edizioni del Galluzzo, 2014, nouvelle LXXXVII.

2 La *cuoca Cecca* par exemple, dans la nouvelle CLXXXV n'a aucun rôle spécifique dans le récit si ce n'est celui de se trouver à la cuisine alors que les protagonistes y passent rapidement. Elle n'est donc qu'un élément de contextualisation, un élément de décor. L'exemple de la *cuoca Benvegnuda* de la nouvelle XCVIII est bien différent, sa présence dans le récit est conditionnée par la nécessité d'ouvrir et de fermer les portes et, enfin, de préparer le dîner. La *beffa* ourdie par certains personnages fera d'elle une victime indirecte et provoquera le qualificatif de *malvenuta* lancé par un des personnages.

l'on connaît, celui qui se trouve aux abords de la demeure, celui chez qui l'on se rend pour une organisation ordinaire de la vie, même si elle ne fait pas l'objet d'un traitement particulier dans l'anecdote, même si elle n'entre pas directement dans la diégèse et demeure en cela un pur moment de mimésis permettant de donner un cadre aux événements qui se déroulent réellement et pour lesquels d'autres personnages, protagonistes cette fois, seront mis en scène dans leurs actions.

Le degré de présence des personnages dans les nouvelles montrera ici de quelle manière l'utilisation du nom propre, comme simple élément superlatif de réel – entendons comme renvoi plus ou moins explicite à un ensemble signifiant extratextuel – se révèle nécessaire à une représentation de la société florentine envisagée par Sacchetti. Il est évidemment impossible de proposer ici l'examen de nombreux textes et nous nous limiterons à l'analyse de quatre nouvelles dans lesquelles les protagonistes sont artisans, paysans ou encore médecins. Notre étude se concentrera, pour l'essentiel, sur l'usage des prénoms, souvent réels, mais dont les formes laissent apparaître des variations morphologiques, comme Farinello qui renvoie à son métier, Ciarpa dont la forme sert de matrice linguistique à l'action qui va se dérouler, Mascio qui se déshumanise dans son comportement et enfin l'Atticciato, surnom qui est le reflet de son physique.

L'analyse des récits devrait ainsi nous permettre de dégager les contours d'une typologie spécifique utile à la mise en scène des personnages, de leur position au sein de la société dont, finalement, la finalité est d'activer des éléments extratextuels suffisamment explicites pour donner à voir les caractéristiques d'une société et d'un milieu.

La nouvelle CCVI propose quatre exemples de dénominations inscrivant les personnages, à commencer par le protagoniste, dans un espace étroitement lié à l'activité artisanale. Le protagoniste, Farinello, dont le prénom est aussitôt en écho avec l'objet de sa production est renforcé avec l'affixe *–ello* attribuant non seulement une légèreté au blé ainsi moulu et, par ricochet, une légèreté morale au personnage. Le récit s'articule autour du meunier Farinello qui courtise ardemment une veuve, monna Collagia, en lui proposant du blé en échange de ses faveurs :

> *Et essendo costui un poco leggiadro, secondo mugnaio, perché era innamorato d'una giovane vedova di bassa condizione, sì come era elli, anzi bisognosa che no, la quale aveva nome monna Collagia, volendo mettere a esecuzione questo suo amore, più volte*

si messe a richiedere la donna, profferendogli di donare due quarti di grano, li quali sono quarto centocinquanta libbre, però che il ruggio di Rieti è libbre seicento, et il ruggio è quattro quarti[3].

La proposition sexuelle de Farinello est ici renforcée par un don de blé qu'il promet à monna Collagia, don pour lequel, d'ailleurs, il est intéressant de constater qu'il est l'objet d'une précision dans les mesures et ordres de grandeur. Cette précision dans la quantité de blé renvoie directement à la toponymie et à une pratique ordinaire de mesure à Rieti. Face à la proposition sexuelle presque tarifée, monna Collagia finit par se rendre chez donna Vanna, l'épouse négligée, pour lui exposer la situation. L'épouse, désireuse de tirer vengeance de l'attitude de son mari, ourdit un vilain tour (*pensò una sottil malizia*) et propose à monna Collagia d'accepter les avances adultères du volage Farinello en lui précisant qu'elle sera payée pour son aide tout en préservant son honneur :

– Voi siate la benvenuta ; se voi volete fare quello ch'io vi dirò, io vi leverò questa pena da dosso ; e il modo è questo : che come egli vi richiede cosa, date ordine qual notte venga da voi, della quale voi m'informerete, e quella notte andate segretamente a dormire con qualche vostra vicina e lascerete la casa a me ; e direte che vi rechi due quarti di grano, et io ve ne vorrò dare uno io, sì che sieno tre e poi lasciate spacciare questa fa[*c*]*cenda a me*[4].

La dimension mercantile est encore renforcée par la proposition de l'épouse qui ajoute un *quarto* de blé aux deux proposés par le mari, la tarification s'installe plus encore au fil de la diégèse.

Le soir dit, l'épouse se glisse ainsi dans le lit de monna Collagia et attend son mari/amant qui, à son tour, sollicite un ami pour l'aider à porter un des deux sacs de blé promis. Farinello rejoint donc son épouse, convaincu de se trouver en compagnie de monna Collagia, et y envoie son ami Chiodio (« Clou »), lui aussi meunier, après avoir honoré celle qu'il pensait être sa maîtresse. Ce n'est que le lendemain matin que la réalité apparaît au grand jour, quand l'épouse, donna Vanna, annonce à son mari qu'il l'a honorée à sept reprises en pensant se trouver avec monna Collagia :

Traluna bene, che hai bene di che. Tu sei stato la notte un pro' cavaliere, che hai macinato sette volte ; e sai ben dove, ma non con cui tu hai creduto, ché sono stata io e

3 Franco Sacchetti, *op. cit.*, p. 540.
4 *Ibid.*, p. 541.

> *non monna Collagia quella dove tu hai macinato istanotte sette volte; per tal segnale che, finite le prime quattro, tu ti levasti per andare a pisciare, e poi tornasti e tre volte ancora rifacesti il giuoco, sì che io ho avuto quello da te, essendo sconosciuta, che da te conosciuta mai non ebbi*[5].

Deux groupes se détachent dans le récit, les hommes tout d'abord, avec Farinello et Chiodio, deux meuniers qui se trouvent désignés de manière spécifique, l'un est volage et l'autre affublé d'un prénom qui renvoie directement à la fonction qu'il aura dans la nouvelle et, par synecdoque, il est désigné par la partie utile au récit : son phallus. La forme *chiodio*[6] est suffisamment signifiante pour définir un personnage dont la fonction sera celle de porter un sac et de s'ébattre avec donna Vanna. Quant à Farinello, nous l'avons dit, ses mœurs légères semblent renvoyer à un lieu commun sur les meuniers faisant de ces artisans des coureurs de jupons. Quant à donna Vanna, qui reproche à Farinello d'être adultère, elle utilise le verbe *macinare* (« moudre ») pour désigner l'acte sexuel. Cet euphémisme par effacement lexical revêt dès lors une double fonction, celle de désigner le métier de Farinello et mettre en avant son attitude de mari volage.

Face au groupe masculin se placent les deux femmes, d'une part monna Collagia qui refuse les avances de Farinello, qui vient s'en plaindre auprès de l'épouse négligée et qui sortira rapidement de la diégèse. Elle cède sa place dans le lit et dans la diègèse donc en suivant le plan de l'épouse. Si on examine la situation, donna Vanna, qui ourdit un stratagème pour confondre son mari, est victime de l'attitude du volage Farinello, mais à la fin de la nouvelle, on se rend compte que c'est le couple qui est visé, l'un pour son comportement adultère, l'autre, pour avoir mis en place sa vengeance. Donna Vanna sera la victime immédiate de sa propre machination. Cela étant, le mari ne s'en sortira pas indemne non plus, Farinello, ayant convié son *Chiodio* pour le remercier de son aide, apprendra le lendemain par la bouche même de son épouse qu'il ne se trouvait pas au lit avec monna Collagia. Il est donc victime à son tour, devenu le cocu à son insu, certes, mais qui aura organisé lui-même son cocufiage.

Dans ce texte, Sacchetti superpose le métier et l'action adultère et le verbe *macinare* se charge d'un sens qui illustre la moralité des

5 *Ibid.*, p. 544.
6 On trouve la forme *Chiodo* dans le ms. G.

personnages. Deux isotopes s'entrecroisent face à l'action sexuelle des époux. Farinello *macina* son épouse à sept reprises, selon cette dernière, et l'époux, demandant à manger des œufs au petit matin, utilise le verbe *covare* (« couver ») en s'adressant à sa femme, avec le sens de « se coucher » qui renvoie aussitôt à la position de l'épouse durant la nuit[7]. De la même manière, le prénom de l'épouse, Vanna, forme hypocoristique de *Giovanna*, très courante au XIVe siècle à Florence si on se réfère à la célèbre étude de Brattö Olof consacrée à l'anthroponymie florentine[8], se charge d'une signification supplémentaire. Rien n'est plus anodin dans la nouvelle et on finit par percevoir une allusion au *vanus* latin signifiant « trompeur, fourbe, imposteur, sans conscience, sans foi ».

Il est clair que l'analyse des nouvelles est rendue délicate par des noms signifiants qui apparaissent régulièrement sous forme de patronymes ou de prénoms populaires à l'époque, mais la remotivation étymologique apporte les éléments superlatifs de sens pour compléter, voire renforcer, une situation, une organisation du discours, ici articulée autour de l'acte sexuel. Le corps de métier est régulièrement le support d'idées reçues et l'expression de la *vox populi*, comme c'est le cas pour le meunier qui a la réputation d'être un voleur si on se réfère au Bozolo de la nouvelle CXCIX habitué à donner moins de farine que de blé reçu[9] ou encore d'être volage, comme c'est le cas pour Farinello, les deux nouvelles renvoient, comme nous l'avons vu, à une dimension mercantile. L'examen des textes montre que Sacchetti utilise régulièrement les lieux communs comme un réservoir bien utile pour une exploitation de *topoi* et donner à lire les événements réels et ordinaires d'un groupe, comme s'il s'agissait de mettre en mouvement chaque personnage d'une galerie préétablie et pour laquelle chacun connaît déjà les acteurs et le récit, à la manière d'une réactivation

7 Franco Sacchetti, *op. cit.*, p. 544 : « – Io so quel che tu di', so che tu 'l di' per non mi dar l'uova, sì che tu hai da covare. »

8 Brattö Olof, *Studi di antroponimia fiorentina*, Göteborg, Elanders Boktrychery Aktiebolag, 1953, p. 148 : « *A proposito della forma Gianni il Fumagalli nota : Accorciatura di Giovanni, ma non è dell'uso fiorentino che preferisce Nanni. Nel duecento è molto comune a Firenze, ma nel trecento si fa meno frequente (Med : 25 es.), mentre Vanni diventa popolare (Med. 66 es.) e appare Nanni (Med. es.).* »

9 Franco Sacchetti, *op. cit.*, p. 522 : « *Assai seppe meglio su l'altrui Bozolo mugnaio delle mulina degli Angetti, che non fece Fuccio in tenere fiorini cento trovati : però che costui, avendo voce del migliore mugnaio e di colui che miglior macinato facesse gran tempo, e togliendosi molto bene del grano altrui come i più fanno, nella fine il più coperto ladro divenne che quasi mai macinasse grano ; però che avendo recati al suo mulino la maggior parte de' fiorentini, nella fine se gli fece fratelli, dividendo con loro per metà quello che gli era portato.* »

programmée. Seules varient dès lors les circonstances de l'anecdote. Il est évidemment difficile de parler de réalisme social, ou encore de réalisme politique chez Sacchetti, mais il nous sera aisé de mettre en avant la fonction extratextuelle des références sur lesquelles les textes sont bâtis, les éléments contextualisants qui participent de la construction de l'anecdote pour que cette dernière puisse trouver un cadre pertinent aux yeux du lecteur et donner les bases à une mise en place des personnages qui, à leur tour, pourront s'animer et renvoyer à la réalité florentine même si, disons-le, les actions, peut-être connues en d'autres lieux et/ou sous des formes analogues dans la réalité, resteront l'objet de la fantaisie de notre auteur.

La galerie de personnages s'enrichit d'un *nuovo pesce* (« drôle d'oiseau ») dans la nouvelle CLXVI qui met en scène un certain Alessandro di Ser Lamberto, musicien et chanteur, présenté dès le début du récit comme un virtuose non seulement dans son art mais, finalement, dans bien des domaines, surtout lorsqu'il s'agit d'élaborer des choses extravagantes. Le protagoniste, dont le patronyme est des plus communs, a une fonction de déclencheur en mettant les acteurs en présence pour que l'anecdote puisse démarrer. Le second protagoniste est introduit par Alessandro et défini comme *il nuovo pesce* avant même d'être présenté nommément. Le *nuovo pesce* est donc le curieux personnage, l'énergumène appelé Ciarpa, dont le prénom semble désigner étymologiquement de vieilles frippes, de vieilles hardes, si on se réfère à la forme latine *scruta*. La présentation se précise par le jeu étymologique, ou pseudo-étymologique, opéré par Sacchetti, annonçant qu'Alessandro *col Ciarpa sapeva ben ciarpare*. On imagine donc que l'action sera articulée autour du *pesce* avec qui Alessandro a des activités communes. D'un point de vue social, Alessandro se positionne dans un espace citadin de divertissement, alors que son compère est forgeron, il occupe donc une position de travailleur, de celui qui travaille de ses mains. Cependant, rien n'est dit de la forge, on imagine donc que Ciarpa en est le propriétaire, impression renforcée par la présence implicite du *garzone* (l'apprenti) qu'il envoie chercher une petite ficelle (*lo spaghetto*), il a donc un apprenti et on peut dès lors établir qu'il est artisan indépendant. L'anecdote s'organise ainsi très progressivement et fait intervenir un tiers dont les douleurs dentaires finissent par agacer Alessandro. C'est l'élément déclencheur qui va justifier l'intervention de Ciarpa. En effet, le malade se rend, accompagné d'Alessandro, chez le forgeron pour se soulager d'une dent douloureuse. C'est alors que Ciarpa lui propose de placer une petite ficelle autour de la dent qui le fait souffrir tout en lui précisant qu'il ne le touchera pas et qu'il n'utilisera pas de tenaille ou tout autre instrument métallique dont le malade refuse l'usage. Il est évident que se rendre chez un forgeron pour ne pas entendre parler d'outillage métallique devient, dès le départ, un peu suspect, mais cet aspect ne semble pas freiner la détermination du malade et renvoie au fait que Ciarpa est un *nuovo pesce*. L'usage de la ficelle est bien connu pour se débarrasser d'une dent, mais encore reste-t-il à provoquer la chute de ladite dent. Le verbe *ciarpare* renvoie ici à l'action qui va provoquer la chute de la dent. En effet, *ciarpare*, ou *acciarpare*, signifie faire les choses rapidement et avec négligence, de manière expéditive et sans grand soin. C'est donc armé d'une lame de charrue qu'il forge au moment de l'arrivée du malade que Ciarpa va *ciarpare* le problème en se saisissant de la lame pour se précipiter violemment vers le malade en faisant mine de vouloir s'occuper de son mal. La mise en scène est bien réelle et rapide :

> [...] *cava fuori questo bomere e difilalo verso costui con un viso di satanasso, dicendo : Che dente e che non dente ! Apri la bocca –, mostrando di voglierlo ficcar nel viso*[10].

Face à la mise en scène de Ciarpa, c'est la peur qui fait le reste et la dent douloureuse s'arrache aussitôt de la bouche du malade. L'organisation de l'action repose ici sur le prénom de Ciarpa dont l'aspect physique suggéré n'est pas forcément rassurant dès lors qu'on désire se faire soigner d'un mal de dent, mais elle est renforcée par les méthodes de ce dernier. Muni d'un outil disproportionné pour l'usage qu'il entend en faire, Ciarpa va régler le problème. Un autre décalage sémantique s'installe ainsi entre la tenaille et la lame de charrue. On peut donc conclure que Ciarpa et son compère savent parfaitement bien *ciarpare*, entendons régler les problèmes de manière expéditive.

Dans cette nouvelle, le prénom du forgeron vient le définir dans son apparence, il apparaît ainsi vêtu de hardes et annonce indirectement la frayeur qui gagnera le malade, mais c'est surtout le verbe qui sert de moteur à l'ensemble du texte, tout comme le meunier qui sait *macinare* ou, si je puis me permettre, un Trousselard qui saurait *trousser*. La dénomination a donc une valeur de définition et se transforme en nom commun associé à un verbe. Il s'agit de cette manière de créer un isotope spécifique

10 *Ibid.*, p. 420.

qui va donner toute sa valeur à l'anecdote pour en justifier l'existence et insérer les personnages dans un système logique qui finit par fonctionner de manière circulaire. On retrouve des traitements analogues face à des personnages définis par leur attitude comme c'est le cas dans la nouvelle mettant en scène Mascio et Miccio où les *due piacevoli uomini* (« les deux plaisants ») sont qualifiés par des noms d'animaux pour créer un écho avec leur attitude face au *garzone* rapporté par le maître de l'atelier.

Les deux compagnons orfèvres Mascio et Miccio de la nouvelle CCXV sont placés face à un personnage qui n'est pas nommé et uniquement désigné par sa fonction de *garzone*, c'est-à-dire jeune apprenti, dont le statut au sein de l'atelier est le plus bas dans l'échelle professionnelle. Dans cette nouvelle, c'est toute une organisation du travail qui est ainsi exposée de manière implicite. Le maître, patron de l'atelier, ramène un apprenti au gré d'un passage à la campagne et le fait travailler en le confiant à deux de ses compagnons. L'apprenti se trouve placé entre les mains des deux ouvriers confirmés et se doit d'obéir aux ordres donnés par ces derniers en suivant les recommandations du maître.

Dans le récit, l'élément déclencheur est l'action du maître décidant de ramener un apprenti à l'atelier. Cette décision se trouve aussitôt contestée par les compagnons Mascio et Miccio :

> *– Questo nostro maestro è un nuovo pesce, che non gli pare che noi abbiamo tanto da fare a digrossare l'ariento, che ci mena di contado contadini a dirozzare*[11].

On distingue dans cette réplique d'un des compagnons non seulement la position supérieure du maître, mais également l'attitude des deux compères qui annoncent aussitôt qu'ils vont lui jouer un vilain tour. On soulignera au passage que la superposition sémantique opérée entre *digrossare l'ariento* et *contadini da dirozzare*, pour laquelle il est également intéressant de rappeler que la leçon du mss. L[12] propose *dirizzare* (« dresser ») annonçant explicitement ce qui va suivre. Les deux acteurs protagonistes sont ici les compagnons qui vont prendre en main le jeune *garzone* pour l'initier à l'orfèvrerie. Mascio, dans sa forme vénitienne, désigne le cochon, forme dialectale qui renvoie directement au patronyme du maître Jacopo di ser Zello, quant à son collègue, Miccio, forme dialectale toscane courante, renvoie à l'âne. On se trouve donc face à deux compères dont les prénoms

11 *Ibid.*, p. 572.
12 *Ibid.*, p. 572, note de l'édition critique.

définissent également une attitude qui sera la leur dans le récit. En effet, les deux animaux ainsi désignés vont se comporter de manière violente avec le *garzone* fraîchement arrivé de la campagne. Toute l'action se déroule dans l'espace clos de l'atelier où travaillent les compagnons. Le maître, bien que présent physiquement, ne peut voir l'action qui se déroule réellement au niveau supérieur, c'est donc le quiproquo qui détermine les agissements des uns et des autres. Les deux compagnons veulent donner une leçon au maître et faire en sorte de provoquer le départ de l'apprenti pour se libérer d'une charge de travail qu'ils refusent d'assumer. Une fois de plus, le double sens revêt une importance prépondérante dans le récit. Dans un atelier d'orfèvrerie où il s'agit de travailler des matériaux et, en particulier, *menare lo smalto*, l'allusion obscène prend le dessus. Les deux compères vont donc imposer au jeune apprenti de *menare* (« remuer, agiter ») vigoureusement en présentant leur sexe et, face au refus du jeune homme, solliciter le maître pour qu'il impose son autorité. L'absence physique du maître provoque le quiproquo, ce dernier pensant qu'il s'agissait de *menare lo smalto*, le remuer vigoureusement donc, et non pas d'une toute autre chose. L'apprenti, face à la violence verbale du maître, se résoud à obéir, mais il quittera aussitôt l'atelier pour regagner sa campagne.

Dans la nouvelle, le jeune paysan n'est pas nommé, il n'a pas de rôle réel dans la diégèse, si ce n'est celui d'exécuter des ordres. Il est objet d'un discours, celui du maître qui vante les mérites d'une position d'apprenti dans un atelier en ville, et objet des actions des compagnons. En cela, on peut affirmer que sa position sociale et économique illustre bien son rôle dans le récit. Face à lui, se place le maître qui semble disposer des autres en présentant son activité comme le moyen de gagner facilement de l'argent : « *Questo Jacopo, essendo ricco orefice, andando a' suo luoghi ad Altomena, ed essendo tra certi contadini, cominciò a ragionare che la spazzatura della sua bottega valea ogni anno più d'ottocento fiorini*[13] ». On soulignera également l'association explicite entre la *spazzatura* et les *ottocento fiorini* qui finiront de convaincre les paysans.

Deux éléments se croisent alors, d'une part le gain sert de moteur au récit et d'élément déclencheur entre deux catégories sociales bien différentes et, de l'autre, la classe paysanne isolée en campagne qui aspire à une ascension sociale en ville par le biais d'une activité artisanale lucrative. Cependant, les implications sociales se révèlent multiples lorsque le récit se

13 *Ibid.*, p. 572.

déplace à l'intérieur de l'atelier. Les deux compagnons doivent obéissance au maître qui est le propriétaire de l'atelier d'orfèvrerie. En effet, comme il leur est impossible de s'opposer à la décision du maître qui leur confie un apprenti dont ils auront la charge, ils élaborent un plan pour le faire fuir, unique moyen dont ils disposent pour échapper à la décision du maître.

Dans notre cas, les prénoms, en tant que formes hypocoristiques régionales, renvoient à la nature même du plan mis en place. L'âne et le cochon renvoient à l'animalité, au peu de discernement qui finit par les caractériser dans leur projet de sacrifier l'apprenti pour retrouver une tranquilité perdue. La désignation des compagnons par des noms d'animaux leur fait perdre ici toute humanité, elle les renvoie dans une sphère qui n'est plus celle du compagnonnage propre à l'orfèvrerie, art noble ne serait-ce que par les matériaux travaillés, mais dans un espace de sens blâmable. Cela étant, la conclusion de la nouvelle est très éclairante du point de vue de la position du maître qui tente de disposer des autres et de transformer les paysans en ouvriers par le seul appel du gain. Les agissements des compagnons servent ainsi à donner une leçon au maître pour ne pas les avoir consultés dans sa volonté de former des paysans et ce dernier est objet de raillerie. Dans le texte, l'individu a une identité très partielle qui reste conditionnée par le groupe auquel il appartient. L'existence devient très relative et l'identité devient celle qui passe par l'action de l'individu concerné et non pas celle qui passera par une naissance par exemple, comme c'est le cas de la classe noble.

Toujours dans le monde paysan, la nouvelle CLXVIII présente un autre type de désignation qui concerne dans ce cas un paysan présenté uniquement par son apparence physique. Ce détail pourrait sembler anecdotique et ne renvoyer à aucun élément du récit si ce n'est que le protagoniste semble avoir, lui aussi, les mêmes caractéristiques physiques. En effet, la nouvelle met en scène maestro Gabadeo[14] qui, par sa maîtrise de la médecine, va guérir un paysan nommé *l'Atticciato* (« l'armoire à glace »). Le personnage est désigné à travers son aspect physique, mais l'usage de l'article défini comme démonstratif (*cf.* adjectif démonstratif *ille* latin) renforce ici l'utilisation du nom comme déictique de la personne. Sacchetti présente donc un personnage qui est connu et reconnu à travers ses caractéristiques physiques et non pas par son métier de paysan, même si la mention de

14 Franco Sacchetti, *Il Trecentonovelle*, a cura di Vincenzo Pernicone, Firenze, Sansoni, 1946, nouv. CLV et CLXVIII. Pernicone donne la forme *Gabbadeo*.

son travail est faite avant qu'il ne soit désigné par son surnom. Dans cette nouvelle, l'usage de l'article défini laisse entrevoir une connivence, ou une pseudo-connivence, entre le narrateur et le lecteur. En effet, l'utilisation de l'article, comme déictique, indique une personne en l'insérant dans un espace de connaissance commune. En le définissant, en le désignant, le narrateur le situe face au lecteur et l'intègre dans la diégèse. Dans notre cas, il n'y a pas de dégradation de la personne à souligner dans l'usage du surnom, on peut même affirmer que la caractéristique mise en avant est à l'avantage du personnage. Ce sera finalement sa condition sociale qui fera de lui le *sciocco* (l'idiot)[15], comme le dira explicitement le médecin :

> *Fu nel contado di Prato un contadino di forte natura, chiamato l'Atticciato, il quale nel mese di luglio battendo fave, gliene venne schizata una nell'orecchie ; e volendosela cavare con sue dita grosse, quanto più s'ingegnava di traerla più la ficcava in entro* [...][16].

Les éléments de contextualisation sont rapidement énoncés, l'anecdote se déroule dans le *contado* (« l'arrière-pays ») de Prato, indication peu précise certes, mais elle permet de poser un cadre pour la suite du récit. De la même manière, l'indication du protagoniste reste vague également puisqu'il s'agit d'un *contadino* (« paysan »). Le récit est donc posé géographiquement et même temporellement, car ces éléments justifient l'activité du paysan qui consiste à battre les fèves. Nous sommes donc bien à la campagne et la saison est celle de la récolte des fèves. La banalité de l'action sert ici de cause première pour cette fève qui vient se loger dans l'oreille de l'Atticciato. Dans la nouvelle, ce sont les caractéristiques physiques du paysan qui servent d'éléments déclencheurs. L'Atticciato, le justement nommé, est une force de la nature, aucune charge ironique n'accompagne donc le surnom, et ses gros doigts deviennent alors un handicap physique lorsqu'il tente de récupérer la petite fève coincée dans son oreille. L'intervention du médecin se révèle dès lors indispensable.

Le Maestro Gabbadeo, personnage principal, se charge également d'un sens particulier si on considère la forme *gabba* renvoyant à la *beffa* (« la farce moqueuse, le personnage serait dès lors, dans son nom même,

---

15 Franco Sacchetti, *op. cit.*, p. 425 : « – *O sciocco, non sai tu che, quand' egl' entra alcuna cosa nella g*[*u*]*aina del coltello tu la volgi e tanto picchi che ella esca ? Così mi convien fare di te, che mi convenne dare il colpo dall'altra parte, acciò che quell'orecchio che aveva la fava percuotesse in terra, e così n'è uscita.* »

16 *Ibid.*, p. 425.

celui qui se moque de Dieu »)[17]. De la même manière, le rapide portrait du médecin oriente le récit : il est lui aussi *grande et aitante della persona*[18] et donc placé sur un même plan physique que le paysan. Mais c'est la technique médicale qui sera l'objet de l'attention. Nous sommes en présence de deux forces de la nature et la cause de leur mise en présence est une petite fève, l'usage de l'adjectif qualificatif épithète dans le chapeau revêt une dimension étonnante. En effet, la *bella cura* (« le beau traitement ») annoncée et renforcée à la fin de la nouvelle par *la bella sperienza* (« la belle expérience ») donnent les éléments pour entendre le soin peu ordinaire pratiqué par maestro Gabbadeo :

> [...] *facendo vista di guardare ora un'orecchia ora l'altra, prese tempo e lascia andare e dà un grandissimo punzone a costui dall'altra parte dove la fava non era, per sì fatta forma che costui cadde in terra dalla parte dove era la fava* [...][19].

Aux petits maux, les grands remèdes, les deux protagonistes se positionnent pour une consultation qui va se conclure par un coup violent assené à l'Atticciato. La scène en devient comique face à un soin qui consiste à battre le malade qui battait les fèves, de cette manière le clivage social qui définit les deux personnages dès leur présentation se pose de manière évidente non seulement dans l'explication scientifique du médecin qu'il accompagne d'ailleurs d'une insulte, mais également dans le mode de paiement requis :

> – *O sciocco, non sai tu che, quand'egl'entra alcuna cosa nella g*[*u*]*aina del coltello tu la volgi e tanto picchi che ella esca ? Così mi convien fare di te, che mi convenne dare il colpo dall'altra parte, acciò che quell'orecchio che aveva la fava percuotesse in terra, e così n'è uscita.* [...] *Va' e procaccia di far bene ; e quando ti vien fatto, recami un paio di capponi.*
>
> [...]
>
> – *Io non ho capponi, ma se voi non gli avete a schifo, io vi recherò un paio di paperi*[20].

La forme proverbiale conclusive *Batti il vil*[*l*]*ano e arailo per amico* confirme l'intention initiale consistant à procurer un soin dont l'objectif

17 Même si la graphie de l'édition Zaccarello indique une forme non géminée en *Gabadeo*, la forme géminée se retrouve dans l'édition de Pernicone (p. 416). *Gabba* s. f., ant. – Variante non com. di *gabbo, scherzo, beffa* : *le gabbe non piacquero al signore* (*Novellino*).

18 *Ibid.*, p. 425. *Aitante* : *Gagliardo, vigoroso.* Forme que l'on rencontre chez Boccace notamment.

19 *Ibid.*, p. 425.

20 Franco Sacchetti, *op. cit.*, p. 425.

est de ridiculiser le malade et de confirmer sa position dans l'échelle sociale. Il est dans le *contado*, il est *contadino*, il se fait battre et il est heureux, c'est donc un vilain.

Les personnages ici rapidement présentés montrent la diversité des traitements opérés par Sacchetti dans l'élaboration de ses nouvelles. Ils sont paysans, ouvriers ou encore artisans et renvoient en cela à une connaissance commune du lecteur, extratextuelle donc, qui est convoquée pour venir donner les éléments utiles au récit, pour donner les éléments de contextualisation nécessaires d'un groupe lié à un métier ou à une structure de travail ou, plus largement, à un groupe social. La stratégie adoptée par Sacchetti est celle de rapporter un récit avec l'obligation de la caution qui introduit la nouvelle et la mise en place d'une galerie de personnages dont l'épaisseur ordinaire les rendra aussitôt repérables et l'ensemble du récit vraisemblable.

De ce point de vue, l'adjonction régulière de la fonction au sein du groupe sert de prolongement à la dénomination propre, à la manière du mot-valise, pour créer un mot nouveau, un déictique spécifique dont l'objectif est de livrer une identification de l'individu aussi précise que possible à la fois dans la société et dans le récit.

Parallèlement au tableau dont les contours finissent par devenir de plus en plus nets, les variations morphologiques opérées sur la dénomination propre ou encore l'usage des surnoms servent un autre objectif qui est de renforcer l'anecdote en conférant à l'individu désigné une caractéristique supplémentaire qui le rendra unique à travers sa désignation. La sphère de repérabilité tend donc à se rétrécir régulièrement pour se cristalliser sur un individu et, plus encore, sur un élément qui le caractérise face aux autres membres du groupe ou face aux autres personnages, donnant lieu parfois à l'usage d'un article défini, comme nous l'avons vu avec l'Atticciato où il s'agit de le distinguer davantage des autres personnes dont la morphologie serait analogue.

Sylvain TROUSSELARD
Université Lumière – Lyon 2
LEM-CERCOR – UMR-CNRS 8584

L'ADJECTIF *NUOVO* CHEZ SACCHETTI ET LE RENVERSEMENT COMIQUE DU MONDE

Comme il est dit dans le *proemio*[1], « en imaginant que les gens ont envie d'entendre des "choses singulières" (*cose nuove*), et surtout des choses faciles à comprendre, encore plus quand elles réconfortent, là où la douleur se mêle au rire[2] », Sacchetti veut mêler plaisir et utilité en racontant des nouvelles, des anecdotes *nuove* c'est-à-dire singulières, étonnantes, ou encore extravagantes, qui sortent de l'ordinaire et qui n'ont jamais été racontées. « L'adjectif *nuovo* est le point cardinal du système lexical de Sacchetti, véritable mot-clef du conteur », « au sens fondamental d'étrange, plaisant, bizarre, qui revient 200 fois dans le *Trecentonovelle* et une trentaine de fois dans les *Rime*[3] ». Les récits et les personnages singuliers deviennent ainsi liés au comique et « une philosophie des hommes singuliers et des histoires singulières », en particulier celles des bouffons, provoquent le comique et en revendiquent les effets[4].

L'adjectif *nuovo*, en tant que qualificatif, vient régulièrement scander le propos dans les *Trecento Novelle*. On relève en effet plus de soixante occurrences au masculin, associées à *uomo*, *uccello*, *gioco*, *stile*, *pesce*, *caso*, ou encore *artificio*, mais également au féminin associé cette fois à *mercanzia*, *assoluzione*, *forma*, *mostra*, *allegazione*, *cosa*, *malizia*, *astuzia*, *sottigliezza di parole*, *esperienza*, *beffa*, ou *novella* et au pluriel associé alors à *cose*, *persone*,

1 *Le Trecento Novelle*, Michelangelo Zaccarello dir., Firenze, Edizioni del Galluzzo, 2014.

2 *« imaginando come la gente è vaga di udire cose nuove, e spetialmente di quelle letture che sono agevoli a intendere, e massimamente quando danno conforto, per lo quale tra molti dolori si mescolano alcune risa. »*

3 Roberto Ballerini, « Un campo semantico del Sacchetti. I suoi tanti modi di dire "sciocco" », in *Studi e problemi di critica testuale, 1960-2010 : per i 150 anni della commissione*, Bologna, Commissione per i testi di lingua, 2012, p. 87-111.

4 Cesare Segre, « La beffa e il comico nella novellistica del Due e Trecento », in *Passare il tempo, La letteratura del gioco e dell'intrattenimento dal* XII *al* XVI *secolo*, Atti del Convegno di Pienza, 1991, Roma, Salerno ed., 1993, p. 13-28 (citation p. 25).

novelle et, enfin, sous forme d'adverbe. Un tel choix lexical de la part de l'auteur oblige dès lors à envisager les textes sous un angle différent et à classer ces occurrences les plus pertinentes pour dégager les enjeux non seulement sémantiques, mais aussi stratégiques dans l'économie générale des différents récits. Cet adjectif régulièrement employé pour qualifier un homme ou une action, a été souvent traduit par « extravagant », car il est aisé de constater à la lecture des nouvelles qu'outre la nouveauté évoquée par l'adjectif, l'étonnement, la curiosité et la bizarrerie semblent également convoquées pour circonscrire un ensemble sémantique qui vient qualifier un individu dont le comportement heurte de façon flagrante les règles en vigueur dans son contexte socio-culturel, socio-politique ou encore socio-économique. Trois grands axes semblent ainsi se dégager.

Une première catégorie regroupe les personnages *nuovi* entendus comme *matti*, *sciocchi*, entendons ceux qu'on peut facilement berner, ou alors qui sont drôles sans le vouloir, à leur corps défendant. Sacchetti se rattache ici à la double définition du bouffon, celle du bouffon qu'il serait possible de qualifier de « naturel », celui qui est réellement atteint de folie ou le simple d'esprit face au bouffon professionnel comme imitation intelligente du premier.

Ensuite, l'adjectif *nuovo* est également lié au bouffon dont la caractéristique la plus courante est celle d'organiser volontairement des *motti* ou des *beffe*, grâce à son esprit malicieux ou son intelligence. Plusieurs personnages entrent d'ailleurs dans cette catégorie pour former tout un cycle de nouvelles, celles des Florentins avec messer Dolcibene (nouvelles X, XXIV, XXV et CXVII), Basso della Penna, celles des bouffons en général, comme Gonnella, entendons les hommes de cour sachant divertir les seigneurs ou parfois renverser les jeux de pouvoir. Ce sont des personnages originaux, parfois extravagants, de « drôles d'oiseaux » pourrait-on dire. Leur intelligence est sollicitée pour la mise en place d'une situation, pour l'élaboration d'un jeu de mots grâce auquel ils parviennent à se sortir d'une situation difficile ou à renverser une situation à leur avantage. Cette forme de comique a déjà été étudiée par la critique[5] et joue un rôle important dans le recueil. L'entrée du bouffon dans la littérature, entendons celui qui a la capacité de renverser le

5 *Formes et significations de la beffa dans la littérature italienne de la Renaissance* (deuxième série), Université de la Sorbonne Nouvelle, 1975 et en particulier « La crise de la société communale dans la *beffa* du *Trecentonovelle* » de Marina Marietti, p. 9-63.

monde, dans son sens Bakthinien[6] donc, opère souvent un renversement de type carnavalesque des différents codes qui régissent la société. Le carnavalesque opère ici un bouleversement dans la hiérarchie sociale et inverse les polarités en imposant un mouvement du haut vers le bas, pour mettre en avant une corporéité souvent dégradée. C'est pourquoi *nuovo* serait chargé de ce double sens, à la fois péjoratif, concernant le simple d'esprit, et laudatif, où il s'agit de reconnaître ses qualités d'esprit, ce dernier sens étant le plus utilisé[7].

La dernière catégorie dans l'utilisation de l'adjectif est celle des cas extraordinaires, étonnants, celle qui constitue les caprices du hasard (*caso nuovo* ; *nuove cose* ; *nuovamente* ; *novità* ; *nuova ragione*). Comme le dit Lanfranco Caretti,

> *il protagonista umano è sostituito dal puro accidente, dal divertimento bizarro e capricciosο della sorte, sì che si determina una sorta di azzardo avventuroso, uno scoppio subitaneo e imprevedibile di sorprese*[8].

Dans ce dernier cas d'utilisation, les protagonistes deviennent les victimes de la bizarrerie du sort, et le quotidien est dès lors envahi par l'inattendu et l'exceptionnel. Dans ces nouvelles, il est souvent question d'animaux, comme si l'animalité pouvait constituer une force capable de bouleverser le monde, d'une certaine manière, dans la mesure où elle échappe au contrôle direct de l'homme pour devenir le résultat d'un effet direct de la Fortune.

L'adjectif est donc au cœur de la poétique de Sacchetti. Il s'agira de voir en quoi les personnages singuliers participent au renversement comique du monde et des valeurs sociales en rétablissant, aux dépens du plus faible, l'équilibre instable entre dominant et dominé, fou et seigneur, ou enfin bouffon et prêtre ; tout comme l'animalité dont l'apparition inopinée dans l'univers de Sacchetti vient rompre le rythme des activités ordinaires de la ville.

6 Michaïl Bakthine, *François Rabelais et la culture populaire au Moyen Âge et sous la Renaissance*, Paris, Gallimard, 1992.

7 Voir annexe des occurrences de *nuovo* à la fin du présent article.

8 Lanfranco Caretti, *Saggio sul Sacchetti*, Roma, Bulzoni, 1978, p. 135.

LES BENÊTS *NUOVI*

Dans une première catégorie, *nuovo* est associé à des personnages ridicules ou ridiculisés. Ces personnages sont souvent caricaturaux ou grotesques et il est possible de les rattacher au « bouffon naturel », au simple d'esprit. Ce sont ceux qui n'ont pas la pleine maîtrise de la parole, ceux qui se trouvent incapables de se sortir d'une situation difficile. Ces personnages sont enfin souvent qualifiés par l'expression *che aveva un poco del novo*[9].

Alberto da Siena est un personnage des nouvelles qualifié de *nuovo* parce qu'il est benêt. Dans la nouvelle XI, il est convoqué par l'inquisiteur et raillé, on le menace d'hérésie pour l'effrayer. Ce benêt suscite le rire et constitue la victime de la *beffa*. Terrorisé par l'inquisiteur, il invente des phrases en latin cherchant ainsi à sauver sa peau, car on lui annonce qu'il est excommunié. Après avoir été soumis à plusieurs interrogatoires, sa peur s'exprime sous la forme d'exclamations populaires tout à fait comiques[10], avant de se trouver finalement sauvé par un des seigneurs. Sacchetti souligne ainsi le pouvoir de ces derniers et de l'Église face aux « simples d'esprit ».

Le même personnage est une fois de plus ridiculisé dans la nouvelle XII, car il est mené par un cheval alors que c'est lui qui devrait le diriger :

> *Come Alberto detto, rimenando un ronzino restìo a casa, risponde a certi ch'il domandano nuovamente, come nuovo uomo che era*[11].
>
> *A quelli che dicevano : – Dove il meni ?, rispondeva : / – Anzi mena egli me*[12].

Le décalage réside ici dans une situation qui échappe totalement au contrôle du personnage, objet face à un animal qui n'en fait qu'à sa tête.

---

9 « qui était quelque peu singulier ».

10 « *Gnaffé ! non istà, però che dice ch'io son paterino e ch'io tornia lui domattina, et ancora non mancò, per quella puttana di donna Bisodia che è scritta nel Pater Noster, ch'ei non mi facesse morire allotta allotta* » : « Bon sang ! c'est pas juste car il dit que je suis patarin et que je dois revenir demain matin, et à cause de cette putain de dame Bisodia qui est dans le Pater Noster il a failli me mettre à mort dare-dare ».

11 « Comment Alberto, ramenant un cheval rétif chez lui, répond à certaines personnes qui lui demandent de façon singulière, comme un homme singulier qu'il était ».

12 « À ceux qui lui disaient : Où le ramènes-tu ? Il répondait : C'est plutôt lui qui me ramène ».

L'individu est alors placé en dessous de l'animal dans la vision ordinaire de la domination et sa position est encore plus dégradée à travers le spectacle qu'il offre au public qui assiste à la scène.

La nouvelle LXIV donne lieu à une véritable parodie de la chevalerie à travers le personnage d'Agnolo di ser Gherardo, qualifié de *nuovo pesce* (« drôle d'oiseau »). Ce *giullare* (« jongleur ») de soixante-dix ans, lui aussi malmené par son cheval, sous la queue duquel on a placé un chardon. Il s'agit d'un vaniteux[13] qui s'imagine chevalier alors qu'il est d'extraction modeste et qui voudrait encore jouter malgré son âge. Cette situation initiale aboutira d'ailleurs à une terrible diatribe de la part de sa femme qui le remet clairement à sa place[14]. Pour Sacchetti, comme pour Boccace, les personnages ne peuvent que difficilement sortir de leur rang et semblent ainsi tenus de se cantonner à leur catégorie sociale.

En revanche, dans la nouvelle LXXXVII, on se moque d'un gonfalonier très laid : « *era lunghissimo e magro, con uno smisurato gorgozzule* [...] *aveva un poco del nuovo* » (« il était très grand et maigre, avec un gosier démesuré [...] il était un peu singulier[15] »). Le personnage du benêt berné est souvent vieux, difforme ou bègue, ce qui donne lieu à une description caricaturale qui, dès le départ, campe le personnage dans un isotope spécifique dans lequel le physique ou le détail caractéristique servent d'élément déclencheur à une anecdote qui va progressivement se construire dans le sens d'une dégradation progressive et irrémédiable. Comme le dit Marina Marietti, « Cet acharnement contre les laids et contre tous ceux qui, d'une façon ou d'une autre ont été défavorisés par la nature, n'est au fond qu'un aspect de ce goût typiquement médiéval pour la caricature réaliste, qui se manifeste chez Sacchetti sous forme d'"habileté déformatrice" depuis son tout premier ouvrage *La battaglia delle donne*[16]. » Sacchetti se rattache ici à la veine de la nouvelle populaire et des modalités de la caricature comique.

---

13 Voir thèse de doctorat de Marina Gagliano, *Franco Sacchetti prosateur*, sous la direction de Claude Perrus, soutenue en 1999, p. 209.

14 « [...] *o vecchio malvissuto ; che maladetto sia il dì ch'io ti fui data per moglie* [...] *e tu, tristanzuolo, di settant'anni vai giostrando !* »

15 « il était très grand et maigre, avec un gosier démesuré [...] il était un peu singulier ».

16 Formes et significations de la *beffa*, *ibid.*, p. 30.

NOVITÀ DU BOUFFON
Le renversement du rapport dominant-dominé

Dans la majeure partie des nouvelles, la catégorie des hommes *nuovi* désigne le groupe des bouffons, des farceurs ou des *giullari* qui mettent leur malice et leur astuce au service de leur imagination. Compte tenu de sa charge comique et subversive, l'usage de l'adjectif *nuovo* intervient dans le traitement des rapports de pouvoirs entre les personnages. L'aubergiste de la nouvelle VI, Basso della Penna, représente véritablement cet homme *nuovo*. Dans le récit, le marquis cherche un *nuovo uccello* (un oiseau extravagant) à tenir en cage et Basso va profiter de cette occasion pour jouer sur les mots du marquis et en obtenir les faveurs. Basso est en effet *un uomo di nuova e piacevolissima condizione*[17] et cherche ainsi à être reçu chez le marquis, et c'est par son esprit qu'il va parvenir à réaliser son souhait. Il décide alors de faire construire une cage et de s'y enfermer, se présentant ainsi comme le plus *nuovo uccello* qui soit[18]. Toute la nouvelle repose donc sur un jeu de mot construit autour de la désignation de ce *nuovo uccello*. Dans plusieurs autres nouvelles également, le jeu de mot est le pivot narratif et comique[19]. Ici, il y a un jeu entre le marquis et Basso pour voir celui qui aura le plus d'esprit, car le marquis décide de faire comme s'il s'agissait d'un oiseau, lui demandant de chanter et lui apportant du pain. L'issue de cette nouvelle cependant n'était pas sans comporter certains risques, car les seigneurs pouvaient parfois mettre à mort des hommes en les enfermant dans une cage[20]. Sacchetti célèbre ici la *novitas*[21] qui repose sur l'invention, sur une idée originale, un stratagème, guidés par l'intelligence et la finesse d'esprit et, parallèlement, sur la maîtrise du langage. Il faut cependant,

17 « un homme extravagant et fort plaisant ».

18 « *considerando chi io sono e quanto sono nuovo* », « *mi vi dono per lo più nuovo uccello che tra i cristiani si possa trovare* ».

19 Un certain nombre de nouvelles de *motti* reposent sur un déclencheur, un mot d'esprit qui fait basculer le déroulement chronologique de la nouvelle par l'intermédiaire de ce double sens. Voir Marina Gagliano, « Le mot d'esprit et l'esprit des mots dans le *Trecentonovelle* de Franco Sacchetti », in *De quelques formes du comique*, Études réunies par Claude Perrus, PSN, *Arzanà*, Cahiers de littérature médiévale, n. 2, avril 1994.

20 Marina Marietti, *Ibid.*, p. 59.

21 « *Chi sapesse la disposizione dei signori quando sono in buona tempra ogni ora penserebbe di cose nuove.* »

précise Sacchetti, que les seigneurs soient dans de bonnes dispositions pour accueillir cette forme d'esprit, sinon leur pouvoir arbitraire peut se révéler fatal, ce qui est le cas dans la nouvelle où un homme échappe à la mort grâce à un bon mot (nouvelle CCLIV). L'aspect singulier et extravagant de Basso permet de bouleverser l'autorité du seigneur, ainsi le puissant finit par désirer passer du temps en sa compagnie et ne peut plus s'en passer.

Un autre bouffon, Gonnella, dans la nouvelle XXVII, est un personnage excentrique, original comme Basso. Dans l'anecdote, le marquis Obizzo lui demande de ne pas rester sur son territoire, il se rend alors à Bologne, se procure une charrette pour la remplir partiellement de la terre de Bologne. Par ce stratagème, il revient voir le marquis et lui explique qu'il n'est plus sur ses terres. Il s'agit d'un jeu de mot et d'une mise en scène du même ordre que dans la nouvelle de Basso, *terreno* pouvant être entendu comme terrain, territoire ou terre. Ici, le bouffon se joue du seigneur en respectant ses ordres à la lettre et renverse le rapport hiérarchique entre les deux personnages. Sacchetti met donc en avant l'inversion des polarités grâce à la maîtrise du langage et à l'ingéniosité[22].

Popolo d'Ancona, autre bouffon qui, dans la nouvelle CLXII, *con nuova sottigliezza di parole*, arrache la cape d'un cardinal. Dans ce récit, après avoir raconté des nouvelles, le bouffon demande au cardinal de lui donner sa cape et le cardinal, face à cette insistance déplacée, lui dit de lui arracher avec les dents, ce que fait aussitôt le bouffon. Il s'agit ici, une fois de plus, de renverser la hiérarchie entre le puissant et le bouffon, et de permettre à ce dernier d'obtenir ce qu'il veut. Dans notre cas, Sacchetti en profite pour faire une tirade sur les hommes vertueux qui n'obtiennent rien, face aux hommes mauvais qui obtiennent des choses : « *Altri saranno che con nuove e piacevoli industrie faranno tanto che moveranno li signori e gli altri a dar loro alcune vesti e doni quasi sforzatamente*[23] ». Ce renversement s'opère donc grâce à la spécificité des personnages-bouffons,

22 Dans la nouvelle XXIII, Basso della Penna opère un autre type de renversement, en jouant avec des tricheurs invétérés à un jeu inventé par lui-même. Chacun doit poser une pièce sur la table et la pièce sur laquelle la mouche se pose est gagnante et celui qui la possède remporte les pièces des autres. Son idée, astucieuse, est de mettre de la poire pourrie sur sa pièce pour attirer la mouche. Quand les autres ont un doute et veulent changer de pièce, Basso se débrouille pour remettre un peu de poire pourrie sur ses doigts et en imprégner sa nouvelle pièce. Il gagne alors beaucoup d'argent grâce à son astuce face à des tricheurs. Tel est ce *nuovo gioco*.

23 « Il y en aura d'autres qui avec de singulières et agréables manigances pousseront les seigneurs et les autres à leur donner des habits et des dons presque de manière obligée ».

en l'occurrence le bouffon prend l'ordre au pied de la lettre, par son statut, sa fonction, son caractère *nuovo*, justement, il obéit à un ordre qui n'en est pas un, ce qu'aucun autre personnage n'aurait pu se permettre de faire. C'est donc son état, celui de bouffon, qui lui permet d'osciller de manière permanente sur le fil du rasoir, entre une autorité forte et un jeu qui vient en rompre les règles et, surtout, les obligations. C'est la fonction au sein du groupe qui permet, qui autorise, le détournement de sens qui est initialement donné par l'autorité dans toute sa verticalité.

LE « BAS CARNAVALESQUE[24] » DES BOUFFONS
La composante scatologique[25]

Les aspects les plus grossiers et les plus violents dans le caractère des personnages semblent associés à une entreprise de déclassement et de dégradation de l'autorité religieuse dans son sens le plus large. Dans le cycle de Dolcibene, le bouffon accompagne, dans la nouvelle x, messer Galeotto et messer Malatesta et les divertit. Dolcibene est ici qualifié de *nuovo*, car il est original et extravagant. Il amuse les seigneurs en faisant un jeu de mots accompagné d'un geste provocateur, puisqu'il baisse ses braies et fait ses besoins. Le « bas carnavalesque » est ici mis en valeur mais l'audace du geste est liée au trait d'esprit. En effet, pour faire partie des bienheureux le jour du jugement dernier, Dolcibene dit qu'il veut marquer son territoire afin de ne pas se perdre dans la foule, c'est la raison pour laquelle il fait ses besoins afin de pouvoir reconnaître l'espace qui sera le sien. Les seigneurs qui l'accompagnent rient de son geste et renchérissent même sur son mot d'esprit. Dans la morale qui

24 Nous empruntons cette expression à Michaïl Bakthine, *François Rabelais et la culture populaire au Moyen Âge et sous la Renaissance*, Paris, Gallimard, 1992. On y trouve les expressions « culture populaire », « bas corporel » et « carnavalesque ».

25 De même dans la nouvelle ix, Pietro Guercio da Imola, bouffon et musicien, se doit d'amuser la galerie en faisant un nouveau jeu-partie (*fare un nuovo partito*), mais le bouffon décide de se moquer de celui qui lui a demandé cela, un juge tout petit et plutôt difforme. Il se moque de lui en retournant la plaisanterie : « Voulez-vous que je chie dans votre capuchon ou que ce soit vous qui le fassiez ? ». Il affirme ainsi sa supériorité sur celui qui lui demandait de jouer au bouffon, la composante scatologique lui permettant de rabaisser le juge.

clôt le récit, l'adjectif *nuovo* réapparaît mais cette fois associé aux jeux : les bouffons sont doués pour faire des *nuovi giochi*, des jeux inédits, pour divertir les seigneurs. L'extravagance et le geste audacieux du bouffon sont acceptés par les seigneurs tant qu'ils en sont amusés.

On retrouve Dolcibene dans la nouvelle XXIV avec la même expression utilisée pour Basso della Penna. C'est un homme curieux, surtout curieux de faire de nouvelles expériences. Il va donc parler religion à un Juif, tous deux se disputent et il se fait arrêter. On l'enferme alors dans un temple juif toute une nuit et, à un certain moment, ne pouvant plus se retenir, il fait ses besoins. S'opère ensuite un renversement de situation grâce à une invention insensée : il explique que son Dieu a eu le dessus sur le leur et que ce dernier a laissé des excréments en guise de nouvelles reliques. Ceux qui voulaient l'enfermer finissent alors par s'enduire de ses excréments. Il est libéré et parvient à berner les Juifs, utilisant la crédulité des fidèles pour se sortir d'affaire. La nouvelle contient évidemment un fond clairement antisémite, étroitement lié aux croyances de l'époque désignant les juifs comme le peuple déicide[26].

Le cycle de Dolcibene se poursuit dans la nouvelle XXV où cette fois le bouffon renverse l'autorité du prêtre en lui infligeant un double châtiment. Le prêtre a commis une faute et Dolcibene se charge de lui couper les testicules mais il a en plus l'idée de les revendre, dans un contrat inédit proposant une « marchandise extravagante ». La conclusion est fort claire : on devrait faire plus souvent ce genre de marché, « *così delle simili si facessono spesso, ché ne sarebbe molto di meglio il mondo ; e che fossono tratti a tutti gli altri, acciò che, ricomperandosi, avessino l'uno e l'altro danno*[27] ». Cette fois le « bas carnavalesque » est lié à une violente satire contre les prêtres qui se diffuse dans tout le recueil.

26 De la même façon, Dolcibene parvient à se libérer d'un enfermement, dans la nouvelle CXVII : non autorisé à quitter la ville, il fait semblant d'avoir tué un grand ennemi, l'allemand, afin que les gardes, effrayés, lui laissent le champ libre pour sortir. Il se fait ainsi passer pour un assassin effrayant pour parvenir à ses fins.

27 « ainsi si l'on en faisait autant plus souvent, le monde se porterait bien mieux ; et si on les enlevait à tous les autres, ils les rachèteraient et en auraient un double dommage ».

RENVERSEMENT DE L'AUTORITÉ DES PRÊTRES ET DES MÉDECINS

Dans ce renversement du monde et des pouvoirs, l'autorité des prêtres est clairement mis à mal. Ils se retrouvent châtiés pour leurs peines et bernés par de moins puissants qu'eux. Dans la nouvelle XXVIII, il s'agit d'un stratagème encore plus étonnant (*più nuova… mostra*) qui permet à un jeune homme de berner un prêtre et de profiter de sa fille. Il se travestit et se fait passer pour une jeune fille enceinte qui ne peut rentrer chez elle et demande ainsi la confession. De cette façon, il se couche avec la fille du prêtre et quand cette dernière appelle son père pour lui dire qu'il s'agit d'un garçon, le quiproquo qui s'élabore permet au jeune homme de rester couché avec elle, le prêtre étant convaincu que la jeune fille a accouché d'un garçon. Ici encore, la mise en scène inédite du jeune homme consiste à inventer et mettre en place une situation lui permettant d'obtenir ce qu'il veut, tout en jouant sur le quiproquo.

Autre renversement de l'autorité, celui qui s'adresse au médecin. Le bouffon peut s'improviser médecin, plus habile que les vrais, même s'il faut pour cela inventer toutes sortes de manigances peu conventionnelles. Dans la nouvelle CLVI, le bouffon Dolcibene redresse la main d'une jeune fille, comme un apprenti médecin, en s'asseyant dessus : il s'agit d'une *nuova e bellissima esperienza* (d'une expérience très belle et extravagante). D'une manière analogue, Alessandro di ser Lamberto[28], agréable citoyen de Florence, musicien et chanteur, grâce à une étonnante invention, arrache une dent à un de ses amis désemparé par la douleur. Avec l'aide du forgeron Ciarpa, il accroche la dent à un fil et le fil à une enclume et, s'approchant de lui avec un outil brûlant, la peur fait que le malade arrache sa dent lui-même en reculant précipitamment[29]. De la même façon, dans la nouvelle CLXVIII, maître Gabadeo, médecin, sort une fève de l'oreille d'un paysan en le frappant (« *fu esperienza nuova e mai*

28 Il s'agit de la nouvelle CLXVI.

29 « *Questa fu nuova e bella sperienza, ché con una grandissima paura fece non che dimenticare la minore paura, ma eziandio non si ricordò di quella, e non sentendo alcuna pena si trovò guarito* » : « Ce fut une singulière et belle expérience, car avec une très grande peur, il fit non seulement oublier la moindre peur mais il l'oublia même, et en ne ressentant aucune douleur, il se trouva guéri ».

più usata[30] »), sans faire attendre ses patients et sans leur demander de l'argent, à l'inverse des véritables médecins.

L'adjectif est ainsi régulièrement associé à une expérience particulière ou à un stratagème original, une nouvelle méthode, manuelle et souvent très simple, en opposition directe avec le discours ordinaire des médecins rendu compliqué et incompréhensible par l'utilisation d'un vocabulaire savant et souvent obscur pour les patients.

LA PART ANIMALE DU *NUOVO*

Une dernière catégorie de nouvelles met en scène la façon dont le sort lui-même provoque des situations singulières, liées à une animalité qui bouleverse le cours des choses. Ces nouvelles mettent en scène des animaux (loup, cheval, mulet, singe), l'animal devient dès lors celui qui peut bouleverser l'ordre des choses, en raison de sa nature et relève surtout l'incapacité des hommes à garder le contrôle sur eux et, à plus forte raison, sur leur propre société. Ainsi apparaît un simple rongeur capable de renverser l'humanité d'un homme et un cheval en mesure de semer la discorde parmi les artisans laissant croire à un soulèvement populaire.

La nouvelle LXXVI donne à voir comment un petit animal peut semer le désordre, à travers l'histoire d'une souris pénétrant dans les braies de Matteo di Cantino, membre de l'illustre famille des Cavalcanti :

> *Che diremo de' diversi casi che avengono ? Per certo che mai non credo n'avvenisse nessuno così nuovo, né così piacevole. Starà l'uomo con gran pompa e superbia et una piccola cosa il metterà a dichino ; anderà sgambato per le pulci, et un sorcio l'assalisce in forma che esce di sé*[31].

Sur la place du Mercato Nuovo, devant tous les enfants, le personnage est ainsi contraint de baisser ses braies pour chasser le rongeur. On constate ainsi que l'homme est ponctuellement l'objet d'une fragilisation dans sa

30 « ce fut une expérience extravagante et jamais plus utilisée ».

31 « Que dirons nous des cas étranges du hasard qui arrivent ? Il est sûr que jamais je crois il n'en est arrivé un aussi singulier ni aussi amusant. L'homme se trouvera en grande pompe plein de superbe et une petite chose l'abaissera ; il sort les jambes à l'air pour les puces et un souriceau l'assaille si bien qu'il ne sait plus qui il est. » (LXXVI)

position sociale, d'une perte de dignité, du ridicule, face à une intervention animale mise en scène par le sort. Plus largement, l'animalité est intégrée à des nouvelles qui se chargent d'éléments ou de connotations plus explicitement politiques. Cette animalité peut être associée aux agissements comiques d'une personne qui se comporte comme un bouffon[32] ou bien recouper des motifs carnavalesques pour appuyer la satire du clergé[33]. D'autres nouvelles encore s'intéressent davantage à une thématique brûlante, celle de la fragilité des États contemporains.

Certaines extravagances animales sont utilisées pour dénoncer la fragilité des seigneuries contemporaines condamnées comme des « tyrannies ». Ainsi, la mort de deux loups est mise en scène dans deux nouvelles du recueil. Ces circonstances, pour le moins étonnantes, dévoilent toute la force du hasard capable de terrasser quiconque où que ce soit. Ainsi, dans la nouvelle XVII, un enfant attrape un loup

32 Dans la nouvelle CLXI, l'homme imite le singe et le déplacement dans le comportement, qui passe de l'homme à l'animal, permet alors de renverser l'ordre établi. Le *nuovo caso*, entendons un cas inédit, un hasard étonnant, met en scène un évêque et le peintre Buonamico. L'évêque ayant demandé à Buonamico de peindre un plafond, quelqu'un vient ravager le plafond durant la nuit. On fait garder la pièce pour savoir qui a causé ces dégâts et on s'aperçoit que c'est un singe : « En entendant cela, bien qu'il lui semblait dommage que sa peinture fut ainsi ravagée, l'évêque éclatait de rire lui aussi en repensant à ce hasard si singulier » (« *Il vescovo, udendo questo, benché male gli paresse che la sua dipintura era così condotta, pure scoppiava delle risa pensando a sì nuovo caso* »). L'évêque demande ensuite à Buonamico de peindre un aigle mordu par un lion, mais ce dernier décide de peindre la scène inverse, comme si l'intervention initiale du singe avait révélé le bouffon qui se trouvait en lui, décidant de tourner le chef religieux en dérision. C'est alors que Buonamico est qualifié de *nuovo uomo*. Face à la provocation du singe à ses dépens, il décide de devenir un singe lui aussi et de contrevenir aux ordres de l'évêque en peignant le contraire de ce qui lui a été commandé inversant le rapport entre guelfes et gibelins. Cette irrévérence est un autre signe du renversement comique entre le bouffon et le puissant, mais ici dans une dimension politique qui illustre l'opposition forte entre les partisans du Pape et ceux de l'Empereur.

33 Dans la nouvelle CC, des Florentins s'amusent à attacher un ours aux cloches d'une église pour les faire sonner afin que tout le monde croie à un incendie et cède à la panique. Il s'agit de jouer un mauvais tour à l'Église superstitieuse et avare. *Ai nuovi uomini le nuove cose* dit le proverbe qui clôt la morale de cette nouvelle, indiquant de cette manière que les hommes singuliers, les joyeux bouffons, doivent s'allier aux animaux pour dénoncer l'avarice de l'Église et la crédulité des hommes. Il est expliqué dans la nouvelle que si la porte avait été fermée à clef, on n'aurait pas pu jouer ce vilain tour, mais que l'Église, qui réduit la moindre dépense, n'a pas jugé bon de mettre de verrou. La morale va même bien plus loin en suggérant d'attacher l'ours aux testicules des prêtres. L'homme florentin, l'homme *nuovo*, se révèle capable de saisir des occasions pour engendrer une situation comique dont la finalité est de ridiculiser les puissants et ainsi bouleverser le rapport entre la communauté des fidèles et l'Église.

nuovamente (de façon extravagante) après une succession d'événements fortuits conduisant le jeune garçon à se cacher dans un tonneau de vin pour se protéger des brigands. C'est alors qu'un loup gratte le tonneau, sa queue se coince à l'intérieur, le garçon la saisit, le tonneau se met à rouler et le loup finit par mourir. Un tel enchaînement d'actions aboutit à la *si nuova ragione*[34] de cette mort. Une autre nouvelle fait écho à cette dernière, il s'agit de la nouvelle CLXXVII bis dans laquelle un loup monte dans une barque pour y manger des provisions, la barque glisse et dérive jusqu'à ce que des paysans la rattrapent et tuent le loup.

> *E veramente, considerando questo caso, chi fia colui che sappia dove deve morire e come, pensando dove li lupi spesse volte son presi ? E qual* caso di morte più nuovo *che esser preso e morto un lupo per aver messo la coda nel cocchiume d'una botte, grattandosi per la rogna* [...] *E qual* caso più nuovo *che essendo un lupo quell'animale che è più selvaggio e più terreno e più spaventevole, e spezialmente perché egli è quella bestia che più ha d'ardire a uccidere la natura umana, si conducesse in un piccolo battello per mare a esser morto per questa forma ?* [...] *E non sono affigurati i lupi ai tiranni ? E qual tiranno è che possa vivere sicuro ?* [...][35]

Les loups sont ici assimilés aux tyrans. En mettant en scène la mort de deux loups dans ces circonstances étonnantes et singulières, Sacchetti renvoie à la façon dont les tyrans peuvent faire mourir autrui et à la façon dont ils pourraient bien mourir eux aussi. La tyrannie, semble nous dire Sacchetti, est avant tout une forme politique soumise aux aléas de la fortune, dans la mesure où, par sa bestialité, elle ne peut bénéficier de l'effet stabilisant de la sagesse et de la raison.

Cette fragilité ne concerne pas seulement les tyrans, mais aussi les cités républicaines comme Florence. Dans la nouvelle CLIX, Rinuccio, aux *nuovo di costumi*[36], entraîne les Florentins derrière lui et son cheval

34 « raison singulière ».

35 « Et en considérant vraiment ce hasard, qui saura où il doit mourir et comment, en pensant où les loups sont souvent attrapés ? Et *quel cas de mort plus singulier* pour un loup que d'être pris et mort pour avoir mis la queue dans la bonde d'un tonneau, en se grattant de rage [...] et quel cas plus singulier que le loup qui est l'animal le plus sauvage, le plus terrestre et le plus effrayant, et surtout la bête qui a le plus d'audace pour tuer la race humaine soit conduit dans un petit bateau sur l'eau pour mourir de cette façon ? Et *les loups ne ressemblent-ils pas aux tyrans* ? Et quel est le tyran qui peut vivre tranquille ? » (CLXXVII bis).

36 « singulières habitudes ».

qui est encore *più nuovo di lui*[37]. On croit alors à un soulèvement, à un coup d'État et les dirigeants se pressent pour aller se cacher.

> *Or pensino, quelli che tengono gli stati, quant'è leggiera cosa quella che fa muovere a rumore i popoli ! Per certo che chi vi pensasse, quanto più gli paresse essere di grande stato, con maggior paura viverebbe*[38].

De manière analogue, le mulet de la nouvelle suivante, renverse toutes les marchandises du marché de Florence et les endommage, ruinant les lainiers et les bouchers. Il s'agit encore d'événements étonnants par leur contingence (*nuove cose* ; *tanta novità*). Les circonstances inouïes qui font suite à une série d'événements qui s'enchaînent les uns aux autres mettent en scène l'animal dans sa dimension sauvage, ou rendue sauvage, en opposition directe avec la domination ordinaire de l'homme sur la bête. C'est donc la perte de la maîtrise qui aboutit à un renversement des choses, à un bouleversement de l'ordre donnant lieu à un questionnement de la part du podestat qui s'interroge sur la manière, mais d'un point de vue strictement juridique cette fois, d'indemniser les artisans du marché ayant perdu leurs marchandises. L'élément déclencheur, la cause première dans la succession des actions décrites dans la nouvelle est un simple corbeau qui, élevé par un filou, s'est posé sur la croupe du mulet et lui a donné des coups de bec. Ce petit élément, aussi insignifiant soit-il, a bouleversé l'ensemble des activités d'une ville, d'un État. On peut néanmoins relever le fait qu'il s'agisse d'un volatile qui, élevé par un filou, échappera à la justice. En effet, le podestat explique aux artisans que c'est le diable, entendons le corbeau, qui a attaqué le fils de Dieu, c'est-à-dire l'agneau, qui offre à la fois la laine et la viande, et qu'il ne peut rien pour eux. Quant au propriétaire du corbeau, il s'enfuit pour ne pas avoir à faire au podestat. Et on peut s'interroger ici sur cet aspect essentiel, car le corbeau qui est à l'origine de la catastrophe est filou précisément parce qu'il est élevé par un filou. Dans le règne animal, le volatile devient donc dans ce cas le parfait miroir de son maître, il agit comme son maître et on peut donc s'interroger sur la responsabilité de l'animal ou de celle du maître.

37 « plus bizarre que lui ».

38 « Qu'ils y pensent, ceux qui gouvernent les États, comme une toute petite chose peut soulever un peuple ! Il est sûr que celui qui y pense, s'il avait l'impression d'être d'une noble condition, vivrait avec une plus grande peur. ». (CLIX)

Le récit est d'ailleurs fort explicite sur ce point en énonçant la fuite du propriétaire qui a soudain peur de se voir déclaré unique responsable des dégâts provoqués. Parallèlement, l'intervention du corbeau, dans la vision ordinaire qu'on en a à l'époque, fait entrer l'anecdote dans un espace spécifique étroitement lié au malin, car sa nature intrinsèque rend l'action initiale presque naturelle, élément renforcé par le fait qu'il soit élevé par un filou mais, finalement, qui d'autre qu'un filou pourrait élever un corbeau ?

UN RENVERSEMENT DE POINT DE VUE
Ce qui semble incroyable est pourtant vrai

Pour synthétiser l'ensemble des occurrences, on pourrait dire que l'objectif premier de la *novità* semble bien être celui de bouleverser les référents ordinaires. C'est ce que révèle la nouvelle CIV, à travers le récit d'une anecdote qui semble en apparence totalement invraisemblable et qui, finalement, se révèle totalement vraie, comme le souligne explicitement l'auteur, il s'agit d'une *novella vera che par miracolo* (« une histoire vraie qui semble miraculeuse »). Le choix du terme *miracolo* est d'ailleurs loin d'être anodin, il inscrit aussitôt l'ensemble du récit dans un espace qui sera extérieur à celui des personnages qui, eux, sont présentés comme bien réels, entendons bien campés dans une réalité repérable et indirectement vérifiable dans un système où les éléments constitutifs qui les caractérisent appartiennent à des réalités possibles ou vérifiées antérieurement par le lecteur. Si l'adjectif *nuovo* apparaît de manière répétitive, pour ne pas dire insistante, dans la nouvelle, il est aisé de comprendre que le *nuovo uomo*, la *nuova cosa*, les *nuovi uomini*, les *nuove novelle* ou encore la *novità*, élaborent le cadre nécessaire pour inscrire l'extraordinaire dans l'ordinaire. Dès lors, cette nouvelle est emblématique des choix lexicaux opérés par l'auteur : le récit présente quelque chose qui existe vraiment mais qui semble impossible ou, dans le meilleur des cas, totalement incroyable. Ainsi, tout est vrai mais semble faux :

> *E si conviene molte volte dare inframesse di frasconi, e mostrare di* nuove novelle nate da nuovi uomini, *come erano questi. E benché nel primo dire paiano frasche e bugie, nell'effetto son pur vere, e* la novità *degli uomini si trova di molti modi, i quali il più delle volte son veri, e non paiono*[39].

La réplique lancée par le personnage renverse aussitôt les repères ordinaires :

> *– Quando io venni in Bologna, io trovai più* nuova *cosa, che io mi scontrai in uno, presso di qui due miglia, che avea il capo di ferro e le gambe di legno, e favellava con le spalle*[40].

Cette intervention au discours direct a pour objectif de déstabiliser le lecteur car, en effet, il est impossible d'avoir une tête de fer, des jambes de bois et parler avec les épaules, sauf quand on se trouve sur des échasses coiffé d'un casque de fer et qu'on hausse les épaules pour dire qu'on ne sait pas. Il s'agit dans notre cas de décrire la réalité de manière à ce qu'elle ait l'air incroyable, comme d'ailleurs la décrit le personnage qui la présente comme *nuova*[41], singulière, inédite. Tel est le cas des nouvelles de Sacchetti qui placent ponctuellement l'ensemble de l'anecdote en marge de la norme en introduisant une sorte de merveilleux dans le quotidien, alors qu'elles sont pourtant réellement arrivées ou, tout au moins, finissent par paraître vraisemblables. Il est ainsi possible de lire cette dernière nouvelle d'un point de vue méta-littéraire comme un résumé de la poétique narrative à l'œuvre dans l'ensemble du recueil : ce qui semble incroyable est pourtant vrai. Le climat des nouvelles est celui d'une « nouveauté » constante, d'un monde marqué par des renversements constants et imprévus qui sollicitent le rire du lecteur et suggèrent de sa part un regard nouveau sur le monde.

Ainsi, que ce soient les bouffons ou les peintres, les hommes singuliers parviennent toujours à renverser le rapport d'autorité ou la situation

39 « Et il faut le plus souvent donner à voir des salades, et montrer des nouvelles singulières issues d'hommes singuliers, comme ceux-ci l'étaient. Et bien qu'à première lecture ces nouvelles semblent salades et mensonges, effectivement elles sont pourtant vraies, et la singularité des hommes se montre sous plusieurs aspects, lesquels le plus souvent sont vrais même s'ils ne semblent pas l'être ».

40 « – Quand je vins à Bologne, je trouvai une chose très singulière, car je rencontrai quelqu'un, à deux milles d'ici, qui avait une tête en fer, des jambes en bois et qui parlait avec les épaules ».

41 Voir Paolo Cherchi, « Il quotidiano, i "Problemata" e la meraviglia, ministoria di un microgenere », *Intersezioni*, XXI/2, 2001, p. 243.

en leur faveur et se repositionner face aux puissants. Ils peuvent aussi élaborer des stratagèmes surprenants leur permettant de supplanter l'autorité des prêtres ou des médecins pour les tourner en dérision, voire narguer les seigneurs. Le bouffon permet donc, par le renversement comique du monde et de l'autorité, révéler les dysfonctionnements de la société. Grâce à ses expériences singulières, il prend la place de ceux qui exercent l'autorité. Mais pour ce qui est des benêts, également qualifiés de singuliers, leur bêtise fait qu'ils ne se rendent pas compte de ce qu'ils sont, ce sont des simples d'esprit, des vieillards ou encore des personnes difformes. À leur façon, ce sont des originaux eux aussi, des contre-exemples de ce qui ne doit pas être, mais dont l'intervention a pour but de provoquer le comique. L'adjectif *nuovo* enfin, dans l'usage qui en est fait, s'applique aux cas extraordinaires où l'animalité renverse l'ordre ordinaire des choses. Ils constituent une force impétueuse, mue souvent par le hasard ou la fortune. Enfin, le récit lui-même révèle sa singularité comme si les choses vraies ou vraisemblables semblaient incroyables. Il apparaît donc que tout ce qui est *nuovo* constitue la véritable matière des *Trecento Novelle* qui cherche aussi bien à nous divertir qu'à nous étonner, à méditer un monde à peine croyable pourtant peu éloigné du monde véritable.

Pascaline NICOU
UJM – Saint-Étienne
IHRIM, UMR-CNRS 5317

ANNEXE
Occurrences du mot *nuovo* dans les nouvelles

CATÉGORIE PÉJORATIVE

L'expression *aveva un poco del nuovo* (« qui était un peu singulier ») est péjorative. Ce mot a un sens péjoratif dans un certain nombre de nouvelles : nouvelle 11 (Alberto da Siena devant l'inquisiteur) et 12 (Alberto da Siena malmené par son cheval), nouvelle 64 (Agnolo di Ser Gherardo *nuovo pesce* malmené lui aussi par son cheval). Ce sont des vieillards ou des personnes difformes.

Nouvelle 58 : *nuova cosa è quella che usano li mariti disonesti.*
Nouvelle 119 : *Nuova generazione di gente* (fantassins de Bovigliana ivres).

CATÉGORIE POSITIVE OU LAUDATIVE

Majoritairement l'adjectif *nuovo* est porteur d'une charge laudative (bouffon ou original qui renverse l'autorité des seigneurs, des prêtres, des médecins).

Nouvelle 6 : Basso della Penna *nuovo uccello.*
Nouvelle 7 : *nuova assoluzione* de Ridolfo da Camerino.
Nouvelle 9 : *nuovo bel partito.*
Nouvelle 10 : *Dolcibene piglia nuovamente il luogo* ; *trovò nuovo stile per dar diletto a questi due signori* ; *nuovi giochi.*
Nouvelle 18 : *nuovo gioco* avec Basso della Penna.
Nouvelle 24 : *uomo di nuova condizione, vago di cose nuove* (Dolcibene).
Nouvelle 25 : *nuova mercanzia* (le contrat singulier de Dolcibene consiste à arracher les testicules d'un prêtre et de les revendre).
Nouvelle 27 : Gonnella (*nuovo come egli era*) reste sur le territoire du seigneur qui lui avait demandé de partir.
Nouvelle 28 : *più nuovo e piu archimiata mostra* pour berner le prêtre.
Nouvelle 49 : *bella e nuova allegazione* de Ribi qui lui permet d'être sauvé par le podestat.
Nouvelle 52 : *nuova cosa* où il s'agit de se faire payer lorsque l'on a une dette.

Nouvelle 62 : messer Mastino, *con nuova malizia*, s'en sort par une pirouette verbale.

Nouvelle 66 : *nuova cosa*, histoires vraies qui semblent incroyables.

Nouvelle 117 : Dolcibene *con nuova e sottile astuzia* réussit à sortir de la ville sans autorisation.

Nouvelle 124 : *nuova astuzia* de Giovanni Cascio qui réussit à calmer Noddo, gros mangeur, en jetant les *maccheroni* au chien.

Nouvelle 129 : avec une *nuova lettera* Marabotto fait peur à son ennemi.

Nouvelle 141 : comment un recteur résoud *nuovamente* le problème d'une femme et de trois sourds.

Nouvelle 144 : *nuovo gioco e lordo* de Stecchi et Martellino.

Nouvelle 145 : on résoud un problème avec *nuova astuzia*, des pets.

Nouvelle 148 : *nuova astuzia*, dire qu'on n'a pas d'argent pour ne pas avoir d'ennuis.

Nouvelle 152 : le seigneur Bernabò étant désireux de *nuove cose*, on lui offre un âne.

Nouvelle 156 : *nuova e bellissima esperienza*, Dolcibene redresse la main d'une jeune fille en s'asseyant dessus.

Nouvelle 162 : Popolo d'Ancona, *con nuova sottigliezza di parole* (finesse d'esprit singulière), arrache la cape d'un cardinal.

Nouvelle 165 : Camignano, *con nuova immaginazione*, dit qui a raison et qui a tort.

Nouvelle 166 : *nuovo artificio* d'Alessandro di ser Lamberto qui fait arracher une dent à un de ses amis.

Nouvelle 168 : *esperienza nuova e mai più usata* de maître Gabadeo qui sort une fève de l'oreille d'un paysan en le frappant violemment.

Nouvelle 169 : *nuovamente dipinto santo Ercolano* Buonamico peint une couronne de gardons au lieu d'une couronne de lauriers.

Nouvelle 189 : *nuova astuzia* de Lorenzo pour marier deux enfants de ses amis.

Nouvelle 190 : *nuova malizia* de Gian Sega da Ravenna pour profiter d'une juive.

CATÉGORIE DES NOUVELLES OÙ *NUOVO* EST ASSOCIÉ AU HASARD ET À L'ANIMALITÉ

On trouve *nuovo* associé à *caso*, ou l'adverbe *nuovamente*. Dans ce cas, ce sont les situations qui sont singulières, avec une animalité dérangeante.

Nouvelle 17 : un enfant attrape un loup *nuovamente*.
Nouvelle 177 bis : un loup monte dans une barque et est tué (*caso di morte più nuovo*).
Nouvelle 76 : *non credo che n'avvenisse nessuno così nuovo (caso)*, une souris entre dans les braies du protagoniste.
Nouvelle 159 : Rinuccio *nuovo di costumi* entraîne les Florentins derrière son cheval qui est *più nuovo di lui*.
Nouvelle 160 : le mulet met le marché de Florence sans dessus dessous, *nuove cose, tanta novità*.
Nouvelle 161 : *nuovo caso*, un singe ravage la peinture de Buonamico commandée par un évêque.
Nouvelle 200 : *nuova beffa*, de jeunes Florentins attachent un ours aux cloches d'une église.
Nouvelle 208 : *nuova novella*, un crabe pince le sexe de la femme de Mauro pécheur.

DEUXIÈME PARTIE

NOUVELLES DE LA VIE FLORENTINE

LA FAMILLE DANS LES *TRECENTO NOVELLE* DE FRANCO SACCHETTI

Liens fictionnels et ancrage historique

Un bref sondage au sein des *Trecento Novelle* montre que la famille n'y constitue pas une thématique dominante. Aucune étude critique ne porte d'ailleurs sur cette question ; seules des remarques au détour d'analyses plus larges peuvent nourrir notre réflexion. C'est le cas d'un article de Marina Marietti qui consacre quelques pages aux conflits familiaux entre sexes et générations dans le cadre de son étude sur la *beffa* dans les *Trecento Novelle*[1]. Si le thème de la famille reste donc à explorer chez Sacchetti, il n'est pourtant pas sans intérêt.

Patrick Boucheron a pu observer que dans les nouvelles « ce ne sont pas des personnages qui sont mis en scène, mais des types sociaux[2] ». On peut appliquer cette lecture à la famille telle qu'elle apparaît dans les *Trecento Novelle* : ce sont en effet moins des personnages que des fonctions familiales qui y sont décrites, chacun ayant un rôle prédéterminé et stéréotypé. On croise l'épouse, souvent indocile mais rusée et tirant son épingle du jeu ; le mari, souvent trompé et berné mais pouvant aussi s'imposer, y compris par la force ; la marâtre, toujours hostile aux enfants de son époux ; la jeune femme, avide de progéniture mais qui ne donne pas d'affection à ses enfants quand elle devient mère ; le fils, qui vit dans la rivalité l'opposant à son père. Ces individus sont donc figés dans la place qu'ils occupent au sein de la cellule familiale. De ce point de vue, il est significatif que Sacchetti ne cherche ni à brosser

1 Marina Marietti, « La crise de la société communale dans la "beffa" du "Trecentonovelle" », *Formes et significations de la "beffa" dans la littérature italienne de la Renaissance* (deuxième série), André Rochon (dir.), Paris, Université de la Sorbonne Nouvelle, 1975, p. 9-63.

2 Patrick Boucheron, « Vitupération, dévoilement et catégorisation sociale dans les Novelle du XVe siècle : remarque sur une forme médiévale de méchanceté littéraire », *Le mot qui tue. Une histoire des violences intellectuelles de l'Antiquité à nos jours*, Vincent Azoulay, Patrick Boucheron (dir.), Ceyzérieu, Éditions Champ Vallon, 2013, p. 338.

leur portrait physique, ni à leur donner une épaisseur psychologique, au point de ne même pas les nommer parfois. Les épouses sont le plus souvent *una donna*, « une femme », de même que les enfants sont *un figliuolo*, « un fils » ou plus rarement *una figliuola*, « une fille ». Surtout, l'univers familial est traversé d'émotions négatives pour la plupart, qui vont de l'indifférence à l'hostilité.

L'objectif de cet article est de montrer que cette description si sombre de la famille nous dit quelque chose du monde et de la politique tels que les conçoit Sacchetti. Nous formulerons ainsi l'hypothèse selon laquelle le refus de la filiation s'inscrit dans le contexte social et politique de la révolte des *Ciompi*, où la jeunesse est perçue comme un danger au même titre que la plèbe. Nous verrons au préalable que lorsque dans les *Trecento Novelle* les liens familiaux sont évoqués pour eux-mêmes et non pour des nécessités dramatiques, l'harmonie y fait défaut. Comme nous l'étudierons dans un deuxième temps, le rejet de toute idée de procréation, que Sacchetti exprime par la dérision ou par la parodie, peut éclairer ce choix.

UNE SCÈNE FAMILIALE HOULEUSE

Dans les *Trecento Novelle*, les relations familiales se réduisent souvent à une indication anecdotique et pourraient être remplacées par un autre type de lien, amical par exemple. C'est le cas de la nouvelle XL dans laquelle messire Ridolfo dénigre les études de droit que vient de terminer son neveu : le protagoniste pourrait critiquer n'importe qui pour la même raison et en dehors de tout contexte familial.

Dans d'autres récits, la famille constitue un prétexte pour aborder une autre thématique. Si la nouvelle XC est occupée par la reconstitution de scènes de la vie conjugale, il s'agit avant tout de dénoncer la vanité féminine. De même, Sacchetti met en scène dans la nouvelle CIX un mari et son épouse en plus d'un religieux gourmand, mais son objectif est de fustiger l'hypocrisie de la foi chrétienne souvent transformée en idolâtrie. Quant aux rapports d'une mère et de son fils dans la nouvelle CCXVIII, ils servent à dénoncer à la fois la vanité d'une femme qui ne sait pas se contenter de ce que Dieu lui a donné et le caractère peu fiable des Juifs – l'un d'entre eux a vendu à la mère un brevet, bien évidemment sans efficacité, censé faire grandir son fils.

La nouvelle CCI est encore plus emblématique. Sacchetti exploite en effet, à la manière d'un *exemplum*, les personnages stéréotypés des victimes que sont la veuve et l'orphelin pour parler des véritables protagonistes de la nouvelle que sont les seigneuries déchues. Raconter comment les seigneurs de Crémone, Parme, Reggio et Modène ont perdu leurs territoires face à une ligue plus puissante qu'eux formée par les marquis de Ferrare, les Gonzague, les Visconti et les Scala ne se prête guère à la mise en scène en raison de son caractère factuel. Sacchetti préfère donc exposer les déboires de madonna Cecchina et de son fils, qui se retrouvent progressivement dépouillés de tous leurs biens : pour illustrer l'adage selon lequel les gros poissons mangent les petits, Sacchetti s'appuie sur les figures archétypales de la veuve et de l'orphelin qui représentent les seigneuries opprimées.

Par ailleurs, lorsque les liens familiaux sont évoqués pour eux-mêmes, ils ne sont pas harmonieux.

L'union conjugale n'est ainsi jamais source de bonheur. Certes, du temps de Sacchetti, le mariage n'était pas destiné à consacrer des sentiments amoureux, mais à satisfaire des intérêts économiques et politiques[3]. Il n'est donc pas surprenant que cette étape fondatrice de la vie familiale soit décrite comme une transaction, comme dans les nouvelles CLXXXIX et CXCV où le montant de la dot constitue l'enjeu du récit.

Mais indépendamment de ces considérations financières, on peut noter que les rapports entre les époux sont marqués par l'agressivité ou la duplicité. En effet, quand ce ne sont pas les disputes qui gâchent la vie conjugale, la tromperie en brise l'unité, au point qu'elle peut survenir avant même le mariage, comme dans la nouvelle XVI où un jeune Siennois découvre l'infidélité de la fiancée qu'il était allé chercher à Pise. Lorsque le couple est marié, l'adultère tourne toujours à l'avantage de l'épouse. Dans la nouvelle LXXXIV, le peintre siennois Mino se fait rouer de coups par sa femme, alors qu'il a découvert son amant caché sur un crucifix qu'il était en train de fabriquer. Dans la nouvelle CCVII, c'est un frère mineur qui fait croire au mari qu'il cocufie que les braies qu'il a

3 Voir Lorenzo Fabbri, *Alleanza matrimoniale e patriziato nella Firenze del '400. Studio sulla famiglia Strozzi. Premessa di Anthony Molho*, Firenze, Leo S. Olschki, 1991, p. 50-52 ; Lauro Martines, *The Social World of the Florentine Humanists. 1390-1460*, London, Routledge & Kegan Paul Ltd, 1963, p. 57-61.

oubliées sur l'oreiller de la chambre conjugale sont en réalité une relique destinée à favoriser la fécondité de son épouse. Quant à la nouvelle CCVI, elle met en scène un double adultère. Mais quand l'épouse bafouée essuie les reproches de son mari, elle lui fait valoir qu'elle se rend utile en couchant avec le paysan qui cultive leurs terres, alors que lui ne fait que prendre du bon temps avec sa maîtresse, sans se préoccuper de ce qui pourrait être rentable pour le couple.

Cynique comme cette jeune femme, les épouses se distinguent toujours par leurs nombreux défauts, à l'image de la future veuve de la nouvelle XLVII, que Sacchetti décrit comme calculatrice, avide et hypocrite. De la même façon, les deux veuves remariées des nouvelles LXXXV et LXXXVI ont été de bien piètres épouses lors de leur premier mariage. Aussi Sacchetti se félicite-t-il que leurs maris, Gherardo Elisei et Michele Porcelli, entreprennent de les éduquer, ou plus exactement de les dresser comme des chevaux. Sacchetti entend donner là un exemple de sanctions salutaires à appliquer dans la vie conjugale, lui qui estime que les défauts et les qualités de l'épouse dépendent de la façon dont son mari la traite.

Même lorsque le couple semble uni, c'est par la dérision que Sacchetti présente la solidarité conjugale. La nouvelle CXXX raconte par exemple comment une femme libère les testicules de son mari alors qu'une chatte les avait saisis dans ses mâchoires. Le comique de situation d'un homme qui se promène déculotté à cause d'un furoncle mal placé, tout comme le ton ironique employé par Sacchetti, montrent qu'il ne s'agit pas de célébrer le dévouement d'une épouse. En soulignant avec humour que cette dernière a préféré préserver les parties intimes de son homme plutôt que le repas qu'elle s'apprêtait à manger, Sacchetti fait une allusion dépourvue d'ambiguïté aux appétits sexuels féminins.

Au total, on peut noter à la suite de Marina Gagliano que Sacchetti, contrairement à Boccace dont il se réclame dans le *Proemio* de ses *Trecento Novelle*, néglige « l'amour en tant que sentiment ». Marina Gagliano poursuit en remarquant que « Sacchetti tire de l'œuvre de son prédécesseur presque uniquement des éléments – thèmes, procédés, personnages ou expressions – appartenant à un registre comique "bas"[4] ». De ce point de vue, la forte dimension scatologique de la nouvelle LIV en

4 Marina Gagliano, « Le *Trecentonovelle* et le *Décaméron* : emprunts et effets intertextuels », in Chroniques italiennes, *L'amato alloro. Études de littérature italienne offertes à Claude Perrus*, Marina Marietti (dir.), n. 63-64, 3-4/2000, p. 97.

dit long sur la façon dont Sacchetti veut dépeindre le mariage. Sous sa plume, le couple que forment Gabbriello Mancini et sa femme n'est que moquerie, grossièreté et insultes.

Or, ce sombre tableau contraste singulièrement avec ce que notre auteur dit de son expérience personnelle. Ainsi, dans le sonnet CXCVI composé en avril 1378, Sacchetti exprime son bonheur d'avoir partagé la vie de Felice Strozzi, sa première épouse, en ces termes : *Felice fui quanto Felice in vita / con meco fu : principio de' miei danni / fu il suo fine, perché negli affanni / allora entrai, che da me fe' partita*[5]. Semblablement, il proclame dans le sonnet CCLXXVIb son bonheur auprès de ses trois épouses successives, auprès de qui il dit n'avoir craint ni la maladie ni la mort[6]. Et dans la nouvelle CXII, où Sacchetti se met en scène pas seulement en tant qu'écrivain, comme il le fait habituellement, mais également en tant que personnage de son récit, il raconte combien son activité amoureuse a été une source de bien-être.

On peut dès lors se demander pourquoi dans les *Trecento Novelle* la procréation en tant qu'acte fondateur d'une famille est systématiquement dénigrée et parodiée.

FONDER UNE FAMILLE
Entre dérision et parodie

Il est connu qu'au Moyen Âge « la justification première du mariage, c'est l'enfant[7] ». Sur ce point, les instructions que Francesco Barberino donne entre 1318 et 1320 dans le *Reggimento e costumi di donna* sont éloquentes. Le désir de la fiancée sera d'avoir des enfants de son futur mari (V, 21-22) ; une fois mariée, elle devra s'enquérir auprès des médecins de la façon dont elle peut procréer si l'enfant tarde à venir (V, 35-38) ;

5 « Je fus heureux tant que Felice était en vie à mes côtés : sa mort marqua le début de mes ennuis, parce que je fus accablé de malheurs dès lors qu'elle me quitta », Franco Sacchetti, *Il libro delle rime*, Franca Brambilla Ageno (éd.), Firenze, Melbourne, Leo S. Olschki, University of Western Australia Press, 1990, p. 284.

6 *Ibid.*, p. 423-424.

7 Sylvie Laurent, *Naître au Moyen Âge. De la conception à la naissance : la grossesse et l'accouchement (XIIe-XVe siècle)*, Paris, Le Léopard d'Or, 1989, p. 12.

mieux, elle n'épargnera ni sa peine ni sa douleur, tellement est grande la *grolia*, « gloire » d'avoir des enfants (XVI, 2-7), acte qui constitue « *un(o) de' tre ben(i) principali / del matrimonio, sacramento degno* » (XVI, 23-24)[8].

La nouvelle XV de Sacchetti ne dit pas autre chose. Après son veuvage, la femme du vieux juge de Gallura revient vivre chez son frère, le marquis Azo da Este. Il s'agit là de ce que les Florentins appellent *la tornata*, c'est-à-dire le fait pour une veuve encore jeune de retourner dans sa famille d'origine, qui reprend de ce fait ses droits sur le destin et la fécondité des femmes[9]. Il s'agit d'une situation fréquente lorsque le mariage n'a pas donné naissance à des héritiers. De fait, le marquis reproche vivement à sa sœur de ne pas avoir eu d'enfants du juge, à qui il l'avait pourtant donnée dans ce seul but. Espiègle, la jeune femme lui rétorque avec humour qu'elle a bien essayé d'exaucer le souhait de son frère avec tous les hommes qui lui tombaient sous la main, mais que ses efforts n'ont pas abouti. Cette réplique évoque l'intrigue de la nouvelle III, 1 du *Décaméron* dans laquelle le fougueux Masetto da Lamperocchio réussit à se faire embaucher dans un couvent de nonnes qui s'offrent à lui les unes après les autres. Le fruit de ces rencontres est l'engendrement d'*assai monachin*, « de nombreux moinillons », nous dit Boccace avec malice. Mais chez Sacchetti, pas un enfant n'est venu au monde, et pour cause, puisque la veuve du juge de Gallura s'est inventé de toutes pièces une vie sexuelle effrénée. Voilà pourquoi le marquis, voyant que sa sœur a fait preuve d'une honnêteté remarquable, lui pardonne et la remarie à un membre de la famille Visconti dont elle finit par avoir une fille. Écho inversé de la nouvelle transgressive de Boccace, le récit de Sacchetti exalte donc la chasteté des femmes qui contraste avec la dépravation des religieuses du *Décaméron*. Sacchetti défend ainsi l'ordre moral de la procréation, devoir conjugal par excellence.

C'est pourquoi il est étonnant de voir que la stérilité n'est pas pour lui déplaire. Il affirme ainsi à la fin de la nouvelle CCXIX qu'avoir des enfants est la pire chose qui soit, dans une tonalité affective très négative qui a de quoi surprendre :

---

8 « un des trois principaux biens / du sacrement sacré du mariage », Francesco da Barberino, *Reggimento e costumi di donna*, Giuseppe E. Sansone (éd.), Roma, Zauli, 1995, p 45, p. 88 et p. 188.

9 Christiane Klapisch-Zuber, « La "mère cruelle". Maternité, veuvage et dot », dans *La maison et le nom. Stratégies et rituels dans l'Italie de la Renaissance*, Paris, Éditions de l'EHESS, 1990, p. 253-254.

> *Molto maggior dolore è averne che non averne : nel non averne è una passione, ne l'averne sono assai tormenti. Se sono cattivi, vivono assai, e mai altro che male non se n'ha ; se son buoni, e' si muoiono. E ciascuno cerca pur di volerne, e le più volte cerca la sua mala ventura*[10].

Pour illustrer ce rejet de la procréation, Sacchetti choisit de façon inattendue la parodie, dont la dimension comique contraste avec la tonalité tragique de cette moralité finale.

Notre auteur raconte comment un désir inassouvi d'enfant pousse deux jeunes femmes à faire confiance à un Juif. Cette transgression – faire confiance à un membre du peuple déicide – est doublée d'une autre transgression, celle de la stérilité. Car dans une société où avoir des enfants correspond non pas à la satisfaction d'un désir personnel, mais à des exigences d'ordre familial, social et religieux, « un bon mariage devait être prolifique, une bonne épouse devait être mère », comme le rappelle Claudia Opitz dans l'Histoire des femmes[11]. Ces deux femmes sont donc potentiellement condamnées sinon à l'exclusion, du moins à la réprobation générale à cause de leur stérilité. Déjà reléguées aux marges de la société du simple fait d'être femmes, avoir un enfant leur permettrait au moins d'avoir un statut au sein de leur famille.

Aussi croient-elles naïvement le Juif qui, de son côté, est en quête d'argent. S'inspirant des régimes de santé préconisés par les traités de médecine pour favoriser la fertilité[12], ce dernier propose aux deux jeunes femmes un breuvage contenant des œufs de serpents – nombreuses sont les recettes à base d'organes animaux censées favoriser la fécondité[13], et on sait que l'ingestion d'œufs était préconisée pour lutter contre une matrice trop sèche[14]. Après avoir ingéré cette potion, une des jeunes

10 « C'est une bien plus grande douleur d'en avoir que de ne pas en avoir : c'est une souffrance que de ne pas en avoir, ce sont de nombreux tourments que d'en avoir. S'ils sont mauvais, ils vivent longtemps, et on n'en retire que du mal ; s'ils sont bons, ils meurent. Chacun cherche pourtant à en avoir, mais c'est son malheur qu'il crée la plupart du temps », Franco Sacchetti, *Le Trecento Novelle*, Michelangelo Zaccarello (éd.), Firenze, Edizioni del Galluzzo, 2014, p. 587.

11 Claudia Opitz, « Contraintes et libertés (1250-1500) », *Histoire des femmes en Occident*, Georges Duby, Michelle Perrot (dir.), *Le Moyen Âge*, Christiane Klapisch-Zuber (dir.), Paris, Plon, 1991, p. 297.

12 Dès l'Antiquité, on a préconisé des remèdes à bases d'extraits végétaux, animaux ou minéraux. Voir Claude Humeau, *Procréer. Histoire et représentations*, Paris, Odile Jacob, 1999, p. 130-138.

13 Sylvie Laurent, *op. cit.*, p. 53-54.

14 *Ibid.*, p. 136.

femmes annonce qu'elle sent *guizzare*, « frétiller » son enfant dans son ventre – l'emploi de ce verbe n'est bien sûr pas anodin. Encouragée par ce résultat, sa belle-sœur s'apprête à prendre à son tour ce breuvage qui semble avoir eu l'effet escompté. Mais lorsque celle-ci se rend compte que le bocal donné par le Juif contient des petits serpents, elle comprend qu'elles ont été bernées. Consultés, les médecins préconisent d'administrer une substance opiacée à la jeune femme soi-disant enceinte, puis de la suspendre endormie par les pieds, une coupelle de lait devant la bouche, de façon à attirer les serpents.

Les reptiles sortent alors de son corps dans une scène qui parodie l'accouchement. Les choses durent longtemps – *per grande spazio* – et elles exigent un grand savoir-faire – *non sanza grande industria*. Encore plus significatif, les bêtes sortent par la bouche. Or, la nouvelle CCVIII, dans laquelle une femme se fait pincer par un crabe à l'endroit de la *bocca senza denti*, la « bouche sans dents », appelée *luogo della vergogna*, la « partie honteuse » dans le chapeau introductif, suggère que cette bouche est, à n'en pas douter, une métaphore du sexe féminin. Le moment de la délivrance est tout aussi parodique. Tout d'abord, la femme est endormie et totalement passive, en un temps où la conception chrétienne du péché originel avait au contraire condamné la femme aux douleurs de l'enfantement. Ensuite, son réveil n'est pas consacré à la découverte du nouveau-né mais à la révélation de sa sottise et de sa naïveté par son mari. Dans ce contexte, le lait qui attire les serpents, parce qu'il fait écho au lait nourricier, est un élément comique qui participe lui aussi de la parodie.

Une autre parodie d'accouchement est au cœur de la nouvelle XXVIII. Un jeune homme, amoureux de la fille illégitime d'un prêtre, a l'idée de se faire passer pour une femme sur le point d'accoucher afin de s'introduire dans la maison du religieux. Sacchetti exploite ici l'habitude qu'ont les futures accouchées de se confesser. Étant donné que la mortalité en couches était particulièrement élevée et que la mère, déjà baptisée, passait en second plan après son enfant, qui devait naître vivant pour pouvoir recevoir le sacrement[15], elle devait être prête à affronter la mort, ce qui impliquait d'avoir reçu le pardon pour ses péchés. Ce stratagème, par lequel la future parturiente vient demander l'absolution, permet en tout cas à l'amoureux transi d'approcher le prêtre puis, sous prétexte d'un malaise, de passer la nuit chez lui. Une fois dans la chambre à coucher, celui que Sacchetti

15 *Ibid.*, p. 216-217.

appelle la *maschia donna*, la « femme garçon », qui n'est pas sans rappeler, de façon inversée, la jeune femme déguisée en abbé de la nouvelle II, 3 du *Décaméron*, entreprend de séduire la jeune fille. S'apercevant rapidement de la supercherie, celle-ci essaie à plusieurs reprises d'avertir son père que la femme enceinte est en réalité un homme. Mais l'accouchement étant une affaire de femmes[16], le prêtre ne pénètre pas dans la chambre, ce qui permet d'entretenir le quiproquo et le comique de situation : pensant qu'il s'agit du sexe du nouveau-né, le prêtre encourage sa fille à jouer du mieux qu'elle le peut son rôle d'accoucheuse, alors qu'elle se retrouve malgré elle dans la posture de l'amante. La parodie de l'accouchement fonctionne sur la répétition comique des phrases rituelles habituellement prononcées lors de la venue au monde des enfants : *egli è maschio*, « c'est un garçon », et *aiutalo*, « occupe-t'en ».

Si dans les *Trecento Novelle* l'accouchement peut être une nécessité dramatique, Sacchetti en fait donc surtout un objet de dérision. Dans la nouvelle CCXVII par exemple, la protagoniste est une jeune Siennoise enceinte de sept mois. Terrifiée à la perspective de ressentir les douleurs qu'elle a déjà connues lors de ses accouchements précédents, elle achète à un moine d'Altopascio un brevet censé l'en protéger[17]. Aux dires de Sacchetti, la future accouchée reçoit le talisman « *con tanta fede* [...] *quanto avesse ricevuto il verace corpo di Cristo*[18] ». Cette sacralisation du sachet accoucheur – ce petit sac de toile auquel les femmes attribuaient un pouvoir protecteur contre les douleurs de l'accouchement – est en fait un élément de la parodie des différents remèdes que les femmes cherchent pour faciliter l'enfantement et auxquels Sacchetti fait allusion dès le début du récit : « *e come paurosa, ognora cercava di leggenda di santa Margherita, e di medicine e di brevi, e d'ogni altra cosa che credesse che li giovasse alla sua passione*[19] ». Il se réfère ici au martyre de Marguerite qui,

16 Michel Salvat, « L'accouchement dans la littérature scientifique médiévale », *L'enfant au Moyen Âge : Littérature et civilisation* [en ligne]. Aix-en-Provence : Presses universitaires de Provence, 1980 (généré le 11 octobre 2018). Disponible sur Internet : < http://books.openedition.org/pup/2704 >, p. 4.

17 Les traités médicaux préconisaient de nombreux remèdes à base de potions, fumigations ou rites magiques. Voir Sylvie Laurent, *op. cit.*, p. 186-189 et p. 191-193.

18 Franco Sacchetti, *op. cit.*, p. 579 : « avec autant de foi [...] que si elle avait reçu le corps du Christ lui-même ».

19 *Ibid.*, p. 578 : « et comme elle avait peur, elle cherchait sans cesse un objet de la légende de sainte Marguerite, des médicaments et des brevets, et n'importe quoi d'autre qui, pensait-elle, pouvait soulager sa souffrance ».

parce qu'elle est sortie indemne du ventre du dragon qui l'avait avalée vivante, est invoquée par les parturientes – on trouve le récit de cette croyance chez Jacques de Voragine par exemple[20]. Mais le brevet acquis par la jeune femme, fort convoité dans toute la ville de Sienne pendant des années, se révèle être une tromperie. Car le texte qu'il contient assimile les parturientes à des poules pondeuses, contribuant ainsi à donner une vision parodique de l'accouchement : « *Gallina, gallinaccia, / Un orciuolo di vino e una cofaccia / Per la mia gola caccia : / S'ella il può fare, sì 'l faccia, / E se non sì, si giacci*[21] ». Si dans un premier temps le talisman vendu par le moine avait acquis la réputation de soulager les douleurs de l'enfantement, il devient donc ensuite un instrument entre les mains de qui veut se moquer des femmes et dénigrer l'accouchement.

Inscrit à l'*Arte del Cambio*, Sacchetti appartient pourtant à un de ces « groupes sociaux qui valorisent la procréation et les descendances nombreuses, signes et instruments de leur vitalité et de leur pouvoir », comme le formule Christiane Klapisch-Zuber dans son article sur la fécondité des femmes florentines[22]. La prospérité familiale, tant économique que politique, va pour eux toujours de pair avec le renouvellement fécond des générations, comme l'illustrent les livres de famille rédigés par ceux que Christian Bec a qualifiés de « marchands écrivains[23] ». De façon significative, Donato Velluti, qui écrit sa *Cronica domestica* entre 1367 et 1370, refuse de parler de son ancêtre Iacopo parce que ce dernier n'a pas eu de descendants[24]. Dans le *Libro Segreto* que le soyeux Goro Dati

20 *Cf.* Jean-Pierre Albert, « La légende de sainte Marguerite : un mythe maïeutique ? », *Razo*, Cahiers du Centre d'Études Médiévales de l'Université de Nice, 1988, p. 19-31 ; Sylvie Laurent, *op. cit.*, p. 194-195. Si les protections spirituelles apparaissaient comme les plus réconfortantes, il existait également des recettes d'onguents ou de plantes censées faciliter l'accouchement par leurs vertus expulsives. Voir Céline Ménager, « Dans la chambre de l'accouchée : quelques éclairages sur le déroulement d'une naissance au Moyen Âge », *Questes* [En ligne], 27 | 2014, p. 40-41, mis en ligne le 15 janvier 2014, consulté le 30 septembre 2016. URL : http://questes.revues.org/758 ; DOI : 10.4000/questes.758.

21 Franco Sacchetti, *op. cit.*, p. 579 : « Poule, vilaine poule, / expulse de ma bouche / une flasque de vin et une fougasse : si elle peut le faire, qu'elle le fasse, / si elle ne le peut pas, qu'elle reste couchée ».

22 Christiane Klapisch-Zuber, « La fécondité des Florentines (XIVe-XVIe siècles) », *Annales de démographie historique*, 1988. Les transitions démographiques, p. 53.

23 Christian Bec, *Les marchands écrivains. Affaires et humanisme à Florence. 1375-1434*, Paris, La Haye, Mouton & Co and EPHE, 1967.

24 Donato Velluti, *La Cronica domestica, scritta fra il 1367 e il 1370, con le addizioni di Paolo Velluti, scritte fra il 1555 e il 1560*, Isidoro Del Lungo, Guglielmo Volpi (éd.), Firenze, Sansoni, 1914, p. 7.

a rédigé entre 1388 et 1434, on trouve des rubriques *entrate* et *uscite* sur le même plan que le recensement de ses *figliuoli*[25]. L'incitation à fonder une famille tendra même à devenir institutionnelle à Florence, si l'on songe qu'en 1421 un projet de loi visera à interdire à tout homme de plus de trente ans non marié d'exercer une charge publique[26], dans le but de relancer la natalité[27].

En traitant l'accouchement par la dérision et la parodie, Sacchetti donne à penser qu'il rejette toute idée de procréation, se distinguant ainsi de ses pairs. Mais n'y aurait-il pas là au contraire une volonté de défendre et de consolider la famille, dans une volonté de renforcer l'ordre établi ? Comprendre pourquoi Sacchetti exprime une telle aversion pour la filiation peut apporter des éléments de réponse.

Nous avons vu que la fin de la nouvelle CCXIX laisse entendre que les enfants feraient souffrir leurs parents en les exposant à la douleur de leur disparition possible.

À ma connaissance, les données biographiques que nous avons à notre disposition ne permettent pas d'éclairer ces craintes exprimées par Sacchetti. Certes, il a perdu son frère Giannozzo, exécuté le 15 octobre 1379 pour sa participation à un complot en faveur des Visconti. Mais leur père, mort depuis 1347, a été préservé de la douleur de perdre son fils. Franco Sacchetti n'a donc pas vu le chagrin d'un père qui voit disparaître son enfant. Lui-même a été épargné par une telle expérience, même s'il a pu avoir très peur pour son fils Filippo qui a été blessé dans l'attaque par des pirates du navire sur lequel ils revenaient tous deux de Gênes[28].

De plus, deux lettres de consolation que Sacchetti a rédigées éclairent la façon dont il envisage la mort des enfants. La première, rédigée le 10 février 1385 alors qu'il est podestat de Bibbiena, est adressée à madonna Franceschina, une mère qui vient de perdre son fils. Face à ce *grandissimo dolore*, cette « très grande douleur », Sacchetti l'assure que plus l'être humain est malmené par les coups donnés par Dieu, plus il en est

25 Leonida Pandimiglio, *I libri di famiglia e il Libro Segreto di Goro Dati*, Alessandria, Edizioni dell'Orso, 2006, p. 30-31 et passim.

26 John Kirshner, Anthony Molho, « Il Monte delle doti a Firenze dalla sua fondazione nel 1425 alla metà del sedicesimo secolo. Abbozzo di una ricerca », *Ricerche Storiche*, X, n. 1, gennaio-aprile 1980, p. 22.

27 Richard C. Trexler, *Public Life in Renaissance Florence*, Ithaca and London, Cornell University Press, 1980, p. 378.

28 Michelangelo Zaccarello, *Dizionario Biografico degli Italiani, ad vocem*, p. 443.

aimé s'il fait preuve de courage et de patience[29]. La seconde est destinée à Giovanni Rinuccini qui a perdu son fils unique âgé de vingt ans. Ce texte, qui date de 1391, est marqué par une forte dimension mystique. Car si Sacchetti reconnaît que la douleur du père est légitime, parce qu'il est dans la nature humaine de souffrir à la mort des êtres chers, il exhorte son destinataire à la transformer en chant d'allégresse à la gloire de Dieu. Selon lui, dit-il au père endeuillé, c'est en effet la vie éternelle qui attend son fils, d'autant plus qu'il est mort jeune et donc sans tache ; une vie plus longue l'aurait exposé aux péchés sans lui garantir le salut éternel. La mort est de toute façon inéluctable, poursuit Sacchetti entre résignation et cynisme, et tout n'étant que vanité, Rinuccini ne doit pas se tourmenter à l'idée de ne pas laisser d'héritiers[30]. Il est d'ailleurs très significatif que l'on trouve cette même formulation dans la nouvelle XLI. Ainsi Sacchetti fait-il dire à messire Ridolfo qu'une mort sans laisser d'héritier derrière lui le laisse indifférent dans la mesure où « *ogni cosa ha da ritornare in comune*[31] ».

Ces deux lettres portent la marque d'un désenchantement confinant au désespoir, mais, conformément au genre de l'épître consolatoire aux accents homilétiques, elles sont nourries par une aspiration spirituelle et une foi profonde qui peuvent apporter soutien et réconfort. Puisqu'aucun élément de la production poétique ou épistolaire de Sacchetti ne permet d'éclairer, d'un point de vue biographique tout du moins, pourquoi il dénigre la procréation, il convient de revenir aux dynamiques narratives propres aux nouvelles pour comprendre comment notre auteur perçoit la jeunesse.

---

29 Franco Sacchetti, *La battaglia delle belle donne. Le lettere. Le Sposizioni di Vangeli*, Alberto Chiari (éd.), Bari, Laterza & Figli, 1938, p. 83.

30 *Ibid.*, p. 91-93.

31 Franco Sacchetti, *op. cit.*, p. 100. « chaque chose doit revenir en commun ».

LA RIVALITÉ PÈRE-FILS
De la réalité à la fiction

Dans la nouvelle XXI, les enfants de Basso della Penna sont un modèle d'ingratitude puisqu'ils ont abandonné leur père mourant – ce qui fait écho au chapitre XXII des *Sposizioni di Vangeli*, dans lequel Sacchetti remarque que l'amour paternel est toujours plus grand que l'amour filial[32]. Pis encore, les fils désirent la mort de Basso della Penna pour être libres. Sacchetti donne la même vision des rapports pères-fils dans la nouvelle CXXXI, lorsqu'il se félicite que Salvestro Brunelleschi ait renoncé à avoir des enfants après de nombreuses tentatives infructueuses car « *delle sei volte, le cinque l'uomo ha volontà d'aver figliuoli, li quali son poi suoi nimici, desiderando la morte del padre per esser liberi*[33] ». Dans ces deux nouvelles, les fils veulent donc littéralement prendre la place de leur père.

Ces remarques font écho à la nouvelle XIV. Dans ce récit, alors qu'Alberto a des rapports tendus avec sa jeune marâtre, il finit par trouver un terrain d'entente avec elle sur l'oreiller. Le jour où le père et mari les surprend au lit, les voisins, ameutés par les cris et les menaces de l'homme trompé, prennent en fait la défense du jeune homme, car ce dernier fait valoir que son attitude envers sa belle-mère n'était qu'amour pacifié. Le jeune homme ressort donc triomphant du trio qu'il constitue avec son père et sa marâtre.

Or, la rivalité d'ordre sexuel qui oppose les jeunes aux vieux est un motif traditionnel dans la société florentine, comme le suggère la représentation iconographique du mariage de la Vierge. Aux XIVe et XVe siècles, les peintres et les sculpteurs toscans envisagent en effet le *Sposalizio* comme un conflit qui dresse de jeunes célibataires vigoureux contre un vieillard chenu qui épouse la jeune femme[34]. Mais les jeunes gens obtiennent une revanche dans les chansons composées pour les fêtes du carnaval. Des épouses méprisantes et frustrées font valoir à leurs vieux

32 *Id.*, *La battaglia delle belle donne*, *op. cit.*, p. 188.

33 *Id.*, *Le Trecento Novelle*, *op. cit.*, p. 297 : « cinq fois sur six, l'homme veut avoir des enfants, qui sont ensuite ses ennemis, parce qu'ils désirent la mort de leur père pour être libres ».

34 Christiane Klapisch-Zuber, « Zacharie ou Le père évincé. Les rites nuptiaux toscans entre Giotto et le concile de Trente », *dans La maison et le nom…*, *op. cit.*, en particulier p. 173-176.

maris que « *sendo spose d'un garzone / tutte saremo gioiose* », au lieu d'avoir à se contenter de *porri lessi*[35], l'allusion érotique étant bien sûr transparente. Et c'est bien à cette rivalité sexuelle entre les générations que Sacchetti fait allusion à la fin de la nouvelle XIV, lorsqu'il dit ironiquement que « *assai, se non tutte, avrebbono pace con li figliastri se eglino facessero quello che costui, e massimamente quelle che sono mogli d'antichissimi padri come era costei, le quali, essendo giovani, vogliono vegliare et i vecchi mariti vogliono dormire*[36] ».

Cette rivalité entre les vieux fatigués et les jeunes remplis d'énergie éclaire pourquoi dans les *Trecento Novelle* parler de filiation revient à parler d'un lien de désunion entre un père et son fils.

Pour commencer, les filles sont très rarement présentes et quand elles le sont, c'est en tant que pur objet sexuel. Dans la nouvelle XXVIII par exemple, on voit une jeune fille se faire violer par un religieux censé aider sa mère à la tirer du lit en la piquant avec des orties ; non seulement la mère – certes de bonne foi – encourage le bourreau de sa fille qui se débat comme elle le peut, mais elle ne fera preuve d'aucune compassion à son égard lorsqu'elle découvrira la supercherie. Quant à la nouvelle CLVI, elle présente le même schéma d'une jeune fille jetée en pâture : si l'acte sexuel n'est pas consommé, messire Dolcibenc redresse le bras cassé de la jeune fille à l'aide de son postérieur, laissant entendre qu'il aurait pu faire bien mieux avec ses mains. Si les filles se voient réduites à une pure fonction d'objet sexuel, leurs frères ont plus d'épaisseur, mais sont toujours présentés par rapport à leur père, vis-à-vis duquel ils se placent dans une position de rival.

Car la seule nouvelle où le rapport intergénérationnel entre un père et son fils n'est pas conflictuel est la nouvelle XVII. Or l'absence de conflits coïncide aussi avec l'absence de relations, puisque le père et le fils âgé de dix-huit ans ne sont en contact l'un avec l'autre qu'au début et à la fin du récit : au début, lorsque le fils perd des papiers que lui a confiés son père Pietro Brandani et à la fin, lorsque le jeune homme répare son erreur. Si cette nouvelle ne vise donc pas à illustrer des rapports pacifiés

---

35 *Canzona de' vecchi gelosi, Canti carnascialeschi del Rinascimento*, Charles S. Singleton (éd.), Bari, Laterza & Figli, 1936, p. 74 : « si nous étions mariées à un jeune homme / nous serions toutes joyeuses » « poireaux bouillis ».

36 Franco Sacchetti, *op. cit.*, p. 33 : « [...] nombre de femmes, si ce n'est toutes, seraient en paix avec leurs beaux-fils si ceux-ci faisaient la même chose que notre homme, et en particulier celles qui sont les épouses de pères très âgés, comme c'était le cas de celle-ci, car, étant jeunes, elles veulent veiller alors que leurs vieux maris veulent dormir ».

entre un père et son fils, elle est en revanche essentielle pour comprendre la vision que Sacchetti a de la jeunesse.

Écervelé et irresponsable, le jeune Brandani a préféré ramasser des cerises au lieu de prendre soin des documents de son père. Avant que les épreuves qu'il surmonte lui permettent d'être intégré au monde des adultes et de devenir digne de la confiance paternelle au terme d'un parcours initiatique, ce garçon est en effet dominé par ses désirs, comme tous les jeunes gens de son âge, « *volonteroso come sono*[37] », observe Sacchetti. De façon significative, il emploie le même adjectif dans sa correspondance. Ainsi, dans une lettre adressée au seigneur de Pise Piero Gambacorti en 1392, c'est-à-dire l'année même où il est désormais admis qu'a commencé la rédaction des *Trecento Novelle*, Sacchetti remarque à propos des jeunes gens que « *perché questi tali sono più volonterosi che ragionevoli, però signoreggia più la volontà che la ragione*[38] ».

Dans l'un et l'autre texte – la nouvelle XVII et la lettre à Piero Gambacorti –, nous retrouvons donc le même adjectif (*volonteroso*, « gourmand ») pour qualifier les jeunes gens. S'il y a là un héritage aristotélicien[39], les réflexions épistolaires de Sacchetti en disent également long sur sa vision de la vie politique et permettent d'éclairer les récits fictifs que sont les nouvelles. Sacchetti commence en effet par se lamenter de l'état du monde, qu'il juge proche de sa fin à cause du Schisme qui déchire l'Église entre Boniface IX et l'anti-pape Clément VII[40]. Puis il fait allusion aux souverains d'Angleterre, d'Espagne et de ceux qu'il appelle les deux *Regoli di Puglia*, les « Rois des Pouilles », déplorant la jeunesse de tous ces dirigeants. Il s'agit de Richard II, né en 1367 et monté sur le trône d'Angleterre dix ans plus tard, de Louis II d'Anjou, né en 1377 et couronné roi de Sicile à l'âge de douze ans, et de Ladislas, fils de Charles III d'Anjou, devenu roi de Naples alors qu'il avait dix ans. Sacchetti formule à leur propos une conclusion lapidaire, affirmant que « *tra l'uno e l'altro non hanno tanta età che fosse sofficiente a uno solo*[41] ».

37 *Ibid.*, p. 40. « [...] gourmand comme on l'est à son âge ».

38 Franco Sacchetti, *La battaglia delle belle donne*, *op. cit.*, p. 98. « [...] ceux-ci étant plus gourmands que raisonnables, leur désir les domine davantage que leur raison ».

39 Aristote, *Rhétorique*, éd. et trad. Médéric Dufour, Paris, Les Belles Lettres, 1938, t. 2, II, 12, 1389 ; *Id.*, *Éthique à Nicomaque*, trad. J. Tricot, Paris, Librairie Philosophique J. Vrin, 1997, III, 3-5.

40 Franco Sacchetti, *La battaglia delle belle donne*, *op. cit.*, p. 97.

41 *Ibid.*, p. 97. « à eux tous ils n'ont même pas l'âge qui suffirait à un seul ».

Il étend cette critique de la jeunesse des souverains européens aux cités italiennes qu'il juge tout aussi incapables de faire face à la situation, dirigées qu'elles sont, dit-il, « *da sí gioveni padroni che altro non paiono li loro adunati consigli che scuole di scolari*[42] ». Sacchetti peut faire ici allusion au gouvernement de Vérone par exemple, qui ouvre son conseil des Cinq-cents aux adolescents âgés de dix-sept ans, âge qui peut de surcroît être abaissé si le chef de famille est mort[43]. À Venise aussi, le gouvernement accepte au sein du *Maggior Consiglio* des individus qui ont tout juste vingt ans[44].

Florence ne devait pas être en reste, puisqu'à la fin du XIVe siècle, exactement au moment où Sacchetti rédige les *Trecento Novelle*, elle impose des mesures qui cherchent à exclure les adolescents et les jeunes hommes des magistratures les plus puissantes et les plus prestigieuses. En 1389, elle impose aux membres des collèges d'avoir au moins trente ans. En 1394, il est décidé que les gonfaloniers de justice doivent avoir au moins quarante-cinq ans, alors qu'en 1260 un Dino Compagni pouvait exercer cette fonction à l'âge de trente-trois ans[45]. Enfin, en 1396, c'est la fonction des prieurs qui est réglementée et interdite aux hommes âgés de moins de trente ans[46].

De plus, dans la mesure où il n'est pas nécessaire d'avoir atteint un âge mininum pour être qualifié dans les scrutins électoraux florentins[47], la pratique d'y inscrire des adolescents et même des enfants était fort répandue tout au long du XIVe siècle. En 1343, Filippo Villani observait à ce propos que « *molti giovintù che non passava l'adolescenza, si trovarono negli uficii per procuro de' padri loro ch'erano nel reggimento* [...] *delli quattri i tre non passavano i venti anni, e per tali furono portati allo squittino che*

42 *Ibid.*, p. 97. « par des maîtres si jeunes que quand ils se réunissent dans leurs conseils ils ne ressemblent qu'à des élèves à l'école ».

43 John Easton Law, « Age Qualification and the Venetian Constitution : the case of the Capello Family », *Papers of the British School at Rome*, XXXIX, 1971, p. 129n.

44 Stanley Chojnacki, « Political Adulthood in Fifteenth Century Venice », *The American Historical Review*, 91, 3 (1986), p. 792-793.

45 Dino Compagni, *Cronica*, Gino Luzzato (éd.), Torino, Einaudi, 1968, I, 12, p. 29.

46 Guidubaldo Guidi, *Il governo della città-repubblica di Firenze nel primo Quattrocento*, Firenze, Leo S. Olschki, 1981, vol. 1, p. 103 et vol. 2, p. 35 et p. 51. Sur la question de l'âge biologique et politique à Florence, voir Ilaria Taddei, *Fanciulli e giovani. Crescere a Firenze nel Rinascimento*, Firenze, Leo S. Olschki, 2001 et Cécile Terreaux-Scotto, *Les âges de la vie dans la pensée politique florentine*, Genève, Droz, 2015, p. 39-45.

47 Nicolai Rubinstein, *Il governo di Firenze sotto i Medici (1434-1494)*, Firenze, La Nuova Italia, 1971, p. 178.

giacieno nelle fascie[48] ». Comme le seul fait pour un individu d'avoir été tiré au sort pour occuper une magistrature sans nécessairement exercer réellement la charge qui y correspondait suffisait à l'identifier comme faisant partie du groupe dirigeant[49], les membres des grandes familles florentines se servaient de leurs enfants pour asseoir leur prestige et leur puissance. Lorsque le nom d'un individu avait été prononcé publiquement au moment du tirage au sort, cela signifiait en effet d'une part, qu'il avait été jugé digne de faire partie du *reggimento* et d'autre part, qu'il pourrait occuper une magistrature à l'avenir. Tout porte donc à croire que Sacchetti fait référence à ces pratiques dans sa lettre de 1392.

Mais sa position à ce sujet est claire : les jeunes gens n'ont pas la maturité nécessaire pour s'occuper de politique. Ainsi, dans la chanson 294, Sacchetti regrette avec douleur les temps anciens où gouvernaient de nombreux pères et sénateurs aux cheveux blancs qui auraient pu avoir raison de n'importe quel malheur. Avant de célébrer tous ceux qui avaient participé à la vie politique de Florence et qui ont quitté cette terre, il poursuit en déplorant que les *giovinetti*, les « très jeunes », soient désormais les plus nombreux à la tête de la cité.

Certes, l'opposition entre les âges de la vie a toujours été une préoccupation pour Sacchetti, comme le montre *La battaglia delle donne*, un ensemble de quatre *cantari* qu'il élabore en 1352 alors qu'il a une vingtaine d'années : il y opposait déjà la beauté de la jeunesse à la décrépitude de la vieillesse. Encore dans les *Sposizioni di Vangeli*, il affirmera que « *l'uomo, quanto più invecchia, più è diffettuoso*[50] ». L'angoisse de Sacchetti devant le renouvellement des générations et face à la prédominance des jeunes au pouvoir exprime toutefois autre chose que l'amertume d'un homme qui craint d'être progressivement mis à l'écart à cause de son entrée dans la vieillesse, unanimement située autour de cinquante ans.

48 Matteo Villani, *Cronica con la continuazione di Filippo Villani*, éd. Giuseppe Porta, Parma, Ugo Guanda, 1995, vol. 2, p. 668 : « De nombreux jeunes qui n'avaient pas encore dépassé l'adolescence se trouvèrent dans les charges grâce à leurs pères qui étaient dans le gouvernement [...] les trois quarts d'entre eux ne dépassaient pas vingt ans, et ainsi ils furent mis dans le scrutin alors qu'ils étaient encore dans les langes ».

49 Nicolai Rubinstein, « Oligarchy and democracy in Fifteenth-Century Florence », *Florence and Venice : Comparisons and Relations*, Acts of two Conferences at Villa I Tatti in 1976-1977, Sergio Bertelli, Nicolai Rubinstein, Craig H. Smyth (dir.), Firenze, La Nuova Italia, 1979, vol. 1 : *Quattrocento*, p. 103.

50 Franco Sacchetti, *La battaglia delle donne*, *op. cit.*, XVI, p. 165. « plus l'homme vieillit, plus il est défaillant ».

On rencontre en effet, dans ses différents textes aux enjeux variés, le motif récurrent et constant de la préférence accordée à la gérontocratie. À ce titre, les poèmes politiques de Sacchetti constituent une source éloquente susceptible de nous éclairer sur sa position à ce sujet.

Car s'il y a bien quelque chose que Sacchetti réprouve, c'est le bouleversement de l'ordre établi. Certes, il avait été satisfait de voir les arts mineurs conquérir une place plus grande dans l'espace politique. Ainsi s'était-il félicité de la réactivation des *Ordinamenti di giustizia* par Salvestro de' Medici contre les capitaines du parti guelfe au moment de la guerre des « Huit Saints », au cours de laquelle il s'était mobilisé contre le pape Grégoire XI à travers des invectives en vers[51]. Et dans le sonnet 207 composé le 22 juin 1378, il exprime sa reconnaissance à Salvestro de' Medici, qu'il va jusqu'à qualifier de *salvator mondi*, en ces termes : « *ciascun uom, / saggio ti potrà tenere, levato avendo a' perversi il podere, / fac<c>endo i buoni nel viver giocondi*[52] ».

Il n'en demeure pas moins que Sacchetti désapprouve le pouvoir de la plèbe. De ce point de vue, la chanson 213, qui exalte les dirigeants de Florence pour avoir rétabli l'ordre après le tumulte des *Ciompi* à l'été 1378, est emblématique. Il est d'ailleurs probable que la nouvelle CLIX constitue, comme l'a suggéré Marina Gagliano, une parodie de cette révolte[53]. Ce texte raconte, sous une forme comique, la course folle d'un étalon qui poursuit une jument dans la ville. Mais cette scène suscite l'émoi d'une foule qui grossit de plus en plus. Or, la phrase qui évoque la peur des prieurs, barricadés dans leur palais, ne laisse guère de doute sur l'interprétation à donner au récit, d'autant que Sacchetti prend la peine de préciser que sur le trajet des animaux se trouvent les boutiques des membres des arts mineurs, fripiers, chaussetiers et bouchers qui avaient soutenu Michele di Lando et les *Ciompi*. De la même façon, le conflit qui dans la nouvelle CLX oppose les lainiers, membres d'un art majeur, aux bouchers, fait écho à la toile de fond de la révolte des *Ciompi*.

---

51 Sur ce point, voir Marina Gagliano, « La guerre des Huit Saints : Sacchetti et la transition humaniste », in *Arzanà*, 11, 2005. La poésie politique dans l'Italie médiévale, p. 257-289 ; doi : https://doi.org/10.3406/arzan.2005.953 ; https://www.persee.fr/doc/arzan_1243-3616_2005_num_11_1_953

52 Franco Sacchetti, *Il libro delle rime*, *op. cit.*, p. 324 : « chacun pourra estimer que tu es sage, toi qui as enlevé le pouvoir aux mauvais pour faire vivre les bons dans la joie ».

53 Marina Gagliano, « Le *Trecentonovelle* et le *Décaméron…* », *op. cit.*, p. 103. Sur la révolte des *Ciompi*, voir Alessandro Stella, *La révolte des Ciompi. Les hommes, les lieux, le travail*, Paris, EHESS, 1993 et Ernesto Screpanti, *L'angelo della liberazione nel tumulto dei Ciompi Firenze*, giugno-agosto 1378, Siena, Protagon, 2008.

Or, du temps de Sacchetti, la jeunesse est accusée, au même titre que la plèbe, d'être à l'origine des violences urbaines[54]. Elles partagent en effet une même ardeur, sexuelle pour la première, revendicative pour la seconde. Encore au XVIe siècle, Cerretani évoquera le *furore bestiale*, la « fureur bestiale » des *Ciompi*[55], tandis que Machiavel exaltera dans le chapitre XXV du *Prince* la fougue des jeunes *feroci*, les « fougueux ». Proches étymologiquement, ces deux mots, *furore* et *feroci*, ont en commun d'exprimer l'absence de maîtrise de soi. Toutes deux imprévisibles, soumises à leurs instincts, sources de désordre, la jeunesse et la plèbe sont donc vues comme des dangers potentiels. Le souvenir de Gautier de Brienne qui, en 1343, avait accru son pouvoir en s'appuyant sur une garde du corps de trois cents jeunes gens est encore vif, rappelant aux Florentins que la jeunesse constitue une force sociale susceptible d'appuyer un maître unique dans la ville[56]. Le sentiment prédominant face à la jeunesse est donc la peur, et c'est bien cette « image noire », comme le formule Élisabeth Crouzet-Pavan[57], qu'en donne Sacchetti lorsqu'il dénigre la procréation.

Il est frappant à cet égard que ce rejet de la jeunesse s'étende chez Sacchetti jusqu'aux enfants. Dans le sonnet 116, faisant sienne la forme proverbiale du massacre des Innocents qu'on trouve chez Matthieu, il appelle en effet de ses vœux un nouvel Hérode qui viendrait tuer tous les enfants de quatre à douze ans[58].

Pourtant, dans les nouvelles LXVII et LXVIII, deux enfants ont le beau rôle, en tout cas en apparence. Dans la nouvelle LXVII, l'enfant est présenté comme le fils de Bergamino, le jongleur de la nouvelle I, 7 du *Décaméron* qui manie la langue avec aisance. Son fils a hérité de ce

54 D. Herlihy, « Some psycological and social Roots of Violence in the Tuscan Cities », *Violence and civil disorder in Italian cities*, 1200-1500, Lauro Martines (dir.), Los Angeles, London, Berkeley, University of California Press, 1972, p. 137-140.

55 Bartolomeo Cerretani, *Storia fiorentina*, éd. Giuliana Berti, Firenze, Leo S. Olschki, 1994, p. 162.

56 R. Trexler, « De la ville à la Cour. La déraison à Florence durant la République et le Grand Duché », *Le charivari* (Actes de la table ronde organisée à Paris, 25-27 avril 1977, par l'EHESS et le CNRS), Jacques Le Goff, Jean-Claude Schmitt (dir.), Paris, EHESS, 1981, p. 168-169.

57 Élisabeth Crouzet-Pavan, « Une fleur du mal ? Les jeunes dans l'Italie médiévale (XIIIe-XVe siècles) », *Histoire des jeunes en Occident. De l'Antiquité à l'époque moderne*, Giovanni Levi, Jean-Claude Schmitt (dir.), Paris, Seuil, 1996, t. 1, p. 216 et p. 244.

58 Franca Ageno, « Possa tornare Erode : una frase proverbiale di derivazione evangelica », *Lingua nostra*, vol. XX, fasc. 2, juin 1959, p. 48.

talent, tout en le dénaturant. Comme le fait remarquer Marina Gagliano, « l'éloquence de son prétendu père se change en faconde et sa discrétion en insolence[59] ». De la même façon, Guido Cavalcanti, protagoniste de la nouvelle VI, 9 du *Décaméron*, loué pour ses qualités intellectuelles et sa culture, est ridiculisé dans une parodie du texte de Boccace dans la nouvelle LXVIII. Par conséquent, non seulement les deux enfants des nouvelles LXVII et LXVIII se retrouvent dans le rôle du *beffatore*, mais ils ridiculisent ceux qui ont l'habitude de ridiculiser les autres, nous dit Sacchetti à propos des deux victimes que sont messire Valore de' Buondelmonti et Guido Cavalcanti.

Faire des enfants les vainqueurs de l'affrontement verbal constitue une façon de reconnaître leur pouvoir. Les présenter comme les manipulateurs des adultes peut donc être interprété comme une façon pour Sacchetti d'exorciser la peur qu'ils lui inspirent. Mais il me semble que considérer cette peur comme étant celle d'un homme qui se sent vieillir, comme a pu le faire Marina Marietti, est trop réducteur[60].

Car dans ces deux nouvelles les enfants s'arrogent aussi, pour ne pas dire surtout, la prérogative de rappeler à l'ordre et de corriger, qui est normalement réservée à l'adulte. Il est vrai qu'une des fonctions qui est traditionnellement attribuée aux enfants est celle de chasser de la cité les individus indésirables[61], dans le prolongement du châtiment déterminé auparavant par leurs aînés[62]. Sacchetti fait d'ailleurs allusion à ce rôle des enfants dans la nouvelle LXIV. Au cours d'une scène conjugale mémorable et savoureuse, Agnolo di ser Gherardo s'entend prédire par sa femme que « *i fanciulli ti verranno oggimai dietro co' sassi*[63] ». De la même façon que l'épouse renvoie son mari au travail de la laine par des répliques bien senties – elle lui reproche d'avoir participé à un tournoi alors qu'il est septuagénaire –, les enfants sont chargés de le remettre littéralement à sa place, c'est-à-dire de lui rappeler quelle position il occupe dans la cité.

En remettant les adultes à leur place justement, les enfants inversent les rôles. La peur de Sacchetti serait dès lors celle d'un homme qui sait

59 Marina Gagliano, « Le *Trecentonovelle* et le *Décaméron*… », *op. cit.*, p. 101.

60 Marina Marietti, « La crise de la société communale… », *op. cit.*, p. 47-48.

61 Ottavia Niccoli, *Il seme della violenza. Putti, fanciulli e mammoli nell'Italia tra Cinque e Seicento*, Roma-Bari, Laterza & Figli, 1995, p. 25 et p. 38.

62 Richard Trexler, « De la ville à la Cour… », *op. cit.*, p. 170-171.

63 Franco Sacchetti, *op. cit.*, p. 142 : « les enfants des rues te poursuivront désormais à coups de pierre ».

identifier dans le *puer senex* un *presagio negativo*, un « *segno di decadenza dell'umanità e dell'avvicinarsi della fine del mondo* », pour reprendre les termes de l'analyse d'Elena Giannarelli[64]. Si les personnages de Sacchetti, déjà adolescents, ne relèvent pas de la figure de l'*infans loquens*, leur position de *beffatore* fait en revanche d'eux des individus tout aussi subversifs, qui font fi de l'ordre des générations.

Dans la position de rivalité que les fils adoptent vis-à-vis de leurs pères, il est donc possible de voir un écho de la décadence de son temps que Sacchetti décrit dans le *proemio* de ses *Trecento Novelle*. Ce n'est d'ailleurs probablement pas un hasard s'il entreprend d'écrire les *Sposizioni* précisément en 1378, comme pour exorciser la crise morale qui l'agite face aux événements, ces événements qui donnent un pouvoir à la plèbe, qui partage avec la jeunesse la même fougue incontrôlable.

Marina Marietti a pu écrire que « l'amitié, l'amour maternel ou le dévouement filial, l'amour ou la tendresse entre un homme et une femme, n'apparaissent pas dans le monde du *Trecentonovelle*[65] ». De fait, chez Sacchetti, pas de mère désespérée devant la maladie de son enfant comme l'est monna Giovanna dans la nouvelle V, 9 du *Décaméron* ; pas de Madama Beritola qui dans la nouvelle II, 6 va jusqu'à régresser à l'état animal tellement la douleur d'avoir perdu ses enfants est grande ; pas de parents prêts à sacrifier les conventions sociales pour sauver leur fils, comme le sont ceux de Giachetto dans la nouvelle II, 8.

La famille décrite par Sacchetti est au contraire particulièrement désunie et agressive. En cela, elle fait écho aux conflits intergénérationnels et sociaux qui agitent la société florentine. La révolte des *Ciompi*, parce qu'elle met en avant des groupes sociaux traditionnellement exclus de la scène politique, exacerbe le sentiment de peur face à la jeunesse, elle aussi a priori tenue à l'écart de l'exercice réel des charges publiques, tout en étant un instrument de prestige entre les mains de ses aînés. Les liens fictionnels de la famille permettent donc de représenter des conflits qui se jouent dans la cité, ce qui souligne l'importance aussi

64 Elena Giannarelli, « Il *puer senex* nell'antichità : appunti per la riconsiderazione di un problema », *Infanzie. Funzioni di un gruppo liminale dal mondo classico all'Età moderna*, Ottavia Niccoli (dir.), Firenze, Ponte alle Grazie, 1993, p. 104. « présage négatif » « signe de décadence de l'humanité et de la proximité de la fin du monde ».

65 Marina Marietti, « La crise de la société communale… », p. 46.

bien de l'ancrage historique des nouvelles pour en comprendre le sens que de l'horizon historique dans la poétique narrative de Sacchetti.

De plus, il me semble que cette description de la famille et des rapports entre les générations est une façon d'en dénoncer et d'en corriger les défauts par le récit, à la façon de l'*exemplum*, avant que la fin de la nouvelle, toujours moralisatrice, ne vienne énoncer des préceptes à suivre. Autrement dit, Sacchetti fait l'inverse de ce qu'annonce la narratrice de la nouvelle x, 9 du *Décaméron*, qui proclame que personne ne raconte les nouvelles « *per dover correggere i difetti mondani o pur per riprendergli*[66] ». Sacchetti met au contraire en scène des familles qui transgressent les règles pour mieux les rappeler à l'ordre. Par conséquent, en ce qui concerne la famille aussi, on peut observer, à la suite de Letterio di Francia, que Franco Sacchetti est le moins boccaccien des auteurs de nouvelles qui ont suivi le *Décaméron*[67].

Cécile TERREAUX-SCOTTO
Université Grenoble Alpes
LUHCIE – EA 7421

66 Giovanni Boccaccio, *Decameron*, Vittorio Branca (éd.), Torino, Einaudi, 1987, p. 1206 : « pour corriger ou simplement dénoncer les vices de monde », Boccace, *Le Décaméron*, trad. Giovanni Clerico, Paris, Gallimard, 2006, p. 861.

67 « *Il meno boccaccevole degli scrittori di novelle posteriori al Boccaccio, è appunto il Sacchetti* », Letterio Di Francia, *Franco Sacchetti novelliere*, Pisa, Tipografia successori Fratelli Nistri, 1902, p. 314.

ART, ESPACES ET NARRATION DANS LES *TRECENTO NOVELLE* DE FRANCO SACCHETTI

Nella città di Firenze, che sempre di nuovi uomini è stata doviziosa, furono già certi dipintori et altri maestri[1]

C'est sur cette phrase liminaire que s'ouvre l'une des dix nouvelles des *Trecento Novelle* qui ont pour protagonistes des artistes, plus précisément des peintres. Cette nouvelle CXXXVI est représentative de plusieurs thématiques liées au monde de l'art qui traversent le recueil de Sacchetti. Tout d'abord le caractère singulier, voire extravagant des artistes (*nuovi uomini*), mais aussi la réflexion sur le rapport entre art et nature. Dans sa tirade pleine de malice et subtilement argumentée, maître Alberto[2] démontre que les femmes florentines sont les meilleurs artistes au monde parce qu'elles sont capables de corriger un visage contrefait ou tordu grâce aux artifices du maquillage[3]. La tonalité de la nouvelle est aussi

---

1 « Dans la ville de Florence, qui a toujours abondé d'hommes singuliers, vécurent certains peintres et autres maîtres… » in Franco Sacchetti, *Le Trecento Novelle*, a cura di Michelangelo Zaccarello, Firenze, Edizioni del Galluzzo, 2014, p. 308.

2 Maître Alberto est très probablement Alberto Arnoldi, sculpteur d'origine lombarde qui vécut à Florence au XIVe siècle. Dans la nouvelle, il est en compagnie d'autres artistes contemporains, parmi eux Andrea di Cione Orcagna et Taddeo Gaddi, tous deux disciples de Giotto.

3 « *Io credo che il maggior maestro che mai fosse di dipingere e di comporre le sue figure è stato il nostro Signor Dio ma e' pare che per molti che sono sia stato veduto nelle figure per lui create gran difetto e nel tempo presente le correggono. Chi son questi moderni dipintori e correttori ? Sono le donne fiorentine. E' fu mai dipintore che sul nero o del nero facesse bianco, se non costoro ? E' nascerà molte volte una fanciulla, e forse le più, che paiono scarafaggi ; strofina di qua, ingessa di là, mettila al sole, e' fannole diventar più bianche del cecero. E quale artista, di panni o di lana o dipintore, è che del nero possa far bianco ? Certo niuno, però che è contro natura. Sarà una figura pallida e gialla : con artificiati colori la fanno in forma di rosa ; quella che per difetto o per tempo par secca, fanno diventare fiorita e verde. Io non ne cavo Giotto né altro dipintore che mai colorasse meglio di costoro. Ma quello che è maggior cosa : che un viso che sarà mal proporzionato et avrà gli occhi grossi, tosto parranno di falcone ; avrà il naso torto, tosto il faranno diritto ; avrà*

celle de la jovialité, les artistes travaillant avec maître Alberto aimant, de surcroît, faire bombance.

Extravagance, réflexion sur la mimésis, plaisanterie et bon mot, voici les principaux axes autour desquels s'articulent les nouvelles que l'on qualifiera par commodité de « nouvelles artistiques », ce qui rapproche en ce sens le recueil de Sacchetti du modèle boccacien, comme l'a démontré Michelangelo Zaccarello[4]. En effet, dans la tradition de la nouvelle toscane telle qu'elle s'est construite depuis le *Décaméron*, dans la catégorie des personnages porteurs d'un propos facétieux, de jeux de mots ou autres traits d'esprit, les artistes jouent un rôle prépondérant. Cette tendance n'est pas sans rapport avec l'évolution du statut des artistes au cours du XIVe siècle en Italie, et particulièrement à Florence : toujours considérés comme de simples artisans, au même titre que les menuisiers ou les tisseurs de laine, les peintres et les sculpteurs jouissent d'une certaine ascension socio-économique et de la prise de conscience du caractère spéculatif et libéral des arts figuratifs[5].

---

le spalle grosse, tosto le pialleranno, avrà l'una in fuori più che l'altra, tanto la rizafferanno con bambagia, che proporzionate si mostreranno con giusta forma. » (« Je crois que pour peindre et composer des figures, il n'y eut jamais de plus grand maître que notre seigneur Dieu, mais il semble que pour beaucoup de nos contemporains, ont vu de grands défauts dans les figures qu'il a créées, défauts qu'ils s'emploient aujourd'hui à corriger. Qui sont donc ces peintres et correcteurs modernes ? Ce sont les dames florentines. En effet, y eut-il jamais peintre capable d'obtenir du blanc avec ou à partir du noir sinon ces dernières ? Et on verra naître très souvent une jeune fille, et peut-être la plupart, aussi vilaine qu'un cafard : et vas-y que je te frotte par-ci, et que je te plâtre par-là, et que je te la mets au soleil et à la fin elle est plus blanche que le cygne. Eh bien, quel artiste, tissant le drap ou la laine, ou encore quel peintre est-il capable de faire du blanc à partir du noir ? Évidemment aucun puisque c'est contre nature. Qu'elle ait une figure pâle et jaune : avec de savantes couleurs, elles vous la transforment en une véritable rose ; celle qui par ses défauts ou l'effet du temps semble racornie, elles la rendent fraîche et épanouie. Je ne peux trouver un Giotto ou tout autre peintre capable de colorer mieux qu'elles. Mais chose plus importante encore : qu'un visage soit disproportionné et qu'il ait des yeux globuleux, aussitôt elles lui donneront des yeux de gazelle ; qu'elle ait le nez tordu, elles auront vite fait de vous le redresser ; qu'elle ait des épaules carrées, elles vous les raboteront aussitôt et si l'une est plus saillante que l'autre, elles vous les rembourreront tant et si bien avec du coton qu'elles apparaîtront bien proportionnées et harmonieuses. »), in Franco Sacchetti, *op. cit.*, p. 309-310.

4 Voir Michelangelo Zaccarello, « Ingegno naturale e cultura materiale : i motti degli artisti nelle *Trecento Novelle* di Franco Sacchetti », in *Italianistica*, Pisa-Roma, Fabrizio Serra, XXXVIII/2, 2009, p. 129-140.

5 Dans la bibliographie foisonnante qui traite du statut de l'artiste, nous signalons en particulier ces deux classiques : Ernst Kris et Otto Kurz, *L'Image de l'artiste* [1979], traduit de l'anglais par Michèle Hechter, Paris, Rivages, 1987, et Rudolf et Margot Wittkower,

Les nouvelles artistiques portent l'empreinte du paradigme boccacien, mais également de l'expérience personnelle de Sacchetti. En effet, celui-ci a côtoyé plusieurs artistes florentins, en particulier Andrea di Cione Orcagna, disciple de Giotto, qui fut tout à la fois peintre, sculpteur, mosaïste, orfèvre et architecte, et que l'on voit au travail, sur le chantier de San Miniato, dans la nouvelle CXXXVI. En outre, Sacchetti a participé à l'élaboration et à la coordination du cycle de fresques présentes dans l'église florentine d'Orsanmichele, ainsi qu'à la réalisation de la décoration de la salle d'audience du Palazzo Vecchio, comme l'a démontré Lucia Battaglia Ricci[6]. Ainsi, cette activité de Sacchetti, vraisemblablement concomitante à l'écriture des *Trecento Novelle*, explique en partie la raison pour laquelle on trouve plusieurs récits mettant en scène des peintres dans leur atelier ou sur des chantiers en cours, notamment celui d'Orsanmichele[7].

Il s'agit donc d'analyser les dix nouvelles artistiques en prenant comme grille de lecture le rapport à l'espace. Nous formulons l'hypothèse que c'est en étudiant les lieux où Sacchetti situe ses intrigues, ses personnages, que l'on peut analyser, d'une part, la mécanique narrative des nouvelles relatant les facéties de quelques peintres – dont le plus célèbre reste Buffalmacco –, d'autre part l'évolution de la société florentine dont le recueil est le miroir. En effet, c'est la sociologie urbaine qui intéresse Sacchetti. Or le monde artistique s'insère précisément dans sa représentation de la société dans son ensemble. Après avoir défini le type de l'artiste-peintre facétieux d'inspiration boccacienne, auteur de *beffe* et autres bons tours, il conviendra d'envisager les deux types d'espaces dans lesquels Sacchetti campe ses protagonistes : l'espace privé de l'atelier et l'espace public principalement urbain. Dans quelle mesure le traitement des différents types d'espaces influe sur la narration, la construction de la *beffa*, et l'architecture des nouvelles proprement dites ? Comment, à

Les enfants de Saturne. Psychologie et comportement des artistes de l'Antiquité à la Révolution française [1963], traduction de Daniel Arasse, Paris, Macula, 1985. Plus récemment : Nathalie Heinich, *Être artiste. Les transformations du statut des peintres et des sculpteurs*, Paris, Klincksieck, 2005.

6 Sacchetti a été successivement Camerlengo de la Compagnia di Orsanmichele en 1380, Operatoio dell'Oratorio en 1388, Capitano en 1398, probablement l'année de la composition du programme iconographique. Voir W. Cohn, « Franco Sacchetti und das ikonographische Programm der Gewölbemalereien von Orsanmichele » in *Mitteilungen des Kunsthistorischen Instituts in Florenz*, VIII, 1958, p. 65-77. Voir aussi Lucia Battaglia Ricci, *Palazzo vecchio e dintorni. Franco Sacchetti e le fabbriche di Firenze*, Roma, Salerno Editrice, 1990, p. 88-96.

7 Les nouvelles CX et CLXXXV ont pour toile de fond le chantier de cette église.

travers le portrait que Sacchetti dresse des peintres, de leurs pratiques, et de leurs relations avec leurs commanditaires se dessine le portrait de la Florence bourgeoise et marchande du *Trecento* ?

Parmi les personnages de la nouvelle toscane telle qu'elle s'est construite depuis Boccace, les artistes sont très souvent ceux qui ont la répartie facile, qui maîtrisent le verbe, et qui sont les auteurs de plaisanteries divertissantes et burlesques, ces fameuses *beffe*, dont l'issue n'est pas toujours heureuse[8]. Comme l'a démontré Marina Gagliano, Sacchetti emprunte à Boccace plusieurs personnages comiques (Ribi, Stecchi et Martellino, et, celui qui nous intéresse ici le peintre Buffalmacco[9]) afin de proposer aux lecteurs des épisodes plaisants[10]. La tirade de l'épouse d'un peintre résume assez bien les traits distinctifs qui caractérisent la figure de l'artiste dans les nouvelles du *Décaméron* et des *Trecento Novelle* :

> *Io ti concerò peggio che la Tessa non acconciò Calandrino : che maladetto sia chi maritò mai femmina ad alcun dipintore, ché siete tutti fantastichi e lunatichi, e sempre v'andate inebriando e non vi vergognate*[11] *!*

La propension des artistes à boire jusqu'à l'ébriété est un motif récurrent. Il encadre la nouvelle CXXXVI déjà évoquée : dans l'*incipit* et l'*excipit* l'auteur insiste sur cette tendance lorsqu'il décrit les artistes travaillant sur un

8 Voir Marina Marietti « La crise de la société communale dans la *beffa* du *Trecentonovelle*, in *Formes et significations de la* beffa *dans la littérature italienne de la Renaissance*, 2e série, Cirri, n. 4, Paris, Université de la Sorbonne Nouvelle – Paris III, p. 9-63 ; Marina Marietti, Alfredo Perifano, Béatrice Laroche, *L'Après Boccace. La nouvelle italienne aux* XVe *et* XVIe *siècles*, Paris, Université de la Sorbonne Nouvelle, 1995, et *"Favole parabole istorie" : le forme della tradizione novellistica dal Medioevo al Rinascimento*, Atti del Convegno di Pisa, 26-28 ottobre 1998, a cura di Gabriela Albanese, Lucia Battaglia Ricci, Rossella Bessi, Roma, Salerno Editrice, 2000.

9 De son vrai nom Bonamico di Cristofano, Buffalmacco est le protagoniste, avec Bruno (di Giovanni) de la nouvelle VIII, 9 du *Décaméron* et, avec le même Bruno ainsi que Calandrino, des nouvelles VIII, 3 et 6 et IX, 3 et 5. On attribue à Buffalmacco la série de fresques du Campo Santo de Pise (*Triomphe de la mort, Jugement Dernier, l'Enfer, la Thébaïde, la Résurrection, l'Ascension*).

10 Marina Gagliano, « Le *Trecentonovelle* et le *Décaméron* : emprunts et effets intertextuels », in *Chroniques italiennes*, n. 63-64, Paris, Université de la Sorbonne Nouvelle – Paris III, p. 95-107.

11 « Je vais t'arranger, pire encore que ne le fit Tessa avec Calandrino : soit maudit celui qui a marié une femme à un peintre, car vous êtes tous fantasques et lunatiques, et vous passez votre temps à vous soûler, sans en avoir honte ! », in Franco Sacchetti, *op. cit.*, p. 309-310, nouvelle LXXXIV, p. 193. Pour la référence à Calandrino, voir Boccace, *Le Décaméron*, IX, 5.

chantier à San Miniato al Monte[12]. Dans la nouvelle CLXX, cela devient même la raison invoquée par le commanditaire pour refuser de payer Bartolo Ghioggi : sachant que celui-ci est un *gran bevitore*[13], Messer Pino ne croit pas à l'excuse avancée par le peintre pour justifier qu'il n'a pas peint suffisamment d'oiseaux dans la pièce qu'il devait décorer – il prétend qu'il a ouvert la fenêtre et que plusieurs oiseaux se sont envolés –, et lui rétorque :

> *Io credo che la famiglia mia ha tenuto aperto l'uscio della volta et hatti dato bere per sì fatta forma che tu m'hai mal servito e non serai pagato come credi*[14].

Si l'on revient à la nouvelle CXXXIV, parmi les termes employés par l'épouse pour qualifier les peintres, l'adjectif *fantastichi* (fantasque, extravagant) mérite que l'on s'y arrête. En effet, il y a là un autre trait distinctif des artistes tels qu'ils sont représentés dans les *Trecento Novelle* : leur caractère singulier, original. Le terme le plus fréquent, véritable *leitmotiv*, est l'adjectif *nuovo* – ou bien ses variantes sous la forme du substantif et de l'adverbe – qu'il faut comprendre comme synonyme de *fantastico*. Le recensement du nombre d'occurrences dans les dix nouvelles artistiques permet d'établir que les sept nouvelles relatant un mauvais tour contiennent une, voire plusieurs mentions des termes *nuovo, novità, novamente*[15]. Bien plus, l'*incipit* et/ou le chapeau introductif de cinq de ces sept nouvelles (CXXXVI, CLXI, CLXX, CXCI, CXCII) contiennent ces termes. Par exemple, la nouvelle CLXI, qui est la première où l'on voir apparaître Buffalmacco, s'ouvre ainsi : « *Sempre fu che tra i dipintori si sono trovati di nuovi uomini*[16] ». Ou encore la phrase liminaire de la nouvelle CXXXVI, déjà citée en introduction, qui n'est pas sans rappeler celle de nouvelle VIII, 3 du *Décaméron*, la première mettant en scène le trio Calandrino, Bruno et Buffalmacco : « *nella nostra città, la qual sempre di varie maniere e di nuove genti è stata abondevole*[17]… » Bien plus, on assiste à une sorte de climax au sein d'une même nouvelle,

12 *Ibid.*, p. 308 et p. 310.

13 « grand buveur », *ibid.*, p. 429.

14 « Je crois que mes serviteurs ont laissé ouverte la porte de la cave et t'ont donné à boire, de sorte que tu m'as mal servi, donc tu ne seras pas payé comme tu le penses », *ibid.*

15 Voir nouvelle CXXXVI, p. 308, nouvelle CLXI, p. 403-407, nouvelle CLXIX, p. 426-428, nouvelle CLXX, p. 429-430, nouvelle CXCI, p. 488-493, nouvelle CXCII, p. 493-498, nouvelle CCXXIX, p. 606-609.

16 « On a toujours trouvé, parmi les peintres, des hommes singuliers », *ibid.*, p. 403.

17 « dans notre ville, qui a toujours abondé en personnages singuliers de toutes sortes… ». Voir Giovanni Boccaccio, *Il Decameron*, Vittorio Branca ed. Torino, Einaudi, vol. 2, p. 906-907.

la dernière de la série des quatre dont Buffalmacco est le protagoniste. La nouvelle CXCII est en effet rythmée, depuis le chapeau, jusqu'à la fin, par la singularité du peintre, mais aussi de Capodoca, le tisseur de laine dont il se joue. Un paragraphe entier est consacré à la comparaison du peintre et de l'artisan lainier :

> *E così non è sì malizioso uomo, né sì* nuovo, *che non se ne trovi uno più* nuovo *di lui. Questo Capodoca fu* nuovo *quanto alcun suo pari ; e fu sì* nuovo *che nelle botteghe dove lavorò d'arte di lana, e spezialmente in quella de' Rondinelli, fece di* nuove *e di strane cose, come già furono raccontate per Agnolo di ser Gherardo, ancora più* nuovo *di lui. E questo Buonamico fu ancora vie più* nuovo *di lui, e la prova della presente novella il manifesta*[18].

On ne compte pas moins de sept occurrences de l'adjectif *nuovo*, et on observe que la dittologie *nuove e strane* renforce la caractérisation des agissements de Capodoca. La *novità* de ces personnages se manifeste essentiellement dans la réalisation de *beffe* ou le maniement de mots d'esprit, lesquels prennent souvent leur inspiration de la forme de magie que revêt l'image peinte, de la limite ténue entre réalité et illusion, comme dans la nouvelle CLXX où Bartolo Ghioggi s'en sort par une pirouette verbale et trompe le pragmatisme de son commanditaire. En outre, la présence significative de Buffalmacco, peintre mineur au regard du grand Giotto, témoigne de la tendance, chez Sacchetti, à mettre en exergue les figures excentriques mais aussi de privilégier chez les peintres, non pas tant leurs qualités artistiques, que leur vivacité d'esprit et leur maîtrise du verbe. En ce sens, les artistes se rapprochent des bouffons et autres hommes de cour, que Michelangelo Zaccarello qualifie de « *veri professionisti della parola*[19] ».

Chez Sacchetti, la particularité du traitement des nouvelles dites de *motti* ou de *beffe* dont les auteurs sont des peintres, tient toutefois à leur

18 « Ainsi il n'y a pas d'homme aussi malicieux, aussi singulier, qui soit plus singulier que lui. Ce Capodoca fut aussi singulier que ses pairs ; il fut si singulier que dans les ateliers où il travailla l'art de la laine, et en particulier dans celui de Rondinelli, il réalisa des choses singulières et étranges, comme l'a déjà raconté Agnolo di ser Gherardo, qui est encore plus singulier que lui. Ce Buonamico fut encore mille fois plus singulier que lui, et cette nouvelle va le prouver. », in Franco Sacchetti, *op. cit.*, p. 497.

19 « véritables professionnels de la parole », in Michelangelo Zaccarello, *op. cit.*, p. 138. Les bouffons sont aussi très présents dans le recueil : Ribi (XLIX, L), Dolcibene (X, XXIV, XXV, XXXIII, CXVII, CXLV, CLIII, CLVI, CLXXXVII) et bien sûr Gonnella (XXVII, CLXXII [fragment], CLXXIII, CLXXIV, CCXI, CCXII, CCXX).

topographie. En effet, alors que dans le *Décaméron* les nouvelles mettant en scène Giotto ou Buffalmacco[20] se déroulent dans un espace public (la campagne du Mugello VI, 5) ou dans un espace privé (la maison de maître Simone, VIII, 9), dans les *Trecento Novelle* on entre de plain-pied dans l'atelier des artistes, ou du moins on pénètre sur le lieu de réalisation des œuvres d'art. La topographie joue un rôle-clé dans les récits de *beffe* : l'espace privé de la *bottega* (l'atelier) ou sa métonymie, qui prend la forme de l'échafaudage du peintre monté dans un espace public – une place ou la chapelle d'une église[21] –, devient le lieu de prédilection où Sacchetti met en scène les différents tours joués par ses personnages. Ainsi, lorsque Giotto est importuné par un *uomo di picciolo affare*[22] qui lui demande de décorer son pavois avec ses armes, il se trouve dans son atelier, et c'est précisément là qu'il va décider de prendre le terme *armes* au sens propre du mot et de représenter, non pas les armoiries du commanditaire, mais de véritables armes : heaume, brassards, gantelets, etc. Comme l'analyse Marina Marietti, c'est le double sens du mot *armes* qui provoque chez Giotto le réflexe de la *beffa*. L'élément verbal entre ainsi en jeu dans le truquage du réel, « condition première de la *beffa*[23] ». La nouvelle LXXXIV présente, quant à elle, un intérêt particulier car l'atelier devient littéralement l'espace scénique où se déroule la mécanique du chassé-croisé entre le peintre Mino, mari trompé, et l'amant de son épouse. Dans la première partie du récit, Sacchetti décrit par le menu la façon dont sont entreposés dans l'atelier les crucifix que Mino peint : leur nombre, leur position (placés sur un grand établi, à la verticale contre un mur, ou encore recouverts d'un drap) et leur type (en relief ou non). Plus loin, lorsque Mino, se sachant trompé, cherche le coupable, Sacchetti fait une nouvelle digression et décrit la configuration de l'atelier : celui-ci possède deux portes, l'une donnant sur la rue, qui se verrouille de l'extérieur et par laquelle l'apprenti entre chaque matin, l'autre faisant communiquer la maison et l'atelier, et que Mino ferme à clé depuis l'intérieur de sa maison[24]. Ces précisions

20 Les nouvelles qui ont pour protagonistes des peintres sont, dans le *Décaméron*, celles dites de Calandrino (VIII, 3 ; VIII, 6 ; IX, 3 et IX, 5), et celle dite de Giotto (VI, 5).

21 Il s'agit, dans la nouvelle CLXI, d'une chapelle de la cathédrale d'Arezzo puis de la place du palais épiscopal et, dans la nouvelle CLXIX, d'une place de la ville de Pérouse.

22 Un « homme de basse condition », in Franco Sacchetti, *op. cit.*, nouvelle LXIII, p. 137.

23 Marina Marietti, *op. cit.*, p. 23.

24 Franco Sacchetti, *op. cit.*, p. 189.

ont leur importance car ensuite, comme dans une scène de théâtre de boulevard, quand le mari trompé entre dans l'atelier par la porte communiquant avec la maison, son apprenti ouvre simultanément la porte donnant sur la rue. L'amant qui s'était caché en se plaçant sur un crucifix peint, par-dessus le Christ, s'enfuit par la porte de l'atelier qui s'ouvre sur la rue, au moment où il risque de perdre son membre viril, d'un coup de hache rageur asséné par Mino ! Les nouvelles CXCI et CXCII fonctionnent de façon similaire : dans les deux récits, la configuration des lieux est une condition essentielle à l'existence et au fonctionnement de la farce ourdie par Buffalmacco. C'est parce que ce dernier cohabite avec son maître d'atelier qu'il peut mettre en place le stratagème des cafards qu'il fait passer pour des démons dans la nouvelle CXCI, et c'est parce que sa maison et l'atelier des tisseurs de laine sont mitoyens, que le peintre farceur peut imaginer une *nuova astuzia*[25] dans la nouvelle CXCII. Dans les deux cas, et ce, comme dans la nouvelle LXXXIV, Sacchetti décrit minutieusement la contiguïté des chambres et des bâtiments, sans laquelle les deux *beffe* ne pourraient exister[26]. Les cafards sont par exemple déposés par Buffalmacco à l'entrée des fentes de la porte communiquant entre les deux chambres[27]. La *beffa* de la nouvelle CXCII repose sur le même type de situation : non content d'être réveillé chaque nuit par le bruit du métier à tisser de ses voisins[28], le peintre s'aperçoit que la femme cuisine exactement de l'autre côté du mur de sa chambre. C'est justement de cette contiguïté spatiale que naît la *nuova astuzia* : Buffalmacco perce un trou dans ce même mur par lequel il glisse une tige de canne dont il se sert comme d'une sarbacane pour envoyer du sel dans la marmite et ainsi gâcher le repas que l'épouse prépare chaque jour. Les détails topographiques importent, comme le signale l'emploi des compléments circonstanciels de lieu :

25 Une « nouvelle ruse », *ibid.*, p. 494.

26 « *Costui nella sua giovineza essendo discipolo d'uno che aveva nome Tafo dipintore, e la notte stando con lui in una medesima casa et in una camera a muro sopra mattone, allato alla sua* [...] » (« Dans sa jeunesse, alors qu'il était le disciple d'un peintre du nom de Tafo, il dormait, la nuit, dans la même maison que lui, et dans une chambre aux murs en brique, contiguë à la sienne [...] »), *ibid.*, p. 488.

27 *Ibid.*, p. 489.

28 Buffalmacco habite désormais seul : *avendo una sua casa et avendo per vicino a muro mattone in mezzo un lavorante di lana* [...] (« puisqu'il avait une maison à lui, laquelle avait un mur en brique mitoyen avec celle d'un artisan lainier [...] »), *ibid.*, p. 493.

> *Però che, avendo considerato che questa buona donna, quando cuoceva, metteva la pentola rasente a quel muro, fece un foro con un succhio in quel muro, rasente a quella pentola*[29]...

Enfin, la question de l'espace où l'artiste travaille est encore une condition indispensable à la réalisation de deux autres *beffe* de Buffalmacco (nouvelles CLXI et CLXIX). C'est parce que celui-ci se cache du regard de ses commanditaires, en exigeant que son échafaudage – sorte d'atelier mobile – soit recouvert de draps, voire de planches, qu'il peut détourner la commande officielle et offrir, dans le premier cas, un blason inversé – un lion dévorant un aigle au lieu du contraire –, dans l'autre un saint patron affublé d'une couronne de poissons. Sacchetti insiste dans les deux nouvelles sur cette demande particulière du peintre[30]. D'une certaine façon, cette habitude des peintres, qui consiste à se cacher des regards intrusifs, devient, dans l'espace narratif de la nouvelle, un des piliers de l'architecture de la *beffa*.

Ainsi entrons-nous dans l'espace privé des artistes et voyons-nous à maintes reprises les peintres au travail. Pénétrer dans cet espace, c'est mieux comprendre les habitudes des artistes, le fonctionnement des ateliers, ainsi que les relations entre les artistes et leurs commanditaires. Le recueil de Sacchetti reflète ainsi la place grandissante que les arts figuratifs occupent dans la société florentine du XIVe siècle.

En premier lieu, Sacchetti n'est pas avare de détails concernant les habitudes des peintres, voire leurs gestes techniques. La nouvelle CLXI

29 « En effet, ayant considéré que, lorsque cette brave femme cuisinait, elle plaçait la casserole tout près du mur, il fit un trou, à l'aide d'une tarière, dans ce mur, tout près de cette casserole [...] », *ibid.*, p. 494.

30 Voici son échange avec l'évêque d'Arezzo, dans la nouvelle CLXI : « *Messer lo vescovo, io il farò ma e' conviene che sia coperto attorno attorno di stuoie, e che alcuna persona non mi vegga. Il vescovo disse : – Non che di stuoie, ma io la farò fare d'assi, sì che starà per forma che mai non sarai veduto* » (« Messire l'évêque, je le ferai, mais il faut que [l'échafaudage] soit complètement recouvert de tentures, pour que personne ne me voie. L'évêque répondit : – Je le ferai couvrir, non pas de tentures, mais de planches, de sorte qu'il sera tel que personne ne pourra jamais te voir », *ibid.*, p. 406. Puis, dans la nouvelle CLXIX, on lit : « [...] *il detto Buonamico, come è d'usanza de' dipintori, volle esser tutto chiuso d'asse e di stuoie e per più dì, dato ordine alla calcina et alli colori, alla fine salì sul ponte e cominciò a dipingere* » (« [...] comme il est de coutume chez les peintres, notre Buonamico voulut que [l'échafaudage] soit entièrement fermé par des planches et des tentures, et, après avoir commandé la chaux et les couleurs, il monta sur l'échafaudage durant plusieurs jours et commença à peindre »), *ibid.*, p. 427.

est en ce sens révélatrice : dans la première partie un épisode particulièrement drôle et savoureux est relaté, celui où Buffalmacco est importuné par la guenon de l'évêque d'Arezzo qui saccage l'échafaudage du peintre et barbouille sa fresque. Au détour de cette anecdote, Sacchetti offre, en l'espace de quelques lignes fort efficaces, un portrait saisissant du peintre en pleine activité créatrice. Il décrit ses gestes, à travers le regard scrutateur de la guenon qui observe Buffalmacco afin de l'imiter par la suite :

> *avendo veduti gli atti e i modi del dipintore quando era sul ponte, et avendo veduti mescolare i colori e trassinare gli alberelli e votarvi l'uova dentro e recarsi li pennelli in mano e fregarli su per lo muro*[31] [...]

La guenon reproduit les gestes du peintre, lequel est justement en train d'imiter la réalité qu'il observe. Véritable mise en abyme parodique de la mimésis picturale, cet épisode en apparence anecdotique, prend tout son sens si on l'interprète à l'aune de la question de l'imitation et du trompe-l'œil. Bien plus, dès lors que les commanditaires ne respectent pas l'habitude des artistes qui consiste à transformer leur échafaudage en espace clos, protégeant des regards intrusifs et du bruit environnant, ils s'exposent à des représailles. Par exemple, l'isolement et le silence réclamés par Buffalmacco n'étant pas respectés par les habitants de Pérouse, qui viennent constamment lui demander quand il aura terminé sa fresque, voici comment l'artiste réagit :

> *E così tutti li perugini con diversi detti, non una volta il dì ma parecchie, andavono da Buonamico a sollecitarlo ; tanto che Buonamico tra sé medesimo dice : – Che diavolo è questo ? Costoro sono tutti pazi, et io dipingerò secondo a la loro pazia*[32].

---

31 « ayant vu les faits et gestes du peintre quand il était sur l'échafaudage, l'ayant vu mélanger les couleurs, manier les pots, y verser un œuf, saisir ses pinceaux, les frotter sur le mur [...] », *ibid.*, p. 403.

32 « Ainsi tous les habitants de Pérouse se rendaient auprès de Buonamico afin de l'inciter à terminer, non pas une fois, mais plusieurs fois par jour, en lui disant des choses différentes ; au point que Buonamico se dit : – Que diable se passe-t-il ? Ils sont tous fous, et moi, je vais peindre à la mesure de leur folie », *ibid.*, p. 427. Le motif des commanditaires venant importuner les peintres en train de travailler sera repris par Vasari, au point de devenir un véritable *topos* dans les *Vite*. Voir en particulier la *Vita di Leonardo da Vinci* dans sa version de 1568 (le prieur de Sainte-Marie-des-Grâces harcèle Léonard quand celui-ci travaille à la *Cène*), et la *Vita di Michelangelo Buonarotti* (célèbre épisode mettant en scène le peintre dans la chapelle Sixtine et le pape Jules II, trop curieux).

Le rôle que joue l'espace de l'échafaudage dans la *beffa* de cette nouvelle CLXIX peut donc se comprendre de deux façons : il est à la fois, comme nous l'avons démontré dans un premier temps, la condition de la réalisation de la *beffa*, mais il est aussi l'élément déclencheur dans la prise de décision, de la part de Buffalmacco, de jouer un mauvais tour aux habitants de Pérouse.

Ainsi l'empressement, perçu par les artistes comme une véritable folie, est l'une des pierres d'achoppement à laquelle se heurtent les peintres dans les rapports qu'ils entretiennent avec leurs commanditaires. Non moins importante est la question de la rémunération des artistes, de l'estimation et du paiement de leur production, qui est capitale pour l'affirmation de leur statut social. Sacchetti relate par deux fois le refus de la part d'un commanditaire de payer le peintre qu'il a engagé. Non content que Bartolo Ghioggi ait peint quelques rares oiseaux, alors qu'il lui en avait commandé un grand nombre, messire Pino Brunelleschi s'oppose au paiement et Sacchetti de conclure :

> *Ma tutto credo che procedesse dalla poca voglia che avea messer Pino di pagare, o desiderio d'allungare il pagamento*[33].

Dans la nouvelle LXIII, c'est Giotto qui se voit essuyer le refus d'être payé, quand le commanditaire s'aperçoit qu'il a été berné. Voici le dialogue :

> *– O che imbratto è questo, che tu m'hai dipinto ?* [...] *Io non ne pagherei quattro danari. Disse Giotto : – E che mi dicesti tu che io dipingnessi ? E quei rispose : – L'arme mia. Disse Giotto : – Non è ella qui ? Mancacene niuna*[34] *?*

Ce vif échange indique que la question de la rétribution est cruciale, mais aussi et surtout que Giotto, cet artiste idéal, se défend et attaque même son interlocuteur en se plaçant sur le plan d'une catégorie mercantile, à savoir la quantité. Quand il demande « *Mancacene niuna ?* » et qu'il conclut ensuite sa défense par

33 « Mais je crois que tout cela arriva parce que messire Pino n'avait guère envie de payer, ou qu'il désirait différer le paiement » *Ibid.*, p. 430. L'avarice est condamnée par Sacchetti et appelle immanquablement la sanction que constitue la *beffa*. Voir Marina Marietti, *op. cit.*, p. 32-33.

34 « – Mais qu'est-ce que c'est que ce gribouillis, qu'as-tu peint ? [...] Je ne t'en donnerais même pas quatre sous. Giotto dit : – Que m'as-tu demandé de peindre ? L'autre répondit : – Mes armes. Giotto dit : – Ce ne sont pas tes armes ? En manque-t-il une ? », in Franco Sacchetti, *op. cit.*, p. 138.

> *Io ti ho fatta tutta armatura in sul tuo palvese ; se ce n'è più alcuna, dillo, et io la farò dipingere*[35]

il se moque ouvertement de son commanditaire, véritable parvenu qui pensait justement pouvoir s'acheter une noblesse qu'il n'a pas. Ce dernier porte plainte auprès du tribunal, mais le juge donne raison à Giotto et contraint le commanditaire à lui verser six lires. Cette thématique de la rémunération apparaît aussi dans l'autre nouvelle dont Giotto est le protagoniste (LXXV). Le peintre y est renversé par un porc, tandis qu'il déambule en bonne compagnie dans une rue de Florence. Sa réaction n'est pas la colère, mais le rire et il déclare :

> *Oh, non ci hanno eglino ragione ? Ch'ho guadagnato a miei dì con le setole loro migliaia di lire, e mai non diedi loro una scodella di broda*[36].

Par son mot d'esprit, Giotto insiste sur la matérialité de son art – il a besoin des soies des porcs pour ses pinceaux –, mais fait également valoir qu'il a gagné beaucoup d'argent grâce à sa peinture, se comparant implicitement à n'importe quel autre artisan ou marchand.

Pénétrer dans l'espace de la *bottega*, c'est enfin pour Sacchetti le moyen de rendre compte des rapports entre maître et disciple, entre chef d'atelier et apprenti, en d'autres termes de décrire certains aspects du fonctionnement des ateliers d'artistes. Plusieurs informations jalonnent les nouvelles artistiques : on apprend par exemple que le maître d'atelier Giotto ne réalise que le dessin préparatoire du pavois, et laisse la réalisation à l'un de ses élèves (LXIII), tandis que Mino, protagoniste de la nouvelle LXXXIV, produit en série des crucifix, non pas en vue d'une commande précise, mais pour répondre à une demande constante, et dans le but de se constituer un stock[37]. L'hyperspécialisation de certains ateliers, de même que la logique quasi productiviste de ceux-ci participe de l'évolution des arts figuratifs au cours du XIVe siècle. Mais Sacchetti

---

35 « J'ai mis toutes les pièces de ton armure sur ton pavois ; s'il y en a d'autres, dis-le-moi, et je les ferai peindre », *ibid.*

36 « Oh, n'ont-ils pas raison ? Par le passé, j'ai gagné des milliers de lires grâce à leurs soies, et jamais je ne leur ai offert un bol de bouillon », *ibid.*, p. 165.

37 *Ibid.*, p. 187-188. À cette époque, les peintres avaient coutume de conserver, dans leurs ateliers, des peintures inachevées, souvent préparées par les apprentis ; ils pouvaient ensuite y ajouter les touches finales en fonction de la commande des clients. On pourrait presque parler de production à la chaîne d'œuvres quasi identiques. Voir Rudolf et Margot Wittkower, *op. cit.*, p. 35.

analyse surtout, au gré d'une des *beffe* fomentées par Buffalmacco, les relations difficiles entre chef d'atelier et apprenti[38]. La nouvelle CXCI s'ouvre sur un jeune Buffalmacco, apprenti chez le peintre Tafo, lequel a pour habitude, les matins d'hiver, de réveiller son disciple quand il ne fait pas encore jour, pour *far la vegghia*, c'est-à-dire pour se mettre au travail de très bonne heure, pratiquement en pleine nuit. Le manque de sommeil constant est donc à l'origine du mauvais tour imaginé par Buffalmacco[39]. Mais ce qui nous intéresse c'est la raison invoquée par Sacchetti, pour expliquer ce *vegghiare* imposé par Tafo à son apprenti. Après une dizaine de nuits où il peut enfin dormir tout son soûl – les cafards affublés de petites bougies ayant effrayé son maître – Buffalmacco est à nouveau réveillé en pleine nuit, parce que Tafo a une commande à honorer. On lit :

> *Essendo rassicurato Tafo e costretto dal proprio utile, cominciò una notte a chiamar Buonamico perché aveva di bisogno di compire una tavola all'abbate di Buonsollazo*[40].

L'appât du gain, voici ce que recouvre l'expression *il proprio utile*, voici le véritable motif de cette habitude délétère qui se retourne finalement contre son auteur. Sacchetti développe davantage cette thématique dans la conclusion de la nouvelle où il prend clairement parti pour le disciple, présenté comme la victime des intérêts personnels de son maître, et justifie ainsi la *beffa*. L'issue est finalement favorable pour Buffalmacco, car il peut dormir sans être dérangé, mais elle l'est aussi pour les autres apprentis, puisque tout le monde croit, comme Tafo, que si les démons – en réalité les fameux cafards – sont apparus dans sa maison, c'est parce qu'il réveillait Buffalmacco trop tôt. Dès lors, tous les peintres n'osent plus imposer le *vegghiare* à leurs disciples. Bien plus, notre peintre farceur gagne en notoriété auprès d'un public plus vaste : on lui passe désormais commande et, de disciple, il devient maître à son

---

38 Voir la description des relations entre maître et disciple dans les ateliers in Marina Marietti, *op. cit.*, p. 54. Elle explique notamment que, même si le travail de nuit était interdit dans de nombreuses corporations, c'était monnaie courante chez les peintres. Voir aussi Robert Davidsohn, *Storia di Firenze*, Firenze, Sansoni, 1965, vol. VI, p. 165-171.

39 Il y a un lien avec la nouvelle suivante, car c'est à nouveau le manque de sommeil, causé par le problème du décalage entre le rythme de travail de Buffalamcco et celui de sa voisine tisseuse de laine, qui est à l'origine du mauvais tour joué par le peintre. Voir Franco Sacchetti, *op. cit.*, p. 493.

40 « Rassuré, et étant contraint par son propre intérêt, une nuit, Tafo appela Buonamico parce qu'il avait besoin de réaliser un retable pour l'abbé de Buonsollazo », *ibid.*, p. 492.

tour, s'affranchissant de sa position d'apprenti assujetti aux décisions du maître d'atelier. Sacchetti insiste sur cette prise d'indépendance de la part du peintre, au point de la réitérer dans l'introduction de la nouvelle suivante, établissant ainsi un lien narratif entre les deux récits[41].

Si l'on reprend maintenant la nouvelle LXXXIV, celle du peintre de crucifix Mino, dont l'atelier donne d'un côté sur la rue, de l'autre est relié au reste du logement par une porte secondaire, l'on peut dire que cet espace privé, par la porte qui s'ouvre sur la rue, participe du flux de la vie citadine et, en ce sens, communique avec l'espace public. Dans la mécanique de la narration même, la *bottega* est le lieu qui offre à l'amant un refuge, refuge qui se transforme en piège quand le mari trompé ferme les issues, comprenant que son rival se cache dans l'atelier. Mais lorsque l'apprenti de Mino ouvre, le matin, la fameuse porte donnant sur la rue, l'amant profite de cette aubaine et s'enfuit. Sacchetti commente :

> [...] *subito se ne va al Campo di Siena, e fu quasi de' primi vi fosse quella mattina, e là facea de' suoi fatti*[42] [...]

L'amant vaque donc à ses occupations, comme si de rien n'était, sur la piazza del Campo, la place publique par excellence de la ville de Sienne. Or, c'est toujours *in su la piazza* (« sur la place »)[43], point d'agrégation de prédilection de l'espace urbain, que les habitants de Pérouse décident de faire peindre l'image de saint Herculan, le patron de la ville, et c'est sur cette même place qu'ils sont bernés en découvrant la tête de leur saint couronnée de gardons (CLXIX).

Les nouvelles artistiques des *Trecento Novelle* offrent donc, comme autre espace d'implantation des intrigues, différents lieux appartenant à l'espace public : la place, mais aussi la ville en général. Si Florence demeure la ville la plus fréquemment évoquée, d'autres cités de Toscane, voire d'autres

41 *Ibid.*, p. 493. Bien plus tard, Vasari critiquera à son tour l'emprise des maîtres sur les disciples et mettra en évidence le motif de l'affranchissement du maître par le disciple. Voir Ismène Cotensin, « Maître et disciple dans les recueils de *Vies* d'artistes (Vasari et ses successeurs romains du XVIIe siècle) », Actes du colloque international *Figures du maître, de l'autorité à l'autonomie* organisé les 19-21 janvier 2011 par l'équipe de recherche PLH (EA 4153) : Patrimoine-Littérature-Histoire à l'Université Toulouse-Le Mirail, Presses Universitaires de Rennes, 2013, p. 297-308.

42 « [...] aussitôt il s'en va piazza del Campo, et il fut parmi les premiers à s'y rendre ce matin-là, et il vaquait à ses occupations [...] », in Franco Sacchetti, *op. cit.*, p. 191.

43 *Ibid.*, p. 426.

régions, sont évoquées, comme Arezzo (CLXI), Pérouse (CLXIX), Parme et Carrare (CCXXIX). Un certain campanilisme florentin surgit à deux occasions, dans la nouvelle CLXI et dans la nouvelle CLXIX : des piques sont lancées à l'adresse des Arétins – jaloux des Florentins –, comme des Pérugins, bornés et d'une grande bêtise[44]. Au delà des querelles de clochers, ce qui importe ici, c'est l'association entre la topographie des lieux et l'émergence de nouvelles pratiques artistiques dont le recueil de Sacchetti se fait l'écho. En effet, les arts figuratifs ne sont plus seulement vecteurs de valeurs religieuses. L'art profane, porteur de valeurs laïques, s'affiche précisément dans l'espace public urbain. Les emblèmes jouent donc un rôle essentiel, tant au niveau individuel et familial, qu'au niveau politique[45]. Dès lors, la peinture réalisée dans l'espace public prend toute sa signification. Revenons à la nouvelle de Buffalmacco et de l'évêque d'Arezzo (CLXI). Ce dernier, du nom de Guido Tarlati de Pietramala, fut évêque et seigneur d'Arezzo entre 1320 et 1327, année de sa mort, et fut célèbre pour être un fervent Gibelin. Dans la seconde partie de la nouvelle, il demande à Buffalmacco de peindre un emblème bien particulier dans son palais : un aigle dévorant un lion. Or, dans la symbolique de l'époque, l'aigle représentait les Gibelins, le lion, les Guelfes et donc Florence[46]. Face à une commande qui va à l'encontre de son allégeance politique, Buffalmacco use – et abuse – de sa position d'artiste créateur d'image et prend le contre-pied de la commande : il peint, à l'abri de son échafaudage clos, « *un fiero e gran lione addosso a una sbranata aquila*[47] ». Notre peintre est conscient des conséquences de son acte et s'enfuit avant de dévoiler son œuvre. Quand l'évêque découvre la duperie, sa réaction est proportionnelle à l'offense : furieux, il lance un édit contre les biens et la personne de Buffalmacco. En inversant le motif pictural, c'est-à-dire en manipulant le message visuel affiché dans

44 *Ibid.*, p. 404 et p. 428. Voir l'analyse du « climat d'exaltation » de Florence dans l'article de Marina Marietti, *op. cit.*, p. 50-51.

45 Le théologien et prédicateur dominicain Giordano da Pisa décrit ainsi une pratique courante chez les marchands florentins : « *si segnano le case, il palagio del segno suo, cioè dell'arme sua, e negli scudi, acciocché quell'immagine mostri di cui è la cosa* » (« on marque les maisons, les palais, avec son insigne, c'est-à-dire ses armes, ainsi que les écus, afin que cette image indique à qui cela appartient »), in *Prediche recitate in Firenze dal 1306 al 1309 ed ora per la prima volta pubblicate*, a cura di C. Moreni, Firenze, 1831, vol. II, p. 310.

46 Voir Dante, *Paradiso*, VI, 106 : « *e non s'abbatta esto Carlo novello / coi Guelfi suoi ; ma tema degli artigli / ch'a più alto leon trasser lo vello* ».

47 « un grand lion féroce dévorant un aigle », in Franco Sacchetti, *op. cit.*, p. 406.

un bâtiment public – le palais épiscopal –, le peintre signifie la puissance de l'art comme instrument politique. C'est aussi dans cette optique que l'on peut relire la nouvelle mettant en scène Giotto et le parvenu qui veut faire décorer son bouclier (LXIII). En peignant, à la place des armes, qui sont le symbole de la noblesse, une grande quantité d'armes au sens propre, Giotto modifie le sens de la représentation demandée par le commanditaire. Manipulant ainsi le message visuel, Buffalmacco et Giotto contrôlent pleinement la symbolique de l'image[48].

L'instrumentalisation de la peinture est enfin une affaire de ville, l'espace urbain révélant de la sorte de nouveaux usages sociaux de l'art. Lorsque les habitants de Pérouse (CLXIX) commandent à Buffalmacco de peindre leur saint patron, c'est la fierté de la communauté qui entre ainsi en relation avec Dieu, la dimension laïque trouvant un point de jonction avec la dimension religieuse. Le syntagme « *su la piazza* » scande le rythme de la narration, au fur et à mesure que les Pérugins passent commande à Buffalmacco, ils vont et viennent lui réclamer importunément de leur montrer son travail, jusqu'au climax final et la découverte de la couronne de poissons ornant la tête de saint Herculan. Sacchetti insiste sur le caractère choral des habitants qui, tels un être unique et mobile, occupe physiquement l'espace public et n'a de cesse de solliciter le peintre. L'enjeu est de taille : l'image est destinée à être exposée sur la place principale de la ville, cœur et symbole de la cité. Comme dans le tour joué à l'évêque d'Arezzo, Buffalmacco s'amuse ici à transformer les attributs habituels des saints pour berner et railler les habitants de Pérouse, qu'il juge arrogants et importuns et qu'il décide de punir en affublant saint Herculan d'une couronne de gardons, emblème ici de stupidité, et référence ironique au lac Trasimène voisin[49]. En manipulant l'image du saint patron, le peintre affirme sa supériorité en tant qu'individu, contre le collectif citadin[50]. Finalement, Sacchetti ne fait que mettre en scène, dans l'espace narratif de ses nouvelles, un

48 Une nouvelle ne faisant pas partie des dix nouvelles dites artistiques, offre une réflexion semblable sur la valeur politique des emblèmes. Il s'agit de la nouvelle V où Sacchetti raconte comment un serviteur de Castruccio Interminelli, seigneur de Lucques (1281-1328) qui vainquit les Florentins en 1325, gratte et efface sur un mur un lys, emblème de la ville de Florence.

49 Voir Michelangelo Zaccarello, *op. cit.*, p. 137, note n. 1.

50 Le motif d'un individu contre un groupe est typique de la *beffa* dans les *Trecento Novelle*. Voir Marina Marietti, *op. cit.*, p. 22.

phénomène qui prend de l'ampleur, à savoir l'émancipation progressive des artistes. Quand Filippo Villani inclut, dans le célèbre ouvrage qu'il a consacré aux origines de Florence[51], les noms des peintres les plus célèbres dans la liste des principaux citoyens de la ville, il fait accéder ces artistes au statut de *cives* et manifeste ainsi que, par leur art, ceux-ci s'insèrent pleinement dans l'espace urbain.

Au terme de cette analyse, il apparaît que Franco Sacchetti propose une représentation en mouvement du monde de l'art tel qu'il est en train de se transformer à Florence, en ce siècle crucial qu'est le XIVe. En proposant de lire les dix nouvelles artistiques à travers le prisme spatial et narratif, nous avons démontré que Sacchetti contribue à la reconnaissance du nouveau statut social des artistes. En offrant une savoureuse galerie de portraits de peintres à la fois facétieux, rusés, mais aussi nobles et conscients du pouvoir d'imitation de leur art, Sacchetti enregistre les nouvelles pratiques artistiques et l'affirmation d'un art profane qui sont à l'œuvre dans sa ville. Insérés dans un réseau complexe de rapports de pouvoirs, les artistes en usent ou bien les détournent à leur profit. Enfin, par les nombreuses thématiques qui traversent ces nouvelles artistiques, Sacchetti ouvre la voie au genre de la biographie d'artistes tel qu'il s'est développé dès le XVe siècle, mais surtout aux XVIe et XVIIe. Giorgio Vasari, en premier lieu, a reconnu ce rôle de passeur à Sacchetti, puisqu'il a largement puisé dans les *Trecento Novelle* pour enrichir ses notices d'anecdotes supplémentaires quand il préparait la seconde édition de ses *Vite*[52]. Mais, outre ces anecdotes, comment ne pas

51 *De origine civitatis Florentiae et eiusdem famosis civibus.* Ouvrage écrit entre 1381 et 1388 [Codex Laurenziano Ashburnham 942], puis repris et modifié entre 1395 et 1397 [Codex Barberiniano XXXII 130]. Parmi les artistes cités par Villani se trouvent Cimabue, Giotto et leurs successeurs (Maso, Stefano, Taddeo).

52 Lorsque Giorgio Vasari travaille à la seconde édition de ses *Vite* (1568), il a accès, probablement par l'intermédiaire de son ami Vincenzo Borghini, au texte de Sacchetti (dans cette hypothèse, le manuscrit B) et insère plusieurs anecdotes dans les notices de Giotto et de Buffalmacco. Sur l'histoire des différents manuscrits voir Michelangelo Zaccarello, *op. cit.*, introduction, et en particulier p. XI-XVI. Dans l'édition de 1568, que Vasari gonfle de nouvelles anecdotes, sont directement citées les nouvelles LXIII (intégralement reproduite), toutes les anecdotes Buffalmacco (CLXI, CLXIX, CXCI, CXCII). La fortune de Sacchetti se poursuit au XVIIe siècle : l'anecdote de Giotto avec les porcs est rapportée *in extenso* par Filippo Baldinucci dans sa notice consacrée au peintre. Voir Filippo Baldinucci, *Notizie de' professori del disegno da Cimabue in qua*, 6 vol., Firenze, Santi Franchi, 1681-1728.

voir dans les commentaires critiques de Sacchetti à l'égard de l'avarice de certains commanditaires et maîtres d'atelier, les prémices du plaidoyer de Vasari pour une meilleure rémunération des artistes :

> *Credasi et affermasi adunque che se in questo nostro secolo fusse la giusta remunerazione, si farebbono senza dubbio cose più grandi e molto migliori che non fecero mai gli antichi. Ma lo avere a combattere più con la fame che con la fama, tien sotterrati i miseri ingegni, né gli lascia* [...] *farsi conoscere*[53] ?

Ismène COTENSIN
Université Jean-Moulin – Lyon 3
LECEMO – EA 3979

Édition dirigée par Ferdinando Ranalli, 5 vol., Firenze, V. Batelli, 1845-1847. Fac-similé, 7 vol., Firenze, Studio Per Edizioni Scelte, 1974-1975, p. 121-122.

53 « On croit et on affirme donc que, si, à notre époque, on rémunérait les artistes à leur juste valeur, ceux-ci réaliseraient sans aucun doute des œuvres plus importantes et de plus grande qualité que celles réalisées dans l'Antiquité. Mais la lutte contre la faim, plutôt que pour la gloire, assujettit leurs esprits malheureux et ne leur permet pas de se faire connaître », in Giorgio Vasari, *Le Vite de' più eccellenti architetti, pittori, et scultori italiani, da Cimabue, insino a' tempi nostri*, édition de 1550, Torino, Einaudi, 1986, p. 544.

ANALYSE POLITIQUE DU RIRE FLORENTIN

Les *Trecento Novelle*, comme du reste l'ensemble des nouvelles médiévales italiennes, témoignent d'un attrait indubitable pour les personnes exerçant un pouvoir politique, militaire ou judiciaire : podestats, juges, prieurs, gonfaloniers, seigneurs, recteurs communaux, magistrats et inquisiteurs, attrait qui peut s'expliquer aussi bien par la biographie de l'auteur florentin que par le public auquel il entendait s'adresser. C'est la thèse classique pour Sacchetti et pour la nouvelle en général, qui s'accommode de l'interprétation « bourgeoise » de la nouvelle italienne qui a irrigué tout un pan de la critique pendant des décennies[1]. Toutefois, lorsqu'on décide de circonscrire plus précisément une catégorie ou un groupe, on se trouve rapidement en butte aux limites d'une telle interprétation qui ne vaut que pour une partition de la société (bourgeoisie, paysannerie, noblesse et clergé) beaucoup moins complexe que le tableau extrêmement varié qu'offrent les recueils de nouvelles[2] de cette époque. Qui plus est, l'étude d'une dimension ou d'une strate de la société représentée – en l'occurrence le monde politique – ouvre

---

1 *Cf.* Lanfranco Caretti, *Saggio sul Sacchetti*, 1978 (1re éd. 1951). Voir également *L'écrivain face à son public en France et en Italie à la Renaissance.* Actes du colloque international (Tours, 4-6 décembre 1986), Charles Adelin Fiorato et Jean-Claude Margolin (éd.), Paris, Vrin, 1989. Elle s'accommode de l'interprétation principalement « bourgeoise » de la nouvelle en général et du *Décaméron* en particulier. *Cf.* Une contribution emblématique de cette approche dominante dans la critique italienne : Enrico Malato, « La nascita della novella italiana : un'alternativa borghese alla tradizione cortese » in *La Novella italiana : Atti del Convegno di Caprarola 19-24 settembre 1998*, Roma, Salerno Editrice, 1998.

2 La nouvelle italienne, et en particulier le *Décaméron*, ont été l'objet de très nombreux travaux teintés d'une dimension sociale, notamment dans le cadre d'une analyse de l'essor de la classe mercantile et du passage progressif à une dimension courtisane. Les résultats de cette approche classique n'épuisent pas l'analyse que l'on peut faire de la mise en scène comique de telle ou telle catégorie sociale. Pour un inventaire des classes sociales présentes dans la *novellistica*, on pourra consulter avec profit le travail de Giovanni Cherubini sur le *Décaméron*, « Il *Decameron* letto dagli storici del Medioevo », *Bullettino dell'Istituto storico italiano per il Medio Evo*, 116, 2014, p. 171-191.

nécessairement la question de l'interprétation de la multiplicité des groupes sociaux et de leur articulation[3], question qui requiert une analyse de la nouvelle comme genre littéraire. Il y aurait peut-être en effet une oscillation constitutive à la façon dont les nouvelles, du moins aux XIVe et au XVe siècles, mettent en scène la société, entre consécration littéraire des groupes sociaux existants, et usages satiriques[4]. Traiter de la représentation du monde politique semble impossible si on laisse de côté ces deux questions préalables. Néanmoins, deux considérations justifient qu'on puisse les mettre en suspens. Une observation d'abord : il apparaît bien difficile de considérer la nouvelle italienne comme un bloc – la question extrêmement complexe du rapport entre Sacchetti et Boccace en est d'ailleurs un indice[5] –, si bien qu'il n'est pas aussi simple de parler de « nouvelles » au sujet de Sacchetti au sens où on emploie le terme pour d'autres textes : dans le recueil, l'utilisation du terme apparaît comme plus quotidienne, moins littéraire que dans l'architecture narrative du *Décaméron*[6]. Une hypothèse ensuite : la mise en scène de

3 C'est à cette question que s'est confrontée une certaine école française de la lecture des nouvelles : *Cf.* Marina Marietti, « La crise de la société communale dans la *beffa* du *Trecentonovelle* », in André Rochon (dir.), *Formes et significations de la* beffa *dans la littérature italienne de la Renaissance*, Paris, Université de la Sorbonne Nouvelle, 1975 ; Claude Perrus, *Libéralité et munificence dans la littérature italienne du Moyen Âge*, Pise, Pacini, 1980. L'analyse porte essentiellement sur les rapports entre clergé, noblesse et bourgeoisie. D'autres analyses se sont concentrées, selon une optique à la fois littéraire et sociale, sur le rapport entre ville et campagne, c'est le cas des travaux de Michel Plaisance.

4 Il est souvent difficile de trancher, *Cf.* l'introduction de Giancarlo Mazzacurati au volume de la Pléiade. Voir également la construction du problème par Patrick Boucheron : « Vitupération, dévoilement et catégorisation sociale dans les *Novelle* du XVe siècle. Remarque sur une forme médiévale de méchanceté littéraire », dans Patrick Boucheron, Vincent Azoulay (dir.), *Le mot qui tue. Les violences intellectuelles, de l'Antiquité à nos jours*, Seyssel, Champ Vallon, p. 332-353 et « La sociologie implicite de la *novellistica* italienne de la fin du Moyen Âge », *Ce qu'ils vivent, ce qu'ils écrivent : mises en scène littéraires du social et expériences socialisatrices des écrivains*, Paris, Éditions des archives contemporaines, 2011, p. 537-566.

5 Antonio Corsaro, « Boccaccio e Sacchetti : incontri e dissociazioni », *The Italianist*, II (1982) ; M. Gagliano, « Le *Trecentonovelle* et le *Décaméron*… » ; Bruno Porcelli, « Boccaccio in Sacchetti », *Giornale storico della letteratura italiana*, 575 (1999), p. 355-362.

6 La célèbre analyse de Michelangelo Picone semble fonctionner pour Sacchetti mais l'emploi même du mot « novelle » par Sacchetti n'est pas purement littéraire mais est au contraire fortement marqué par une volonté de véridicité historique : Irena Prosenc Šegula, « "E io scrittore" : stratégies narratives et vérité historique dans le *Trecentonovelle* de Franco Sacchetti », *Cahiers d'études italiennes* [En ligne], 6 | 2007, mis en ligne le 15 novembre 2008, consulté le 20 août 2019 : URL : http://journals.openedition.org/cei/854 ; DOI : 10.4000/cei.854.

la politique ne constitue pas, chez Sacchetti, un thème parmi d'autres, mais un axe fondamental. S'il est passé à la postérité comme auteur de nouvelles, Sacchetti doit aussi pouvoir trouver sa place dans une histoire florentine de l'écriture du politique qui va de Dino Compagni à Machiavel[7]. De ce point de vue, l'étude de la thématique politique du recueil se justifie comme objet autonome. Ce qui ne signifie pas, bien entendu, que les *novelle* se laissent ramener à un discours univoque, notamment si l'on s'en tient au discours du narrateur, parfois inattendu, mais aussi, et peut-être plus encore, si l'on tente de saisir toute la complexité du comique politique, car la variété des procédés semble toujours l'emporter sur la représentation d'un discours nettement défini[8]. Dans notre étude, un aspect sera donc au premier plan : la signification « politique » des usages du comique. On serait tenté, de prime abord, d'esquisser rapidement le point de vue dominant du recueil, celui d'un déclin, ou plutôt d'un état de corruption généralisée qui s'opposerait à un état antérieur. Mais le monde politique des *Trecento Novelle* frappe par sa présence, son épaisseur, son relief, sa puissance figurale et exemplaire, la représentation appuyée voir hypertrophiée de la corporéité, délibérément éloignée de toute considération abstraite. C'est précisément dans ce labyrinthe qu'il s'agit de se frayer un chemin, car le recueil – et en particulier la dynamique récit-commentaire – tend à complexifier, à singulariser, à « pragmatiser » le jugement, pour prendre en défaut toute velléité d'abstraction.

7 *Cf.* L'ouvrage d'Andrea Matucci, *Machiavelli nella storiografia fiorentina. Per la storia di un genere letterario*, Firenze, Olschki, 1991, est fondamental pour notre propos. Centré sur l'écriture de l'histoire, ce livre s'efforce de mettre en résonance les problématiques littéraires de l'écriture de l'histoire et celles de la nouvelle : une telle porosité plaide en faveur d'une dimension politique de la nouvelle, qu'elle partagerait avec l'historiographie.

8 *Cf.* Les pages consacrées par Antonio Corsaro à Sacchetti comme *poeta del movimento* qui se plaît à dépeindre un monde complexe et dépourvu d'unité : *un mondo discontinuo, passibile di essere riprodotto da diverse angolature e senza mediazioni*, « Cultura e meccanismi narrativi del *Trecentonovelle* di Franco Sacchetti », *Filologia e critica*, 6, 1, 1981, p. 22-49, p. 49.

COMIQUE POLITIQUE ET COMIQUE DU POUVOIR

Chez Sacchetti, le champ politique est étendu et varié : il comprend la mise en scène du pouvoir – sous un grand nombre d'aspects –, mais aussi, dans une moindre mesure, celui de la conflictualité politique. Il concerne aussi les relations entre les groupes sociaux : chevaliers et marchands, citadins et paysans, artisans majeurs et artisans mineurs, clercs de tout rang, dessinant une cartographie somme toute assez complète et assez nette de la stratification sociale : il s'agit là du trait qui l'apparente le plus aux autres recueils de nouvelles. L'importance des dynamiques sociales ayant déjà été largement mise en lumière[9], nous avons choisi de nous concentrer sur la situation de pouvoir, de supériorité ou de prééminence, qui met en scène un seigneur, un magistrat, un capitaine, un gentilhomme, un clerc ou un médecin, etc.

C'est bien cette situation, chez Sacchetti, qui est la plus productive d'un point de vue narratif. On pourrait même dire que le pouvoir apparaît d'abord comme une dynamique narrative fondée sur l'incertitude : celui qui détient l'autorité a la capacité de faire basculer le récit dans un sens ou dans l'autre, et c'est cette attente, cette incertitude, attachée à un pouvoir généralement représenté comme arbitraire, qui constituent souvent le ressort principal du récit. La plupart du temps, il s'agit d'un pouvoir sur les corps, d'un pouvoir de contraindre, d'enfermer ou de libérer, de laisser vivre ou de faire mourir. L'incertitude narrative atteint son paroxysme dans les scènes de procès, ou dans le face à face entre bouffons et seigneurs, dont Bernabò fournit l'exemple le plus saisissant. Dans ce cas, deux issues possibles : le châtiment ou la clémence, la rigueur ou l'indulgence, la cruauté et/ou la légèreté. Dans tous les cas, l'incertitude permet à l'ingéniosité des personnages et à l'art de la parole de se déployer. S'il est vrai que « ce qui caractérise le déroulement de la *beffa* [la farce moqueuse, N.d.A.] chez Sacchetti, c'est l'importance qu'y acquiert la parole tant au niveau de la mise en scène qu'au niveau de l'action proprement dite[10] », il n'en est pas moins vrai que c'est la survie du personnage soumis au pouvoir, sa liberté ou son intégrité corporelle

9 *Cf.* Marina Marietti, « La crise de la société communale… », *op. cit.*

10 *Ibid.*, p. 23.

qui sont en jeu : l'intensité du drame provient souvent de la nécessité d'échapper à une contrainte physique possiblement létale.

Définir la dimension comique attachée à ces situations constitue l'objet de notre enquête. Certes, la dérision en est une composante évidente[11], dérision qui se colore elle-même, dans la civilisation communale, d'une forte nuance sociale et politique[12]. Dans cette optique, devenir objet de dérision signifie subir une exclusion sociale et politique dans le jeu de la conflictualité citadine. Chez Sacchetti, la dérision prend souvent la forme d'une autodérision, et concerne au premier chef des personnages humiliés ou qui s'humilient eux-mêmes face au pouvoir ; soit parce que certains personnages ne comprennent pas la puissance qui pèse sur eux (un péché d'analyse que la *beffa* vient punir, comme dans le cas du cordonnier confronté à Ridolfo da Camerino, nouvelle XC) soit parce que certains personnages choisissent de « prendre » la dérision « sur eux », de l'*incorporer*, dévoilant ainsi, par leur soumission physique[13], le pouvoir auquel ils se soumettent : ce faisant, ils rendent le pouvoir comique, et donc, en un sens, le détournent ; ils en proposent ce qu'on pourrait appeler une incarnation parodique. Ainsi, très souvent, certains personnages opèrent un véritable sacrifice comique dont l'exemple le plus frappant est celui de Basso della Penna qui se met lui-même en cage devant Aldobrandino d'Este, seigneur de Ferrare (nouvelle VI). De son côté, l'autorité établie est rarement tournée en ridicule (à part quelques exceptions fondamentales comme les magistrats de Florence) : Bernabò, Ridolfo da Camerino, malgré leur caractère insolite ou extravagant, ne sont pas ridiculisés par des farces ou des bons mots, mais sont plutôt des auteurs de plaisanteries comiques. On observe

11 *Formes et significations de la Beffa dans la littérature italienne de la Renaissance. 1 : Boccace, Machiavel, Grazzini, Bandello, Straparola, Parabosco, Giraldi Cinzio*, Paris, Université de la Sorbonne Nouvelle, 1972 ; Anna Fontes-Baratto, *De qui, de quoi se moque-t-on ? Rire et dérision à la Renaissance*, Paris, PSN, 2004.

12 Jean-Claude Maire-Vigueur, « Dérision et lutte politique : le cas de l'Italie communale », *La dérision au Moyen Âge : de la pratique sociale au rituel politique*, Actes de la journée d'études « Pratiques de la dérision au Moyen Âge », Paris-Sorbonne, 29 novembre 2003, dir. Élisabeth Crouzet-Pavan et Jacques Verger, Paris, PUPS, 2007, p. 191-204.

13 Sur les usages de la parodie chez Sacchetti, les contributions manquent. Voir les articles cités de Patrick Boucheron ainsi que l'article de Cécile Terreaux-Scotto dans le présent volume. Pour une historicisation de la question du comique dans la *novellistica* italienne de la fin du Moyen Âge, *Cf.* Nino Borsellino, « Il comico », in *Letteratura italiana, Le Questioni*, a cura di A. Asor Rosa, Torino, Einaudi, 1986, p. 419-457 ; Carlo Delcorno, « Ironia/Parodia », in *Lessico critico decameroniano*, a cura di Renzo Bragantini et Pier Massimo Forni, Torino, B. Boringhieri, 1995 et Giulio Savelli, « riso », *ibid.*, p. 344-371.

ainsi, dans les *Trecento Novelle*, une forte polarisation entre les personnages détenteurs du pouvoir et les personnages qui sont les objets du pouvoir, placés devant lui ou face lui. Dans cette polarisation, le corps des seconds, sa liberté, son intégrité, sa dignité, deviennent un enjeu fondamental. C'est du corps et des corps que s'observe et se représente le pouvoir chez Sacchetti, et précisément en ce qu'il concerne au premier chef la sphère « basse » de l'humanité. En somme, le pouvoir est comique par définition.

UNE TENSION CARNAVALESQUE IRRÉSOLUE

Devant cette omniprésence du corps, il conviendrait de mettre une hypothèse à l'épreuve. Le comique politique de Sacchetti serait-il carnavalesque, au sens bakhtinien du terme[14] ? Une telle conceptualisation ne serait pas pour nous sans intérêt, si l'on se rappelle que le carnaval et son comique bas, corporel et obscène, fondé sur le renversement des valeurs établies s'inscrit dans une subversion totale des coutumes et des pouvoirs dont l'effet est, paradoxalement, de consolider l'ordre établi. Pour ce qui est de Sacchetti, il existe indéniablement des éléments qui relèvent d'un comique carnavalesque[15] mais la plupart du temps, ceux-ci sont adossés à d'autres éléments qui en limitent considérablement la portée. En premier lieu, il faut noter que l'effet de renversement ne va jamais jusqu'à la subversion de l'autorité : par exemple, le Génois de la nouvelle LXXXII, qui urine sur le serviteur, agit sous les ordres de Bernabò[16]. Le rituel chevaleresque est effectivement détourné, mettant en lumière le pouvoir

14 Nous nous référons ici bien sûr à Mikhaïl Bakhtine, *L'œuvre de François Rabelais et la culture populaire au Moyen Âge et sous la Renaissance*, Paris, Gallimard, 1970.

15 Michele Angelo Lupo, *Elementi carnevaleschi nel Decameron*, in *Critica letteraria*, 77 Napoli, Loffredo, 1992. Chez Sacchetti, c'est le cas de la nouvelle LXXXII, mettant en scène Bernabò Visconti et contenant « une parodie obscène du rituel chevaleresque », *Cf.* Patrick Boucheron, « "Bien qu'il fût cruel, il y avait dans ses cruautés une grande part de justice" : l'étrange popularité littéraire d'un justicier exemplaire, Bernabò Visconti », in Olivier Mattéoni et Nicolas Offenstadt (dir.), *Un Moyen Âge pour aujourd'hui. Mélanges offerts à Claude Gauvard*, Paris, PUF, Paris, p. 63-71 ; c'est aussi le cas de la nouvelle CCXIX, qui met en scène une affreuse parodie d'accouchement (*Cf.* l'article, dans le présent volume, de Cécile Terreaux-Scotto).

16 *Le Trecento Novelle*, p. 179-182. Nous citons Sacchetti dans l'édition de Michelangelo Zaccarello : Franco Sacchetti, *Le Trecento Novelle*, Firenze, Edizioni del Galluzzo, 2014.

autoritaire de Bernabò, son caractère paroxystique et obscène. Ainsi, représenter le pouvoir ne signifie pas le tourner en dérision mais plutôt accentuer comiquement certains de ses traits. Dans la nouvelle x, qui met en scène messer Dolcibene déféquant dans la vallée de Josaphat[17], nous sommes en face d'une série d'éléments qui pointent tous vers un comique carnavalesque : la corporéité basse et obscène opère en effet une désacralisation de la signification spirituelle et sacrée, justement, du lieu ; le mouvement vers le bas, opposé au mouvement vers le haut, tourne en dérision le dogme de la résurrection des corps. Là encore, il ne s'agit pas de détournement dans la représentation du pouvoir mais de la désacralisation obscène d'un lieu doté d'une valeur eschatologique visant à amuser les deux gentilshommes que Dolcibene accompagne : les deux chevaliers, du haut de leur monture qui manifeste aussi leur rang social, contemplent, amusés, le spectacle que leur offre Dolcibene ; tout comme à Bernabò, le comique leur est adressé, ils sont les destinataires premiers du bouffon qui se rabaisse pour les faire rire, et ce rire est son pouvoir. En second lieu, les motifs bas et obscènes, lorsqu'ils sont en relation avec la politique, sont associés à une morale qui s'inscrit dans la durée. Contrairement au carnaval, qui peut se permettre tous les excès parce qu'il est limité dans le temps, et qu'il n'abolit pas l'ordre établi mais le consolide en le reflétant, le comique de Sacchetti porte sur un horizon temporel indéfini. Les nouvelles comico-politiques s'enracinent dans un passé proche et dans un présent où le lecteur se trouve associé. La morale que le narrateur tire de ces nouvelles correspond à une méditation sur la façon dont il faut se comporter à l'égard d'un pouvoir imprévisible et potentiellement violent, elle associe la déploration d'une forme de déclin moral, d'une corruption généralisée et la valorisation de la ruse (*astuzia*), ou de la drôlerie (*piacevolezza*), défensive ou offensive, qui permet d'échapper aux coups du sort ou d'empocher certains gains. Ainsi la ruse – arme privilégiée des femmes, dans le *Décaméron*[18], pour échapper aux contraintes et aux violences sociales dont elles sont l'objet –, devient l'arme des bouffons lorsqu'ils sont confrontés à un pouvoir multiforme, caractérisé par un arbitraire redoutable[19], dont ils entendent tirer profit. Enfin, en troisième lieu, l'inversion de toutes les valeurs est le propre de la

17 *Le Trecento Novelle*, p. 24-25.

18 Claude Cazalé-Bérard, « Filoginia/Misoginia » in *Lessico critico decameroniano*, *op. cit.*, 1995, p. 116-141.

19 Sur la dimension arbitraire du pouvoir tel qu'il est représenté dans les *Trecento Novelle*, *Cf.* l'article d'Ilaria Tufano dans le présent volume.

société elle-même : au fond, le comique politique de Sacchetti est beaucoup plus radical dans sa portée que le comique carnavalesque, car en mettant en scène des hommes de pouvoir cruels et tyranniques, le narrateur entend dévoiler combien l'ordre politique et social contemporain est scandaleux à ses yeux. L'ordre politique (les institutions et les hommes qui en ont la charge) ne sont mis en scène que pour étaler l'injustice et la folie. En un sens, ce type de renversement comique est contigu, sans s'y identifier pleinement, avec de larges pans de la culture religieuse médiévale, notamment de la prédication[20], de ce que Carlo Ginzburg a nommé le « paradoxe chrétien[21] ». Mais l'objectif de Sacchetti n'est pas tant, dans ses nouvelles, d'opposer la cité terrestre à la cité céleste que de dévoiler précisément en quoi le monde contemporain déraisonne. Différent du renversement comique présent chez les prédicateurs, le renversement propre à Sacchetti l'est tout autant que celui qui caractérise le chef d'œuvre boccacien : la peste boccacienne, catastrophe brutale et effroyable qui donne lieu au redéploiement d'un monde au moyen de complexes stratégies narratives et discursives. Chez Sacchetti, la corruption de la société est plutôt observée par le narrateur unique des *Trecento Novelle* comme un lent déclin, inexorable, comme la contemplation d'une évolution inévitable et irréversible, une observation teintée de nostalgie, qui nourrit l'expérience, et conditionne l'élaboration d'une sagesse empirique. Le comique qui s'y joue est donc d'un autre ordre : quoiqu'on puisse y déceler un tropisme carnavalesque, dans le recours à un comique bas, corporel, scatologique ou répugnant, les *Trecento Novelle* ne jouent pas avec les institutions pour consolider leur assise, mais orientent plutôt le lecteur vers la contemplation, amusée mais amère, de leur défaillance ordinaire.

20 Roberto Alessandrini et Michelina Borsari (dir.), *Il sorriso dello spirito : riso e comicità nella cultura religiosa dell'Occidente*, Modena, 2000 ; Felice Moretti, « Sorridere sul pulpito, ridere in piazza : Gli *exempla* nella predicazione del XIII secolo », *Studi francescani*, 98, 2001, p. 131-178. Sur les liens avec la littérature, *Cf.* Susanna Barsella, « Il riso dei padri. Il caso di Madonna Filippa (*Dec.*, VI, 7) », *Humanistica. An International Journal of Early Renaissance Studies*, 4, 2, 2009, dossier « Comicità e stile nel Boccaccio », dir. M. Ciccuto et F. Furlan, p. 13-22.

21 Paradoxe dont François d'Assise serait le génial interprète : « *L'originalità del genio religioso di Francesco consiste proprio in questo : nel tentativo di identificare il paradosso carnevalesco con il paradosso cristiano. Con la sua sola presenza egli testimonia la falsità dei valori comunemente accettati. Il rovesciamento carnevalesco delle consuetudini viene a coincidere con la sapienza cristiana che è follia agli occhi del mondo* », Carlo Ginzburg, « Folklore, magia, religione », *Storia d'Italia*, vol. 1, *I caratteri originali*, Torino, Einaudi, 1972, p. 15-16.

LA FONCTION RÉVÉLATRICE DES RESSORTS COMIQUES
L'astuce et la simplicité

Ce qui prime, dans l'ensemble du recueil, c'est la mise en scène d'une intelligence comique, volontiers méchante et retorse, ou de son contraire, une naïveté (*semplicità*) confondante qui expose immanquablement certains personnages aux déploiements pervers d'une volonté implacable. On pourrait illustrer ce ressort par un très grand nombre de nouvelles, notamment des bouffons comme messer Dolcibene ou Ribi[22] qui constituent l'un des liens entre la sphère du pouvoir politique et la sphère des autres activités humaines. L'un des exemples les plus éclairants est sans doute Basso della Penna confronté aux desseins peu honorables d'un groupe de tricheurs génois[23]. Ici, il n'est pas expressément question de politique, mais l'ingéniosité du personnage lui permet d'échapper à une stratégie collective de manipulation : grâce à une poire pourrie et à une mouche, il parvient ainsi à renverser la situation sans que les tricheurs, malgré leurs soupçons, parviennent à le démasquer (tant la ruse est simple et triviale, il est question de « poires pourries » et de « mouche »). Il est intéressant de noter que la morale (« *spesse volte l'ingannatore rimane a pié dello 'ngannato* ») est utilisée par deux fois dans le *Décaméron*, pour la nouvelle II, 9 de Madonna Zinevra épouse de Bernabò da Genova trompé par Ambrogiuolo, et pour la nouvelle III, 5 de Zima dont le cheval est convoité par messer Francesco Vergellesi. Dans les deux cas, il est question de la négation de la volonté et du désir des femmes. Chez Sacchetti, c'est le personnage astucieux confronté à un ou des personnages autoritaires ou manipulateurs qui remplace les femmes du *Décaméron* confrontées à diverses formes d'oppression. Il n'est pas anodin que le même Basso della Penna soit le héros de la nouvelle VI, déjà mentionnée, où il parvient à satisfaire une requête impossible de son seigneur. La ruse des personnages se déploie parfois pour déjouer les desseins de personnages plus puissants qui entendent imposer leur volonté aux plus faibles.

---

22 *Messer Dolcibene* : nouvelles X, XXIV, XXV, XXXIII, CXVII, CXLV, CLIII, CLVI, CLXXXVII ; *Ribi* : XLIX, L. En général, dans la morale finale, le narrateur se range du côté du bouffon.

23 *Le Trecento Novelle*, nouvelle XVIII.

D'autres personnages, comme Alberto da Siena, représentent l'envers de l'ingéniosité impertinente des bouffons. Sa naïveté et son imbécillité ont pour lui la même fonction protectrice que la ruse pour ces derniers. Bouffon malgré lui, sa simplicité involontaire est sa meilleure arme. Dans la nouvelle XI, un gentilhomme siennois et un inquisiteur (deux personnages éminents) lui font croire qu'il sera condamné pour hérésie : on lui demande de réciter le *pater noster* et comme il est bègue, il ne parvient pas à prononcer le verset *Dona nobis hodie panem nostrum* et s'en prend grossièrement à « cette putain de Donna Bisodie » (« *quella puttana di donna bisodia* »). Le narrateur souligne bien que sa simplicité d'esprit le sauve :

> *Belle sono l'inventive dei gentiluomini per aver diletto di nuove e di semplici persone; ma più bello fu il caso che la fortuna trovò in Alberto, essendo impacciato da donna Bisodia; e forse se Alberto fosse stato un ricco uomo, l'inquisitore gli avrebbe dato tanto ad intendere ch'e' si sarebbe ricomprato coi suoi denari per non essere arso o cruciato*[24].

La morale révèle que cette méchante plaisanterie repose sur des rapports sociaux inégaux qui sont aussi des rapports de pouvoir : Alberto est la victime de plus puissants que lui, et son à-propos involontaire compense sa pauvreté. Dans son commentaire moralisant, Sacchetti note que dans d'autres cas, c'est la richesse qui peut permettre d'échapper à d'épouvantables supplices corporels. Des ressorts semblables sont utilisés dans la nouvelle XIV[25], où il est question de l'autorité paternelle : ses amis suggèrent à Alberto da Siena, pour se moquer de lui et pour résoudre les conflits qui l'opposent à sa marâtre, d'avoir des rapports sexuels avec elle ; il obtempère et parvient ainsi à de multiples satisfactions qui lui confèrent une forme de liberté, non sans susciter l'ire paternelle. Dans une scène symbolique importante, il évite les coups que lui assène son père pour le punir. Cette esquive, à la fois physique et morale, lui permet d'obtenir les mêmes résultats qu'un stratagème savamment élaboré ; totalement dépourvu d'*ingegno*, il réussit à la fois à neutraliser le pouvoir de nuisance de sa belle-mère, à en tirer profit et à

---

24 *Le Trecento Novelle*, XI, p. 28 : « Belles sont les inventions des gentilshommes pour se distraire aux dépens de personnes singulières et simples ; mais plus belle encore fut la trouvaille née fortuitement de l'embarras d'Alberto avec donna Bisodie ; et peut-être que si Alberto avait été riche, l'inquisiteur lui aurait tenu de tels discours qu'il aurait fini par se racheter avec ses propres deniers pour ne pas être brûlé ou torturé ».

25 *Le Trecento Novelle*, XIV, p. 32-33.

se soustraire en partie à l'autorité de son père. Ces nouvelles ne sauraient être lues comme des éloges paradoxaux de la bêtise : il faut plutôt y voir, en creux, l'exaltation de l'*ingegno* (l'ingéniosité pleine d'à-propos) et de la *malizia* (la propension à imaginer des stratagèmes malhonnêtes), indispensables pour se libérer d'un joug importun. Cette mise en scène d'une volonté de contraindre, par la manipulation ou l'autorité sociale, nous permet de percevoir la continuité qui existe entre les nouvelles dont la thématique est politique et les autres : dans tous les cas, le pouvoir qui s'exerce sur l'individu est source de désagréments ; seule l'ingéniosité parfois retorse ou malveillante peut être de quelque utilité. On ne peut résister à la menace que constitue le pouvoir en usant des mêmes armes que lui, tant le rapport est inégal, dissymétrique, abyssal : le comique de la ruse révèle ainsi toujours l'incommensurabilité de celui qui détient le pouvoir et de celui qui le subit.

RIRE AVEC LES PUISSANTS
Le *sollazo* et la sacralité du pouvoir

Si le recours au comique ne conduit pas à une désacralisation de l'autorité, il permet de mettre en scène le rire de l'autorité. Ainsi, dans la nouvelle XLIX, Ribi refuse obstinément et de façon irrésistiblement comique, de témoigner à un officier le respect qui lui est dû : alors qu'on lui reproche, lors d'un contrôle de nuit, au sortir d'une fête, que sa torche est plus grosse et plus lourde que ne l'exige le règlement, Ribi souhaite à l'officier « [qu'il ait] la différence dans le cul ! ». Mais en réalité, précisément dans cette nouvelle, Ribi finit par établir une connivence avec le podestat devant lequel il comparaît qui désavoue l'officier bafoué, passant outre les mauvaises dispositions d'un de ses juges hostiles aux Toscans. La victoire de Ribi est bien de *rire avec* le podestat, et le narrateur loue même l'intelligence de ce dernier pour n'avoir pas déchaîné son autorité sur un bouffon, comme si celui-ci était, en un sens, sacré, intouchable, extérieur au cours normal des choses, précisément en ce qu'il dévoile en retour, par une plaisanterie obscène insupportable, la sacralité du pouvoir, sa parfaite immunité corporelle. Car l'officier n'a été agressé qu'en mots... Malgré l'offense verbale, le pouvoir de contraindre demeure intact. C'est précisément pour cette raison que la parole peut l'investir de ses pouvoirs comiques. Cette nouvelle offre par ailleurs un point de rupture avec le *Décaméron* : dans la Cinquième nouvelle de la Huitième journée, Maso del Saggio et Ribi font semblant d'avoir un litige pour mieux s'approcher d'un juge venu des Marches, Niccolò di San Lepidio, et lui retirer son pantalon. Mais dans ce cas, le podestat ne rit pas, mais fait profil bas :

> *Il podestà, d'altra parte, sentitolo, fece un grande schiamazzo; poi per suoi amici mostratogli che questo non gli era fatto se non per mostrargli che i fiorentini conoscevano che, dove egli doveva aver menati giudici, egli aveva menati becconi per averne miglior mercato, per lo migliore si tacque, né più avanti andò la cosa per quella volta*[26].

Dans le *Décaméron*, le narrateur, Filostrato évoque avec mépris les juges venus des Marches, avec des mots extrêmement cruels : « *li quali generalmente sono uomini di povero cuore e di vita tanto strema e tanto misera, che altro non pare ogni lor fatto che una pidocchieria*[27] ». Filostrato valide ainsi la vengeance sociale signifiante des bouffons : par une dénudation comique, ils ont dévoilé la pauvreté morale de ceux qui sont censés accomplir une fonction sociale de haute valeur. Chez Sacchetti, les détenteurs de l'autorité ne sont pas si inoffensifs, au contraire. C'est ce que révèlent les mises en garde du podestat rieur que Ribi a su mettre de son côté :

> *Vacci con Dio; per questa fiata t'aio perdonato, e guardate bene per un'altra volta, quando la cera fosse di più peso, ad un altro cavaliere non dicessi simili parole; perché, benché tu non dicessi con l'aste, e la cera fosse tanta quanto vuole lo statuto che sia, et ella entrasse al cavaliere dove tu dicesti, sarebbe sì pericoloso che tu potresti avere la mala ventura*[28].

26 « Le podestat, d'autre part, lorsqu'il apprit l'affaire, en fit tout un scandale; ses amis toutefois lui montrant qu'on ne lui avait fait cela que pour lui montrer que les Florentins savaient bien qu'au lieu des juges qu'il aurait dû amener, il avait amené des pécores pour s'en tirer à meilleur marché, il crut meilleur de se taire, et pour cette fois la chose n'alla pas plus loin », Jean Boccace, *Décaméron*, traduction française de Giovanni Clérico, Paris, Gallimard, 2006, p. 664-665, nouvelle VIII, 5.

27 « hommes manquant de cœur en général et dont la vie est si mesquine et si pingre qu'ils semblent quoi qu'ils fassent n'être que pouillerie », *Ibid.*, p. 661-662.

28 *Le Trecento Novelle*, nouvelle XLIX, p. 113 : « Tu peux t'en aller, répondit le podestat; pour cette fois, je te pardonne, mais fais bien attention à l'avenir, si la cire de ta torche pèse davantage, de ne pas dire de tels mots à un autre officier; car, bien que tu n'aies pas précisé avec le bâton, s'il y avait autant de cire que le spécifie la loi, et que la torche

Le « mot qui tue[29] », chez Sacchetti, peut aussi tuer celui qui le prononce : c'est pourquoi le mot ne « tue » pas vraiment, mais joue plutôt avec le pouvoir de tuer réellement. D'autres nouvelles peuvent également faire penser que le narrateur entend rabaisser certains personnages indignes de leurs fonctions, par exemple les ambassadeurs : il suffirait de s'aviner pour être un bon orateur, dans la nouvelle où l'écuyer siennois est désigné comme orateur par les trois gentilshommes ambassadeurs[30]. Or, si le premier temps de la nouvelle joue sur ce plan, son déploiement finit par valoriser l'écuyer : ayant bu, il fait en effet un orateur hors pair ; le fait qu'il soit écuyer est d'abord présenté comme une marque d'infériorité, le narrateur insistant bien sur la différence de statut, car l'écuyer craint bien de causer de la « vergogne » à ses compagnons. Mais à la fin, les quatre personnages réunis à l'auberge rient ensemble de bon cœur de la sortie finale de l'écuyer qui affirme qu'avec un verre de plus, il aurait bien mis son poing dans la figure du pape. La morale ne semble s'intéresser qu'à l'audace nécessaire à tout orateur, y compris devant le pape. Du point de vue narratif cependant, le rôle de l'écuyer est ici assez proche du rôle du « bouffon » qui est bien de *rire avec*. On rit ici de l'impossible, d'une force physique opposée à l'autorité éminente du pape, un rire qui, au fond, revient à laisser intact le prestige pontifical, et instrumentalise la sacralité de la fonction (l'homme que l'on ne peut toucher, que l'on ne saurait frapper, dont il est bon de rire en imaginant qu'on pourrait le frapper) au profit du comique.

De façon générale, le comique lié au pouvoir réintroduit une liberté à l'égard du corps ou bien une liberté du corps qui échappe à la contrainte silencieuse qui devrait être celle du corps sujet, à l'image de ce chevalier français qui s'oublie devant le pape[31]. Mais l'incident est rapidement neutralisé dans la mesure où cela procure au pape *gran sollazo*, un *sollazo* que ne peut éprouver que celui qui possède le pouvoir, qui est en quelque sorte son privilège. On peut citer d'autres exemples, comme le cas de Gonnella face au marquis d'Este qui l'avait condamné à mort[32] :

---

entrait par où tu dis, dans l'officier, ce serait si dangereux que tu pourrais subir un sort funeste ».

29 Je reprends à dessein le titre de l'ouvrage de Vincent Azoulay et de Patrick Boucheron, cité plus haut.

30 *Le Trecento Novelle*, XXX, p. 65-67.

31 *Le Trecento Novelle*, XXIX, p. 64-65.

32 *Le Trecento Novelle*, XXVII, p. 59-60.

le bouffon se présente devant le seigneur sur une charrette remplie de terre étrangère, ce qui lui permet d'échapper à la peine, comme si son corps, pourtant à proximité, était en réalité intouchable, inatteignable. Par le *sollazo* qu'il procure au seigneur, il rentre ainsi en faveur. Au début du XVIe siècle, Bandello réécrira cette nouvelle en imaginant une toute autre issue : la manœuvre du bouffon sera jugée comme un crime de lèse-majesté et le criminel exécuté. Malgré leurs issues différentes, les deux nouvelles sont très similaires. L'évolution des formes politiques de la seigneurie au siècle suivant donne toutefois à la nouvelle de Bandello une précision technique plus grande, visant « la qualification du délit de lèse-majesté, l'artificialité du dispositif de la souveraineté territoriale, le pouvoir de suggestion illimité de la scène d'échafaud[33] ». La comparaison avec Bandello confirme bien que le *sollazo* du seigneur dissimule – mal – le pouvoir arbitraire de disposer des corps.

LES NOUVELLES « FLORENTINES »

Les seigneurs demeurent des personnages redoutables, c'est le cas du marquis d'Este, comme on l'a dit, ou de la sombre fascination qu'exerce Bernabò, mais c'est aussi le cas des recteurs communaux, comme les podestats, qui exercent leur activité dans des cités libres : le terrible podestat de la nouvelle XLII, Macheruffo da Padova, défié par les *beffe* provocatrices des Florentins[34], en est un magnifique exemple. Toute la nouvelle se présente d'ailleurs comme une succession de descriptions évoquant des visions macabres. Ainsi, le podestat padouan est reçu par des plaisanteries de très mauvais goût : au matin, un certain nombre d'urinaux pleins sont cloués à sa porte (spectacle silencieux de cette *beffa* qui prend la forme d'une présence incongrue et impertinente d'une corporéité basse, d'une muette rébellion des corps). La mise en scène a déjà quelque chose de macabre, les urinaux cloués (*appiccati*) et exposés par le podestat dans la grande salle, annonçant une froide et terrible

33 Romain Descendre, « L'amour du bouffon et la justice du seigneur : Matteo Bandello, *Novelle* IV, XVII », *Chroniques italiennes web* 26 (3-4/2013).

34 *Le Trecento Novelle*, XLII, p. 100-103.

vengeance : cette présence de l'urine donne d'abord lieu à un développement théorique sur le rôle curatif, thérapeutique et médical de celui qui exerce la justice, métaphore topique s'il en est, à laquelle la nouvelle donne un sens extrêmement fort. La vengeance du podestat, méditée de nuit, se déploie avec une rigueur impitoyable et terriblement bénéfique :

> *Il qual podestà, come che fosse valentre uomo, mosso ancora dallo sdegno non dormìo ; ma con informazioni e con gran sollecitudine segretamente seppe chi erano quelli che erano di mala condizione e di cattiva vita. E cominciò ora uno per ladro, or due per micidiali, e quando tre e quando quattro, e mettitori di mali dadi e d'altre pessime condizioni, a spacciare e mandargli nell'altro mondo, et ancora fu in questo numero di quelli che avevano appiccati gli orinali. Et in breve tanti ne impiccòe, e tanti ne decapitòe e iustiziòe per ogni forma, che nella fine del suo offizio lasciò sì sanicata e sì guerita la nostra città che si riposòe per molto tempo assai bene*[35].

Mais dans cette nouvelle, point de *sollazo*, si ce n'est peut-être celui du lecteur. Et si ce dernier rit d'un rire libérateur, c'est bien que le pouvoir avec lequel on rit est un pouvoir de vie et de mort : l'usage de la cruauté dans l'administration de la justice semble être accepté par le narrateur comme une médecine radicale mais nécessaire[36]. Dans d'autres nouvelles, mais encore à Florence, le pouvoir est rendu impuissant, notamment par les institutions communales, lorsque la vengeance du magistrat est démesurée. C'est le cas de la nouvelle LXXXVII, où Maestro Dino di Geri Tagliamochi, gonfalonier de justice, au « gosier démesuré » ne parvient pas à obtenir l'assentiment de ses collègues pour exiler Maestro Dino da Olena qui le harcèle de ses plaisanteries obscènes : mais il s'agit là d'une situation particulière qui oppose deux citoyens florentins. Dans ce cas, il faut savoir accepter le rire et la moquerie, et « digérer » les offenses :

---

35 *Le Trecento Novelle*, XLII, p. 101 : « Le podestat, parce qu'il était un homme de valeur, également poussé par l'indignation, ne se laissa aucun repos ; mais, grâce à des informations et à force de diligence, il apprit en secret qui étaient les gens de méchante condition et de mauvaise vie. Et, notant tantôt l'un de voleur, tantôt deux autres d'assassins, parfois trois, parfois quatre, et même des pipeurs de dés, et d'autres de plus basse condition encore, il commença à les envoyer dans l'autre monde, et parmi eux il y eut aussi quelques-uns de ceux qui avaient suspendu les urinaux. Et, en peu de temps, il en pendit, décapita et exécuta tant, de toutes les façons, qu'à la fin de sa charge, il laissa notre cité si assainie et guérie qu'elle demeura longtemps en paix. »

36 Ce qui semble être dans le droit fil de l'évolution des pratiques judiciaires florentines contemporaines : Andrea Zorzi, *L'amministrazione della giustizia penale nella repubblica fiorentina : aspetti e problemi*, Firenze, Olschki, 1988.

> *Sempre conviene che fra li signori offiziali e brigate sia uno che per li suoi modi gli altri ne piglino diletto. Questo Dino Tigliamochi fu uno di quelli, ché non già per vizio che avesse, ma per costume, era biasimevole delle cose lorde, e non ne voleva udire né vedere. E perché maestro Dino ebbe piacere e diènne alli signori, perché si pigliassero sollazo di lui, contrasse con esso una fiera nimicizia, come avete udito. È però singolar grazia a Dio d'avere sì fatto stomaco che ogni cosa patisca*[37].

La colère du gonfalonier (« *che lo voleva pure per uomo morto* »)[38] n'aboutit qu'à une intensification et à une multiplicité des railleries, qui vont jusqu'à l'assimiler ironiquement à un grand roi tel que Charles Ier d'Anjou, ou « [*al*] *maggiore signore* [...] *di tutta Italia*[39] ». L'usage de l'ironie est ici particulièrement cruel, le comique dévoilant précisément l'inverse : malgré sa volonté de vengeance, un citoyen-gonfalonier ne saurait se comporter ni comme un roi ni comme un seigneur. Plutôt que de disposer de la vie (et donc du corps) de son harceleur, il lui faut subir dans sa chair (« digérer ») ses plaisanteries obscènes et scatologiques. Le *sollazo* des citoyens représente ici la communauté des citoyens liés par un lien politique[40]. Ici, le « rire ensemble » déjoue les tentations autoritaires du pouvoir politique des citoyens sur les citoyens, en même temps qu'il les dévoile.

Entre vengeance impitoyable et pouvoir impuissant, les nouvelles florentines semblent se caractériser par une ambivalence plus grande. Disséminées dans un ensemble plus vaste, dont Florence est le centre de gravité[41], elles forment le cœur problématique du recueil. Parmi les nouvelles

---

37 *Le Trecento Novelle*, LXXXVII, p. 205-206 : « Il est toujours bon que parmi des seigneurs en place et leur compagnie, il y en ait un dont les autres puissent se moquer, en raison de ses manières. Ce Dino Tigliamochi fut de ceux-là, car, non par vice, mais par habitude, il ne supportait pas les choses immondes et ne voulait ni les voir, ni en entendre parler. Et comme maître Dino s'en amusa et amusa les seigneurs afin qu'ils puissent le railler, une féroce inimitié s'ensuivit entre le gonfalonier et lui, comme vous l'avez entendu. C'est pourquoi il faut remercier Dieu de cette grâce toute particulière que d'avoir l'estomac capable de tout digérer ».

38 « qui voulait le voir mort », p. 205.

39 « au plus grand seigneur de l'Italie toute entière », p. 205.

40 On peut faire une analyse semblable de la nouvelle LXXXIII.

41 Temps et espaces s'articulent de façon cohérente autour des lieux et des époques significatifs pour Florence : les villes toscanes et les grands foyers commerciaux italiens jalonnent l'espace ; quant au temps historique, il se matérialise dans les grands modèles républicains de la Rome antique (nouvelle CCXXIV), la renaissance carolingienne (CCXXV), jusqu'aux grands événements contemporains qui ont affecté la ville : la seigneurie de Castruccio Castracani dans les années 1320 (V), celle de Gautier de Brienne, Duc d'Athènes, en 1342-1343 (CXX), le règne de l'empereur Charles IV (CXXXIII, CLIII, CLVI, CXCIII), la

florentines dotées d'une dimension politique, on peut en effet identifier deux types de nouvelles relevant de deux niveaux d'analyse différents :

1. Des nouvelles qui ridiculisent la lâcheté ou l'incapacité des recteurs communaux, comme la nouvelle de Rinuccio da Nello, qui est l'une des plus belles peintures de la Florence contemporaine, où un canasson traverse en mettant sens dessus dessous les rues commerçantes de la ville, jusqu'à Orsanmichele, haut lieu économique et symbolique des corporations. Ce canasson devenu fou, qui met la ville en tumulte, peut être considéré comme une métaphore du désordre créé par les hommes « bestiaux », ces travailleurs inférieurs à qui il est si dangereux de lâcher la bride. Mais ce sont surtout les hommes chargés du maintien de l'ordre qui sont tournés en dérision (en l'occurrence le podestat, le capitaine du peuple et l'exécuteur de justice), leur inaction coupable est vitupérée et mise en pleine lumière.

> *Or pensino, quelli che tengono gli stati, quant'è leggiera cosa quella che fa muovere a rumore i popoli ! Per certo che chi vi pensasse, quanto più gli paresse essere di grande stato, con maggior paura viverebbe. E se ciò è intervenuto in molti popoli già, pensa tu lettore, sotto qual fidanza si può star sicuro*[42].

Au delà de sa signification socio-politique, cette nouvelle met une nouvelle fois en scène une corporéité bestiale, débridée et violente, qui est ici moins assignée à l'objet du pouvoir (puisqu'elle lui échappe irrésistiblement), mais plutôt opposée à l'efficacité idéale du pouvoir : celle, précisément, de réprimer la rébellion du corps.

2. Des nouvelles mettant en scène un pouvoir autoritaire, ne serait-ce que de façon débonnaire et comique, comme pour Pino della Tosa (LXXIX), puissant (« grande ») florentin qui, se demandant combien de cavaliers seraient nécessaires pour prendre Florence, se voit répondre que lui-même l'a dominée, *signoreggiata*, pendant plusieurs années avec une simple mule :

---

guerre contre Pise de 1362 (XXXVI, XLI, CLVIII) la reconquête des États pontificaux de 1353-1367 (VII, CLXII, CCXXII), le pontificat d'Urbain V (CVIII, CXXI), la Guerre des Huit Saints de 1375-1378 (XXXVIII, LXI, LXXIII, CIV, CXXXII, CLXIII), la succession de Naples de 1379-1384 (XLI, CXCIII, CCIV, CCXIII), l'annexion d'Arezzo en 1384 (CCIV), la guerre contre Milan dans les années 1390 (CXXXV, CXLVIII).

42 CLIX, p. 396 : « Que ceux qui dirigent les États pensent combien il est facile de mettre en tumulte les communes ! Assurément, si quelqu'un y pensait, il vivrait d'autant plus dans la peur qu'il aurait un grand pouvoir. Et puisque cela s'est déjà produit dans de nombreuses communes, pense un peu, toi, lecteur, avec quelle confiance on peut vivre en sécurité ! ».

> *Dice messer Vieri :*
> *– Io l'ho molto per certo, che correrebbe Firenze, e con assai minor quantità, però che egli ha fatto assai maggior fatto, che egli l'ha signoreggiata con una mula già fa cotanti anni*[43].

Le récit n'est pas aussi innocent qu'il le paraît de prime abord, car le narrateur en profite pour condamner ceux qui « dominent » Florence actuellement :

> *Et oggi si può molto più credere questa novella, però che sono assai che senza cavallo o asino, e senza correrla, la signoreggiano ; et ancora dirò una cosa di più : che la signoreggiano senza far giustizia*[44].

Si le fait de dominer Florence monté sur une mule est la preuve qu'il n'est nul besoin pour cela de grandes forces militaires, alors il n'est pas non plus besoin de mule, ni d'autre animal. La mule signale à la fois la facilité avec laquelle on peut exercer une domination, tout en figurant cette dernière : dominer est aussi simple que d'être assis sur une monture docile. En somme, la mule devient une image de Florence elle-même, qui se soumet passivement au joug de ses nouveaux seigneurs. Dans cette nouvelle, les Albizzi, qui affirment leur prééminence sur la cité depuis le début des années 1390 aux dépens des corporations, ne sont pas expressément désignés, mais ils apparaissent à un autre endroit, dans la nouvelle CXCIII : messer Valore dei Buondelmonti s'invite à un banquet organisé par Piero degli Albizzi (CXCIII) pour y évoquer la roue de la fortune et suggérer malicieusement que la chute attend ceux qui ont atteint le sommet. Cette mise en garde fonctionne également comme une prophétie *post eventum* puisque Piero degli Albizzi fut exécuté en 1379 par un gouvernement populaire. Cette parole d'autant plus menaçante qu'elle émane d'un « grand » lui-même ridiculisé par un enfant dans une autre nouvelle[45]. Implicitement, donc, Sacchetti critique la domination des Albizzi comme un pouvoir qui tend à s'exercer à l'instar de celui des

---

43 LXXIX, p. 174 : « Pour ma part je suis bien certain, dit messire Vieri, qu'il pourrait prendre Florence, et avec encore bien moins de soldats que cela, car il l'a dominée avec une mule pendant un grand nombre d'années. »

44 *Ibid.*, p. 175 : « Et aujourd'hui on peut encore croire davantage à cette histoire, parce que nombreux sont ceux qui la dominent, sans cheval ni âne, et sans avoir eu à la prendre d'assaut ; et je dirai même mieux, qui la dominent sans rendre la justice. »

45 Dans la première nouvelle où il apparaît, la LXVII. La nouvelle, en elle-même, n'a pas de teneur politique explicite mais ce n'est pas un hasard si Poggio Bracciolini, dans sa

seigneurs : menace sur les corps, absence de justice. Ces deux niveaux d'analyse sont en réalité complémentaires : la défaillance des institutions communales traditionnelles explique la montée en puissance de nouvelles formes de pouvoir analogues aux seigneuries contemporaines. De sorte que ces efficaces nouvelles « florentines », si elles ne confèrent pas tout leur sens au recueil, tirent le leur dans l'économie générale de ce dernier : la nature comique du pouvoir n'est pas seulement le fait de ses incarnations parodiques que sont les seigneurs aussi bien que les bouffons qui agissent comme des révélateurs, mais elle concerne tous les pouvoirs, et Florence ne fait pas exception à la règle, bien au contraire[46].

Dans les *Trecento Novelle*, les nouvelles politiques sont comiques car elles s'attachent principalement à la sujétion des corps : de là, naissent situations et bons mots articulés autour d'une corporéité obscène, violente et rebelle qui met en scène le pouvoir comme une redoutable menace. Sans doute, le choix du genre « nouvelle » ou « facétie » l'impose-t-il, comme du reste la posture moralisante du narrateur. Mais les partis-pris d'écriture ne s'expliquent pas d'eux-mêmes : par ses mises en scènes variées, complexes et foisonnantes, Sacchetti se révèle surtout un observateur extrêmement attentif des enjeux contemporains. Comme celui d'autres *novellieri*, son message est « radicalement politique », il exprime « l'insupportable vérité du pouvoir tout en la voilant d'atours fictionnels[47] ». Cette vérité nue se manifeste crûment, comme pour ramener d'urgence le lecteur à la réalité humaine, corporelle et charnelle de tout pouvoir, et emprunte le détour de la fiction, pour mieux éprouver l'histoire. Tout en étant un spectateur sceptique et désabusé des mœurs politiques contemporaines, Sacchetti demeure fidèle à un paradigme idéologique communal : crainte de la dérive autoritaire de l'exercice du pouvoir, méfiance à l'égard des classes supérieures et inférieures, foi en l'exercice rigoureux de la justice. Cette fidélité traduit aussi la méfiance à l'égard de certaines transformations : la territorialisation des pouvoirs italiens, leur « étatisation » à mesure que leurs détenteurs conçoivent leur fonction avec une sacralité analogue à celle des rois, des empereurs

---

facétie 211, substituera à Buondelmonte un cardinal romain de la suite d'Eugène IV, un véritable homme de pouvoir.

46 Comme l'affirme Patrick Boucheron, « Car aucun des régimes, même ceux qui se parent de toutes les vertus civiques, ne saurait protéger les citoyens de la brutalité de cette force souveraine, inhérente à tout exercice du pouvoir », « Bien qu'il fût cruel… », *op. cit.*

47 Patrick Boucheron, « Bien qu'il fût cruel… », *ibid.*

ou des pontifes. Le rire sacchettien a aussi pour but d'humaniser – sans amoindrir le danger qu'il représente – tous les pouvoirs, et conserve ainsi intacte sa charge polémique et démystificatrice.

Laurent BAGGIONI
Université Jean-Moulin – Lyon III
UMR-CNRS 5206 – Triangle

TROISIÈME PARTIE

UN REGARD SUR LE MONDE

ÉTHIQUE ET POÉTIQUE DE FRANCO SACCHETTI

SACCHETTI, RÉCIT COMIQUE ET COMMENTAIRE MORALISANT DANS LES *TRECENTO NOVELLE*

Les modèles de Boccace et de Dante

Lorsqu'on entame la lecture du *Proemio* des *Trecento Novelle*, force est de constater que le *Décaméron* a joué un rôle décisif dans le projet de Sacchetti. Dans la première partie de ce texte liminaire où il expose son programme littéraire, l'auteur rend en effet un hommage appuyé à Boccace, pour reconnaître ensuite que c'est le succès fulgurant des *Cento Novelle* qui l'a incité à s'essayer à son tour au genre de la nouvelle :

> […] *e ragguardando infine all'eccellente poeta fiorentino messer Giovanni Boccacci, il quale descrivendo il libro delle Cento Novelle per una material cosa, quanto al nobil suo ingegno, quello è così divulgato e richiesto che insino in Francia et in Inghilterra l'hanno ridotto nella loro lingua* […][1]

C'est toujours dans le cadre de cet hommage que Sacchetti suggère, d'autre part, qu'un autre aspect crucial de son projet lui aurait été inspiré par Boccace. Le choix d'inscrire le *Décaméron* dans le champ d'une « littérature moyenne », destinée à un public non érudit (« […] le livre des Cent nouvelles, qu'il a écrit comme une chose fruste, eu égard à son noble esprit […] »), c'est en effet ce qui aurait autorisé Sacchetti à opter pour un mode d'expression sans prétention, adapté à un public de non lettrés. Ce mode de communication serait conforme à celui d'un « homme inculte et mal dégrossi » (« *uomo discolo e grosso* »), selon la formule que Sacchetti emploie tout de suite après pour se caractériser,

---

1 « […] et considérant enfin messire Jean Boccace, l'excellent poète florentin dont le livre des Cent nouvelles, qu'il a écrit comme une chose fruste, eu égard à son noble esprit, a été toutefois si divulgué et réclamé qu'il a même été traduit en France et en Angleterre […] ». Toutes les citations du recueil de nouvelles de Sacchetti sont tirées de Franco Sacchetti, *Le Trecento Novelle*, edizione critica a cura di Michelangelo Zaccarello, Firenze, Edizioni del Galluzzo, 2014. Cette première citation est tirée de la p. 3.

se pliant ainsi aux règles du *topos humilitatis*, mais en esquissant par la même occasion la physionomie de l'auteur implicite :

> [...] *io Franco Sacchetti fiorentino, come uomo discolo e grosso mi proposi di scrivere la presente opera e raccogliere tutte quelle novelle le quali, et antiche e moderne, di diverse maniere sono state per li tempi, et alcune ancora ch'io vidi e fui presente, e certe di quelle che a me medesimo sono intervenute* [...][2].

Cette physionomie risque toutefois d'être confondue – et a bien souvent été confondue – avec celle de l'auteur réel, dont le nom est mentionné juste avant (« *io, Franco Sacchetti fiorentino* »).

Quant au choix de privilégier une matière agréable, voire plaisante, destinée à divertir les lecteurs des malheurs qui les entourent, il semble être inspiré, lui aussi, du modèle boccacien, comme le suggère l'effet de perspective esquissé au tout début du *Proemio* et qui rappelle de près celui qui, dans le *Décaméron*, s'établit entre l'*Introduction* et le contenu du livre :

> *Considerando al presente tempo et alla condizione dell'umana vita, la qual con pestilenziale infermità e con oscure morti è spesso visitata : e veggendo quante rovine e quante guerre civili e campestre in essa dimorano ; e pensando quanti popoli e famiglie per questo son venute in povero e infelice stato, e con quanto amaro sudore conviene che comportino le miserie, là dove sentono la loro vita esser trascorsa ; e ancora imaginando come la gente è vaga di udire cose nuove, e spetialmente di quelle letture che sono agevoli a intendere, e massimamente quando danno conforto, per lo quale tra molti dolori si mescolino alcune risa* [...][3].

Des options si clairement énoncées, puis réalisées dans les *Trecento Novelle*, ont pendant longtemps incité la critique à se focaliser sur une

2 « [...] moi, Franco Sacchetti, Florentin, homme inculte et mal dégrossi, je me suis proposé d'écrire cette œuvre et de recueillir toutes les histoires qui, anciennes ou contemporaines, ont eu différentes formes au fil du temps, et d'autres encore que j'ai vues et dont j'ai été le témoin, et parmi celles-ci, certaines qui me sont arrivées [...] », *Ibid.*, p. 3.

3 « Considérant les temps présents et les conditions de la vie humaine, souvent frappée par le mal pestilentiel et des morts cruelles ; voyant combien elle est rongée par les destructions et les guerres qui touchent villes et campagnes ; pensant à toutes les cités et à toutes les familles qui ont sombré à cause de cela dans la pauvreté et l'infortune et avec quelles sueurs amères elles doivent supporter les malheurs quand elles sentent que leur vie touche à sa fin ; imaginant aussi combien les gens sont désireux d'entendre des extravagances, et particulièrement des lectures faciles à comprendre, qui plus est lorsqu'elles apportent le réconfort grâce auquel, à de nombreuses douleurs, se mêle parfois le rire [...] », *Ibid.*, p. 3.

comparaison serrée entre les *Cento Novelle* et le recueil de Sacchetti, pour parvenir souvent à la conclusion que l'ambition de ce dernier s'était avérée démesurée[4]. Ainsi, un préjugé s'est vite installé, qui a fait que certaines caractéristiques des *Trecento Novelle* qui sont incontestablement étrangères au modèle boccacien ont été écartées du champ d'étude, étant considérées comme la marque de la prétendue « incompétence[5] » d'un épigone qui méritait, au mieux, d'être classé dans la catégorie des « auteurs mineurs[6] ».

Récusant ce parti pris, cette étude entend au contraire apporter une contribution à la nouvelle approche critique de l'œuvre de cet auteur,

---

4 Au lieu de procéder à un résumé du débat critique autour de Sacchetti, nous renvoyons à Olindo Rampin, « Rassegna sacchettiana (1954-1995) », in *Lettere italiane*, XLIX (1997), n. 1, p. 113-158, nous limitant à citer en note, le cas échéant, certaines prises de position.

5 L'une des caractéristiques qui aux yeux de la critique a parfois justifié une certaine indulgence vis-à-vis de Sacchetti, est la prétendue « spontanéité naturelle » de son écriture : « *Nelle novelle, egli si svaga e si riposa, e vuol fare che si svaghino e riposino i lettori col ricordo di detti arguti, celie, bizzarrerie, beffe, stoltezze, che, nel corso della sua vita ha osservate o udite narrare o ricevute per tradizione. Non vi mise altro e non bisogna cercarvi altro, e, se dell'altro c'è, è quel suo buon senso e quella sua particolare forma di sapienza che già abbiamo veduta* », *Cf.* Benedetto Croce, « Il Boccaccio e Franco Sacchetti », in *La critica. Rivista di letteratura, storia e filosofia*, 29, 1931, p. 81-99 : 95. Et Franca Ageno d'ajouter : « *In una questione di preferenze nate dalle inclinazioni e dal gusto, appare ozioso tornare sulla consistenza del bagaglio culturale – in realtà assai più tenue che non si sia detto – del Sacchetti. Indipendentemente da questo bagaglio, in lui l'adesione istintiva ad una specie di naturalismo linguistico popolare si manifesta per duplice via : nella preferenza assoluta per i motivi che non impegnano gli strati profondi del sentimento e si svolgono sul piano della battuta di spirito, del dialogo comico, del frizzetto e dell'aneddoto, e nella opzione costante per le espressioni che non recano il crisma della letterarietà, e che sono quindi sentite come più efficaci e pittoresche.* [...] *il suo atteggiamento è molto meno riflesso, e la sua compiacenza deriva solo in minima parte da consapevoli principi stilistici ; quello, cioè, che negli altri è un fatto di natura soprattutto culturale e retorica, in lui è un fatto di simpatia istintiva e di ingenuità un po' rozza* », *Cf.* Franca Ageno, « Ispirazione proverbiale del *Trecentonovelle* », in *Lettere italiane*, vol. 10, n. 3 (luglio-settembre 1958), p. 288-305 : 288.

6 Une critique efficace de cette approche des auteurs de recueils de nouvelles de la fin du XIVe siècle est proposée dans Flora Di Legami, « Novellistica del tardo Trecento. Studi e questioni critiche », in *I cantieri dell'italianistica. Ricerca, didattica e organizzazione agli inizi del XXI secolo*, Atti del XVII congresso dell'ADI (Padova, 10-13 settembre 2014), a cura di Guido Baldassarri, Valeria Di Iasio, Giovanni Ferroni, Ester Pietrobon, Roma, Adi editore, 2016, p. 1-10. À titre d'exemple, nous citerons le point de départ de la réflexion menée ici : « *Come valutare scrittori cui ancora si guarda come a goffi replicanti o incerti seguaci di un modello prestigioso ? Come interpretare opere che, dietro il velo di un'apparente fragilità, esprimono una diversa idea di narrazione e una personale ricerca di sperimentazione stilistica ? La questione è ancora aperta. All'idea di "minorità" dei novellatori di fine Trecento ha certo contribuito una condizione storica disarmante : quella di successori di straordinarie personalità letterarie, rispetto alle quali qualsiasi figura non allineata a quei livelli non poteva che risultare sfocata, quando non rubricata in un cartiglio di piccolezza.* »

qui ne cesse de se développer[7], en présentant les résultats d'une enquête sur l'influence très significative qu'un autre illustre modèle a pu exercer sur Sacchetti.

Dans l'intention de jeter un éclairage nouveau sur la façon d'appréhender les *Trecento Novelle*, nous nous intéresserons tout d'abord à la question de son organisation particulière qui, si l'on s'en tenait à une comparaison avec l'architecture du *Décaméron*, ne pourrait être envisagée qu'en négatif. Pour ce faire, nous commencerons par procéder à une lecture de la deuxième partie du *Proemio* et nous nous tournerons ensuite vers le contenu des nouvelles elles-mêmes, en prenant en considération d'abord la représentation de certains personnages, puis des aspects d'ordre thématique.

Vers la fin de ce qui nous reste du *Proemio*, après s'être justifié pour la prédominance de la matière florentine et après avoir passé en revue la grande variété des personnages figurant dans ses nouvelles, Sacchetti fait allusion à la dimension moralisante de son œuvre, annonçant ainsi que l'évocation des vertus et des vices des différents protagonistes y occupera une place non négligeable :

> *E non è da maravigliare se la maggior parte delle dette novelle sono fiorentine* [...] *che a quelle sono stato prossimano* [...] *e se non al fatto, più presso alla* [*voce*] *e perché in esse si tratterà di* [...] *e di* [*diverse*] *condizioni di genti, come di* [...] *marchesi, conti e cavalieri e di* [*uomini*] *grandi e piccoli, e così di grandi donne e* [*mezz*]*ane e minori e d'ogni altra generazione; niente di meno nelle magnifiche e virtuose opere saranno specificati i nomi di quelli tali; nelle misere e vituperate, dove elle toccassino in uomeni di grande affare o stato, per lo migliore li nomi loro si taceranno, pigliando esempio dal vulgare poeta fiorentino Dante, che quando aveva a trattare di virtù e*

7 Un exemple parmi les plus précoces de cette nouvelle tendance de la critique est celui qu'offre Antonio Corsaro dans une étude consacrée à l'exploitation de la matière exemplaire par Sacchetti : « *Se pure temi orali sono presenti nel Trecentonovelle, è possibile reperire anche un numero cospicuo di fonti scritte o di corrispondenze con altri racconti (che pure rinviano a fonti scritte), tanto da smentire l'interpretazione di un autore spontaneo e volutamente incurante dei fatti letterari*; et plus loin : *Una rilettura del Sacchetti alla luce delle sue fonti mi sembra indicare insomma due caratteri opposti, in ardua compenetrazione reciproca : il gusto per una tradizione media, non certo quella orale e popolare, bensì dal contenuto "medio" (sia morale sia profano), di temi letterari ormai consacrati e delibati dai ceti borghesi ; e assieme, l'innovazione delle strutture, ossia dei meccanismi con cui quella tradizione entra e si anima di vita originale nel* Trecentonovelle », *Cf.* Antonio Corsaro, « Cultura e meccanismi narrativi del *Trecentonovelle* di Franco Sacchetti », in *Filologia e critica*, anno VI, fascicolo I, gennaio-aprile 1981, p. 22-49 : 24 et 32.

di lode altrui parlava egli, e quando aveva a dire i vizi e biasimare altrui lo faceva dire agli Spiriti[8].

C'est dans ce passage du *Proemio* que Sacchetti cite le nom de Dante, le seul autre auteur qui, après Boccace, soit mentionné dans ce texte liminaire.

Cette citation a généralement été négligée par les lecteurs des *Trecento Novelle*, pour des raisons qu'on ne peut que supposer : d'une part, la mention du nom de Dante est amenée d'une façon passablement détournée et maladroite, étant donné que le Dante comique se voit attribuer une pratique qui ne lui appartient pas ou très peu (« lorsqu'il devait traiter des vertus et faire l'éloge des uns, parlait lui-même, et lorsqu'il devait blâmer les autres et parler de leurs vices, le faisait dire aux esprits »)[9]. D'autre part, comme nous le savons, Dante figure à trois reprises parmi les protagonistes des nouvelles de Sacchetti et sa figure ou ses vers sont mentionnés dans sept autres nouvelles. Cette présence dantesque dans

8 « Et il n'y a rien d'étonnant si la plus grande partie de ces histoires est florentine [...] car je les ai vécues de près [...] si ce n'est dans les faits, du moins [parce qu'on me les a racontées] ; d'autant qu'il y sera question de [...] et de gens de diverses conditions, comme des [...] marquis, comtes et chevaliers, hommes puissants ou petits, ainsi que des dames de condition élevée, moyenne et basse, et de toute sorte ; de la même façon, pour les actions éclatantes et vertueuses, les noms de personne seront précisés ; pour les actions mauvaises et blâmables, si d'aventure elles concernent des hommes riches ou importants, mieux vaut que leurs noms soient tus, sur le modèle de Dante, poète florentin en langue vulgaire qui, lorsqu'il devait traiter des vertus et faire l'éloge des uns, parlait lui-même, et lorsqu'il devait blâmer les autres et parler de leurs vices, le faisait dire aux esprits. », Franco Sacchetti, *Le Trecento Novelle*, *op. cit.*, p. 3-4. Les crochets présents dans cette citation marquent les lacunes du texte telles qu'elles sont signalées par l'éditeur.

9 Cette réticence que Sacchetti attribue à Dante de façon, certes, peu compréhensible est inéluctablement interprétée par Barberi Squarotti selon le paradigme habituel : « *Un omaggio "allo eccellente poeta fiorentino messer Giovanni Boccacci" si legge anche nel proemio, giuntoci frammentario, del* Trecentonovelle, *che menziona anche Dante, con una singolare e probabilmente inconsapevole correzione delle parole di Cacciaguida nel Paradiso* [...] *volte a modello di una prudente reticenza* », *Cf.* Giorgio Barberi Squarotti, *La novellistica tardo medievale : Ser Giovanni Fiorentino, Sacchetti, Sercambi*, in *Storia della civiltà letteraria italiana*, vol. I. 2, *Dalle origini al Trecento*, Torino, UTET ; 1990, p. 905-929 : 906-907. Le critique entend sans doute pointer le « peu de culture » de Sacchetti, alors que, comme nous le verrons, il est incontestable que, parmi les chants consacrés à Cacciaguida, Sacchetti connaissait bien au moins *Paradis* XV et surtout XVI, des chants dont le contenu est certainement plus proche de ses préoccupations que ne l'est le chant XVII. S'il ne connaissait pas, ou peu, le chant XVII, ce qui reste à prouver, cela pourrait nous amener, avant toute chose, à nous interroger sur la réception de l'œuvre de Dante à Florence dans la deuxième moitié du XIVe siècle et sur la façon dont ses œuvres circulaient auprès d'un public plus vaste que celui des plus grands intellectuels.

les *Trecento Novelle*, qui ressort même à une première lecture, prouve sans conteste que l'auteur du recueil se range résolument dans le camp de ceux qui, à la fin du XIVe siècle et à la suite de Boccace, célébraient le culte de cette gloire florentine. Et c'est sans doute pour cela que la référence au nom de Dante dans le *Proemio* a été tenue en quelque sorte pour un simple hommage de rigueur[10].

Néanmoins, si l'on accepte d'accorder quelque crédit à la conscience littéraire de Sacchetti et à sa connaissance des codes rhétoriques, cette mention mérite au contraire notre attention, étant donné qu'elle intervient non pas dans le cadre des nouvelles, mais dans l'espace que l'auteur se réserve pour expliciter l'intention qui l'a guidé dans la conception de son recueil ou plutôt, ici, la double intention de joindre l'utile à l'agréable. Le fait qu'en exposant ce programme Sacchetti cite deux auteurs, dont chacun est étroitement lié à l'un des aspects envisagés, suggère en toute logique que, pour chacun de ces deux aspects, il entend s'appuyer sur un modèle précis et, surtout, sur deux modèles distincts : en ce qui concerne « l'agréable », la référence incontestable est Boccace. Pour ce qui est de « l'utile », son repère est en revanche Dante[11].

Selon cette lecture, l'importance de l'exemple dantesque ne se résume donc pas à l'exploitation de la figure ou des vers du poète à l'intérieur de quelques récits ou dans les commentaires qui les accompagnent et, d'autre part, elle pourrait ne pas se réduire à la volonté d'accorder une place non indifférente au discours moralisant à l'intérieur des nouvelles. Nous formulons en effet l'hypothèse que la *Comédie* de Dante aurait également inspiré le modèle du rapport que l'auteur entend instaurer avec son public, afin d'accroître sa propre autorité et, partant, l'efficacité de son discours.

Pour étayer notre point de vue, nous rappellerons tout d'abord l'indice le plus macroscopique de la distance que, sur le plan structurel, Sacchetti a établi entre son œuvre et le modèle boccacien : la suppression du récit-cadre, une suppression à laquelle il est le seul à avoir procédé parmi les premiers émules de Boccace. Ce qui nous importe de souligner ici, c'est que, loin de représenter une « déviation » immotivée voire

10 C'est, par exemple, ce que suggère Corsaro : « *Boccaccio è il primo nome che compare nel Trecentonovelle; per ciò che possiamo leggere del proemio è messo accanto solo a quello di Dante, ossia dell'autorità culturale per eccellenza* », *Cf.* Antonio Corsaro, *op. cit.*, p. 22.

11 Par ces remarques, nous n'entendons pas affirmer que Sacchetti aurait exclu tout autre modèle dans sa pratique de l'écriture, mais que Boccace et Dante constituent ses modèles de référence dans la définition de sa posture d'auteur.

maladroite[12], ce choix original entraîne des effets qui méritent d'être soulignés car l'abolition du récit-cadre, non seulement fait disparaître un filtre littéraire non négligeable entre l'auteur et son public, mais il valorise au plus haut point la voix de l'instance qui, à plusieurs niveaux, dit *je* dans le recueil. Et c'est aux multiples facettes de cette instance que nous allons nous intéresser à présent.

Comme nous l'avons vu, c'est dans le *Proemio* que fait sa première apparition le « je » qui accompagnera le lecteur tout au long du recueil : « Moi, Franco Sacchetti, Florentin » (« *io, Franco Sacchetti fiorentino* »). Par ce nom et cette épithète, Sacchetti convoque dans son recueil son personnage historique, celui d'un homme qui, à l'époque de la rédaction des *Trecento Novelle*, jouit déjà d'une renommée certaine auprès de ses concitoyens, par son activité littéraire, mais aussi par son activité publique, dans les domaines politique, administratif et culturel[13]. En abordant son recueil de nouvelles, cependant, le Franco Sacchetti historique restreint son image à celle d'« homme inculte et mal dégrossi » (*uomo discolo e grosso*), l'auteur implicite, celui qui, vis-à-vis de son public, entend privilégier une forme de communication qui se veut familière et spontanée. Cette forme d'expression littéraire est celle qui caractérise aussi bien le « je » du narrateur que celui du commentateur de ses propres récits ; des récits et des commentaires qui non seulement traitent d'une matière avant tout florentine, mais qui s'adressent en premier lieu à des lecteurs implicites également florentins[14].

12 À ce propos, nous citerons à nouveau Barberi Squarotti : « *Ancora, risultava irripetibile per questi scrittori la premessa più singolare del capolavoro del Boccaccio, e cioè la sospensione delle proprie idee di dotto, la messa tra parentesi delle proprie convinzioni in materia di religione e di superiorità della cultura elevata : un risultato che Boccaccio aveva ottenuto anche nascondendosi dietro i dieci novellatori, e limitandosi a narrare in prima persona solo la novella, per di più incompleta, inclusa nel proemio alla quarta giornata. I narratori tardomedievali sentono invece il bisogno di mettere in rapporto l'"io" scrivente e la materia rappresentata, non sanno e non vogliono costruire filtri che distanzino lo scrittore dall'opera* », *Cf.* Giorgio Barberi Squarotti, *op. cit.*, p. 905-906.

13 Pour une biographie récente de Franco Sacchetti, voir Michelangelo Zaccarello, *Sacchetti, Franco*, in *Dizionario biografico degli Italiani*, Treccani, vol. 89 (2017), web http://www.treccani.it/enciclopedia/franco-sacchetti_%28Dizionario-Biografico%29/. Pour le rôle culturel joué par Sacchetti à l'intérieur de Florence, voir en particulier Lucia Battaglia Ricci, *Palazzo Vecchio e dintorni*, Roma, Salerno, 1990.

14 À titre d'exemple : nouvelle « LIII « *Questo Berto Folchi fu un piacevol cittadino della nostra città, e leggiadro e innamorato ne' suoi dì.* » ; LXX : « *Nella nostra città fu un pratico et avvisato uomo chiamato Torello del maestro Dino* [...] » ; XCIII : « *In Firenze fu già uno piacevole e sollazevole*

De plus, non seulement Sacchetti se présente comme le témoin d'une partie des histoires racontées, mais il figure aussi en tant que personnage dans plusieurs nouvelles[15]. Ici, sa physionomie est tout aussi stylisée que celles des autres personnages du recueil, mais il est représenté invariablement comme un homme doué d'une clairvoyance reconnue par les autres et mise à profit pour affirmer des valeurs dictées par une qualité morale et un bon sens sans faille. Quelle que soit la nature de l'anecdote dont il est le protagoniste – des anecdotes avant tout plaisantes, dans le respect du modèle boccacien –, c'est cette image idéalisée de lui-même que forge « Franco Sacchetti ». D'autre part, son action étant exclusivement verbale, le rôle qu'il incarne en tant que protagoniste ne diffère pas de celui qu'il assume en marge des nouvelles lorsqu'il commente les actes d'autrui. Ainsi, les illustrations vivantes qu'il propose de lui-même, en tant qu'homme doué d'une grande finesse d'esprit, ne font que renforcer son autorité d'auteur-commentateur.

Au delà des caractéristiques spécifiques conférées à « Franco Sacchetti » dans les *Trecento Novelle*, ce travail de construction d'une instance multiple appelée « Franco Sacchetti », à mi-chemin entre figure historique et projection idéalisée, évoque sans conteste l'élaboration d'une instance de même nature que celle élaborée par Dante auteur, narrateur, protagoniste, témoin et commentateur de la *Comédie*. En s'éloignant de l'exemple de Boccace, c'est donc du modèle dantesque que Sacchetti a, selon nous, entendu s'inspirer dans la réalisation de la structure portante de son recueil. En opérant ce choix, l'auteur non seulement inscrit en partie – et à sa façon – son œuvre dans la lignée de la *Comédie* de Dante, mais à l'instar de son illustre prédécesseur, il confère à son recueil les contours d'un vaste espace de communication envahi par sa voix de témoin, de narrateur et de commentateur, dont l'autorité s'appuie également sur le prestige de sa figure historique et sur les représentations idéalisées qu'il propose de lui-même.

À propos de ces dernières, nous remarquerons d'autre part qu'à l'aide d'un procédé analogique consistant à faire de différents personnages

---

uomo, che ebbe nome Maso del Saggio, e fu sensale. Veggendo costui per la nostra terra una brigata di cittadini che avevono grandissimi nasi, pensò di ragunargli insieme tutti una mattina [...] » ; CLXXXIX : « *E' mi conviene venire a una novella d'un nostro cittadino* [...] ». Franco Sacchetti, *Le Trecento Novelle*, *Op. cit.*, p. 122 ; 153 ; 218 et 480.

15 Il s'agit des nouvelles CIV, CXII et CLI.

les protagonistes d'anecdotes similaires, Sacchetti parvient à créer une chaîne de représentations dont les effets méritent d'être remarqués.

En sélectionnant les exemples les plus probants, nous citerons tout d'abord la nouvelle XC où, s'inspirant d'un motif traditionnel[16] – ou bien en rapportant une anecdote dont le protagoniste historique se serait lui-même inspiré de ce motif traditionnel –, le narrateur met en scène Rodolfo da Varano, seigneur de Camerino[17] aux prises avec un cordonnier qu'il soupçonne d'avoir ourdi une conjuration contre lui et d'aspirer donc à lui voler son « métier » de seigneur. De son côté, Dante[18] aussi est le protagoniste de deux récits où, dans de nouvelles actualisations de la même anecdote traditionnelle, on le voit s'opposer à un forgeron et à un ânier qui, chantant des vers de la *Comédie* tout en les dénaturant, provoquent la juste indignation du poète[19]. Le rapprochement établi entre les figures de Ridolfo da Camerino et de Dante à l'aide d'anecdotes analogues est souligné encore davantage par les commentaires qui accompagnent certains de ces récits et où, sur un même ton chargé de *pathos*, le commentateur exalte la magnanimité de Ridolfo, la sagesse de Dante et la modération dont tous les deux auraient fait preuve :

16 Dans les anecdotes traditionnelles fondées sur ce motif, est mis en scène l'antagonisme entre un artisan et un artiste, dont le premier déforme grossièrement l'art du second, s'attirant son ressentiment. Ainsi, chez Diogène Laërce, le poète Philoxène détruit les briques d'un groupe de briquetiers qui estropient ses vers en les chantant pendant qu'ils travaillent (voir *Vita di Arcesilao*, in Diogene Laerzio, *Vite di filosofi*, IV, 36, a cura di Marcello Gigante, Bari, Laterza, 1962) ; tandis que chez Juan Manuel, c'est un troubadour qui, pour la même raison, se venge d'un cordonnier en mettant en morceaux les chaussures qu'il vient de fabriquer (voir Don Juan Manuel, *Prologo general a sus obras*, in Biblioteca de autores españoles, tomo 51, *Escritores en prosa anteriores al siglo* XV, recogidos é ilustrados por don Pascual de Gayangos, Madrid, Atlas, 1952, p. 233).

17 Comme il le rappelle au début de la nouvelle XXXVIII en particulier, Sacchetti avait eu l'occasion de fréquenter longuement Rodolfo da Varano à Bologne, à l'époque de la guerre des Huit Saints, lorsque celui-ci était le capitaine de l'armée florentine. Cette fréquentation avait été pour Sacchetti l'occasion de développer une grande admiration pour la qualité de ce personnage. C'est avant tout la finesse d'esprit du seigneur de Camerino – comparée à celle de Scipion et d'Annibal dans le commentaire emphatique qui clôt la nouvelle XXXVIII – qui fait invariablement l'objet des éloges du commentateur dans les huit nouvelles dont Rodolfo da Varano est le protagoniste (nouvelles VII, XXXVIII, XXXIX, XL, XLI, XC, CIV et CLXXXII).

18 Dante, dont le nom ou des vers sont cités dans plusieurs nouvelles, figure en tant que protagoniste dans les nouvelles VIII, CXIV et CXV. Ce sont les deux dernières qui nous intéressent ici.

19 Antonio Corsaro note qu'aux motifs traditionnels rappelés plus haut, dans l'épilogue de l'anecdote de l'ânier (CXIV) s'ajoute une référence – directe ou pas – à la nouvelle LVIII de *Il Novellino*. Voir Antonio Corsaro, *op. cit.*, p. 31-32.

> *O quanto egli è da commendare un signore quando per uno vile uomo gli è fatta simile offesa, che egli se ne curi come curò messer Ridolfo, mostrando la sua magnanimità e l'animo liberale, il quale il fa grande e montare in fino alle stelle per aver annullato e fatto poca stima di quelle cose le quali molti vili fanno maggiori, temendo che ogni mosca non gli offenda*[20].
>
> *O dolci parole piene di filosofia ! Che sono molti che sarebbono corsi dietro all'asinaio e gridando e nabissando ; et ancora tali che averebbono gettate delle pietre. Et il savio poeta confuse l'asinaio, avendo commendazione da qualunche intorno aveva udito così savia parola, la quale gittò contr'a un sì vile uomo come fu quell'asinaio*[21].

D'un autre côté, parmi les nouvelles où figure Ridolfo da Camerino, il y en a une (nouvelle XL) où, en revanche, l'anecdote dont celui-ci est le protagoniste est doublée d'une deuxième anecdote de la même teneur, dont le protagoniste est cette fois-ci Sacchetti qui, comme Ridolfo, souligne l'inutilité d'étudier le droit du moment qu'il n'est pas appliqué. Ce rapprochement analogique entre l'auteur des *Trecento Novelle* et Rodolfo da Varano se double ailleurs (nouvelle CIV) d'une volonté d'émulation à l'égard de ce personnage historique, qui vise à rehausser le prestige de Sacchetti et qui tient sans aucun doute aux qualités que le narrateur-commentateur reconnaît invariablement au seigneur de Camerino, à savoir sa sagacité, son sens de la répartie et sa sagesse. Or, ce sont ces mêmes qualités que Sacchetti exalte également chez Dante, dont les représentations stylisées et les commentaires qui les accompagnent le réduisent, dans le recueil, à la figure d'un homme d'une grande clairvoyance[22] et qui se distingue par son mode

20 « Ô qu'il est louable de la part d'un seigneur, quand une offense de ce genre lui est faite par un homme de basse condition, de s'en soucier aussi peu que messire Ridolfo, qui démontra ainsi sa magnanimité et sa libéralité, qualités qui font de lui un grand homme et le hissent au firmament car il a tenu pour rien certaines choses dont beaucoup de vils personnages font grand cas, eux qui craignent les offenses de la moindre mouche », Franco Sacchetti, *Le Trecento Novelle*, *op. cit.*, nouvelle XC, p. 212.

21 « Ô douces paroles pleines de philosophie ! D'autres que lui auraient couru derrière l'ânier, en hurlant et en fulminant ; d'autres encore lui auraient jeté des pierres. Et notre sage poète parvint à confondre l'ânier par l'approbation de tous ceux qui avaient entendu les paroles pleines de sagesse qu'il avait lancées contre un homme aussi vil que le fut cet ânier », *Ibid.*, nouvelle CXV, p. 263.

22 Dans les *Trecento Novelle*, une contribution significative à l'exaltation de cette qualité de Dante, se rapportant directement à son œuvre cette fois-ci, est fournie par le discours, blasphématoire mais très inspiré, que le poète Antonio da Ferrara tient à l'archevêque de Ravenne pour justifier le fait d'avoir enlevé toutes les bougies qui brûlaient devant le Crucifix de la basilique Saint-François, pour les placer devant la sépulture de Dante : « *Se voi mi doveste ardere, altro non vi direi ; però che sempre mi sono raccomandato al Crocifisso e*

d'expression incisif. Mais des traits similaires sont ceux qui caractérisent aussi « Franco Sacchetti » dans ses rôles de protagoniste et de commentateur. Aussi est-ce à travers la chaîne de représentations qui vient d'être évoquée et par l'intermédiaire de la figure prestigieuse de Ridolfo, que Sacchetti se fait le modeste émule de Dante, à l'intérieur des nouvelles elles-mêmes, cette fois-ci.

On pourrait objecter que la finesse d'esprit s'exprimant par la parole est sans conteste la qualité la plus prisée et la plus représentée dans les *Trecento Novelle* – qui, de ce point de vue, s'inscrivent parfaitement dans la lignée du *Décaméron* et de sa journée VI en particulier. Il n'en reste pas moins que Dante, Ridolfo et, avec eux, Sacchetti sont les personnages récurrents les plus éminents auxquels cette qualité est constamment attribuée, les autres figures étant, pour l'essentiel, des jongleurs ou des personnages extravagants dont la perspicacité, souvent mise à profit pour en tirer un bénéfice personnel, s'inscrit résolument dans un registre comique « bas » ou bien relève de la « sagesse des fous » qui dévoile des aspects cachés de la réalité et qui concourt à dénoncer l'absurdité d'un monde à l'envers.

Jusqu'ici, nous nous sommes attachée à étayer l'hypothèse selon laquelle le modèle de Dante aurait eu une importance significative dès l'élaboration de la structure portante du recueil de Sacchetti : en s'éloignant du *Décaméron* par la suppression du récit-cadre, l'auteur des *Trecento Novelle* aurait entendu se rapprocher de l'exemple de la *Comédie* et c'est à celle-ci qu'il aurait emprunté la physionomie de l'instance multiple qui dit « je » dans son recueil. Le prestige de cette instance aurait d'autre part été renforcé par un rapprochement indirect entre la figure de « Franco Sacchetti » et celle du « Dante » de la *Comédie.*

Naturellement, la création de cette instance multiple aurait un intérêt et une portée limités – se réduisant à une sorte d'exercice littéraire – si

---

mai altro che male non mi fece ; et ancora tanta cera veggendoli mettere che è quasi mezz'arso (così foss'elli tutto !), io gli levai quelli lumi e puosigli al sepolcro di Dante, il quale mi parea che gli meriti più di lui ; e se non mi credete, veggansi le scritture dell'uno e dell'altro. Voi giudicherete quelle di Dante esser maravigliose sopra natura a intelletto umano ; e le cose evangeliche esser grosse, e se pur ve n'avesse dell'alte e maravigliose, non è gran cosa, che colui che vede il tutto et ha il tutto, dimostri nelle scritture parte del tutto. Ma la gran cosa è che un uomo minimo come Dante, non avendo, non che il tutto, ma alcuna parte del tutto, ha veduto il tutto et ha scritto il tutto ; e però mi pare che sia più degno di lui di quella luminaria, e a lui da quinci innanzi mi voglio raccomandare », Franco Sacchetti, *Le Trecento Novelle*, *op. cit.*, nouvelle CXXI, p. 276-277.

Sacchetti n'entendait pas s'en servir pour donner plus d'autorité à la voix qui transmet les valeurs qu'il prise. Certaines d'entre elles sont d'ailleurs cautionnées par l'œuvre et parfois par la figure de Dante qui, dans les *Trecento Novelle*, se fige dans des représentations que Sacchetti a forgées en puisant sans doute dans la tradition florentine. C'est pourquoi nous nous tournerons à présent vers les nouvelles où le personnage de Dante ou la citation de ses vers sont rattachés au développement de thématiques d'ordre moral et politique à la fois, où le discours du poète, à travers son application aux « temps présents », connaît une forme d'actualisation.

Nous nous intéresserons tout d'abord à la nouvelle CXIV, la seule où le personnage de Dante soit associé à un thème politique[23]. L'antagoniste du poète est ici un « jeune chevalier » de la famille Adimari, dont le narrateur ne nous indique pas le nom – nous ne savons donc pas s'il s'agit du coléreux Filippo Argenti représenté par Dante dans *Enfer* VIII, alors que Boccace, dans la nouvelle IX, 8, s'était ouvertement inspiré de cet épisode et du personnage dantesque dans le cadre d'un récit de *beffa*. Quoi qu'il en soit, ce jeune chevalier est sans conteste un digne membre de « l'outrecuidante race » (« *l'oltracotata schiatta* ») déjà stigmatisée par Cacciaguida dans *Paradis* XVI[24], mais dont les descendants vivant à Florence au XIVe siècle s'étaient montrés non moins outrecuidants que la plupart de leurs ascendants[25]. Aussi, se faisant clairement l'écho du jugement que l'ancêtre de Dante porte sur les Adimari, Sacchetti fait-il de ce personnage, dont le patronyme est le seul élément d'identification, l'exemple même de l'arrogance des Grands, qui se manifeste par une répugnance à se plier aux lois de la Commune. Pour sa part, Dante s'oppose ici à l'attitude arrogante

23 L'anecdote à laquelle nous allons nous intéresser ici est découpée en deux parties encadrant une deuxième anecdote, celle où Dante s'oppose à un forgeron, que nous avons mentionnée plus haut.

24 « *L'oltracotata schiatta che s'indraca / dietro a chi fugge, e a chi mostra 'l dente / o ver la borsa, com'agnel si placa, / già venì su, ma di picciola gente* », Dante Alighieri, *Paradis*, XVI, v. 115-118.

25 Arnaldo D'Addario note que quelques années après s'être battus, en 1295, contre les Ordonnances de Justice aux côtés d'autres familles de Grands, les membres de la famille Adimari qui appartenaient à la faction des guelfes blancs avaient été exilés de Florence en même temps que Dante. De retour à Florence en 1328 grâce au pardon accordé aux exilés, ils avaient cependant été exclus de toutes charges publiques, ce qui fit d'eux « *i più fieri avversari degli ordinamenti comunali, fino ad appoggiare, nel 1342, la signoria del Duca di Atene* ». Voir Arnaldo D'Addario, *Adimari*, in *Enciclopedia dantesca* (1970), Treccani (web http://www.treccani.it/enciclopedia/adimari_%28Enciclopedia-Dantesca%29/).

de son antagoniste en se faisant le défenseur du bien commun auprès d'un juge[26]. Aussi la figure du grand poète florentin et des éléments tirés de son œuvre sont-ils actualisés et pliés aux préoccupations de Sacchetti : inquiet face aux atteintes à la structure républicaine de Florence que les Grands ne cessaient de multiplier dans la deuxième moitié du XIVe siècle et tout particulièrement dans les décennies au cours desquelles il concevait et rédigeait son recueil[27], l'auteur des *Trecento Novelle* s'appuie sur l'autorité de Dante pour donner plus de force à une représentation qui, dans ses intentions, doit servir à réaffirmer les valeurs de la République[28].

La nouvelle CXIV nous a donné un premier aperçu de la façon dont Sacchetti exploite les références à Dante et à son œuvre dans le cadre de l'évocation d'un thème politique. D'un autre côté, elle nous a révélé

26 « *Voi avete dinanzi alla vostra Corte il tal cavaliere per lo tal delitto. Io ve lo raccomando, come che egli tiene modi sì fatti che meriterebbe maggior pena. Et io mi credo che l'usurpare quello del comune è grandissimo delitto* », Franco Sacchetti, *Le Trecento Novelle*, *op. cit.*, p. 261.

27 À ce sujet, voir par exemple Robert A. Fredona, *Political Conspiracy in Florence, 1340-1382*, Ph.D. Dissertation, Cornell University, 2010. Nous rappelons qu'en 1379, parmi les organisateurs d'une des nombreuses conspirations ourdies par les Grands à l'encontre de Florence se trouvait l'un des frères de Franco Sacchetti, Giannozzo qui, avec l'assentiment de Franco, fut condamné à la décapitation pour « trahison ». La distance qui séparait les opinions politiques des deux frères, et qui est représentative des conflits idéologiques de leur temps, est aussi attestée par un échange poétique datant probablement des années 1363-1364.

28 Le sens de cette représentation de Sacchetti est en accord avec la version du principal mythe fondateur de la Commune de Florence telle qu'elle avait été proposée par Dante, en particulier dans *Enfer* XV et *Paradis* XVI, et qui avait été reprise par Giovanni Villani dans sa *Nuova Cronica* : Florence, la « fille de Rome » fondée à l'époque de Jules César, était « génétiquement » destinée à voir les conflits intérieurs se multiplier à travers le temps car, immédiatement après sa fondation, les habitants de Fiesole y avaient afflué provoquant, pour la première fois, la « confusion de le persone » déplorée par Cacciaguida (*Paradis*, XVI, v. 67). Mais cette représentation de Sacchetti s'aligne surtout sur la nouvelle interprétation républicaine de ce mythe qui avait commencé à s'imposer dès la fin dramatique de la seigneurie du Duc d'Athènes en 1343, ainsi que le note Amedeo De Vincentiis : « *Da quella data insomma si avviò un lungo processo di rifondazione dell'identità comunitaria incardinata su un sistema politico locale perfettamente repubblicano. Firenze iniziò a rappresentarsi come una repubblica pura e proiettò questa immagine sul suo passato. Non solo era e sarebbe rimasta una repubblica retta solo dai propri cittadini ma lo era sempre stata, fin dalle origini più remote* », *Cf.* Amedeo De Vincentiis, *Origini, memoria, identità a Firenze nel XIV secolo. La rifondazione di Carlomagno*, in *Mélanges de l'École française de Rome. Moyen Âge*, t. 115, n. 1. 2003, p. 385-443 : 438. L'inquiétude de Sacchetti face aux dangers que couraient les institutions républicaines de Florence, menacées de l'extérieur aussi bien que de l'intérieur, est évidente dans son *Libro delle Rime*, rédigé en partie parallèlement aux *Trecento Novelle*.

également l'attention que l'auteur porte au chant XVI[29] du *Paradis*, sur lequel il conviendra de s'arrêter un instant.

Comme on le sait, *Paradis* XVI constitue l'élément central de l'important triptyque que Dante consacre à son ancêtre Cacciaguida, toutefois nous n'en mettrons en évidence que les aspects qui nous intéressent ici. S'ouvrant sur une réflexion du poète sur la noblesse de sang – qui n'assure aucune gloire durable à une lignée, à moins que ses membres ne contribuent à en rehausser constamment la renommée par des actions vertueuses –, ce chant est en grande partie occupé par une évocation des grandes familles qui illustraient la Commune de Florence à ses origines – et dont les mœurs avaient déjà été exaltées dans le chant précédent –, avant que l'afflux d'habitants du *contado* ne vienne renouveler le « mélange » de populations et, par conséquent, les conflits que, selon Brunetto Latini (*Enfer*, XV), cela avait déjà entraînés peu de temps après la fondation de la ville par les Romains. L'évocation nostalgique que Cacciaguida fait de ces familles, parmi lesquelles figurent aussi les Sacchetti (v. 104), se charge du ton de la déploration lorsque sont mentionnées les lignées qui, cédant à l'arrogance – ou plutôt au vice diabolique de l'orgueil, selon l'ancêtre de Dante – se sont prêtées au jeu des rivalités entre factions qui, dans le cas de certaines d'entre elles, a provoqué leur propre déchéance. Mais ces rivalités ont constitué et, au cours des siècles, elles continuent de constituer un péril pour la cité elle-même qui, étant soumise au mouvement incessant de la Fortune, risque de voir s'accélérer sa propre course vers une inévitable décadence.

Pour en revenir aux *Trecento Novelle*, nous remarquerons que les aspects que nous venons d'évoquer – qui ont trait aux thèmes et aux motifs caractérisant *Paradis* XVI, mais aussi aux accents du discours de Cacciaguida – sont tous bien présents dans le recueil de Sacchetti, surtout dans sa dernière partie, mais qu'ils le sont d'autant plus dans les nouvelles où la caution de Dante sert à appuyer le discours à la fois moral et politique adressé au lectorat implicite privilégié dans le recueil. C'est

---

29 Ce chant, avec ses listes de noms, a inspiré à Sacchetti une chanson (*Libro delle Rime*, CCXLIV) constituant à la fois une reprise et une actualisation des v. 46-147 de *Paradis* XVI. Selon un indice interne présent aux v. 1-3 (« *io mi ritrovo / poco più su che 'l cinquantesimo anno / esser vissuto* »), ce poème a dû être rédigé vers la fin des années 1380, ou bien en 1390 comme le suggère Ettore Li Gotti, *Franco Sacchetti uomo "discolo e grosso"*, Firenze, Sansoni, 1940, p. 219, note 1.

principalement à ses concitoyens en effet que, s'appuyant sur l'autorité de Dante, Sacchetti destine ses représentations et ses avertissements, afin de leur faire prendre conscience de l'urgence de défendre les valeurs « originaires » – et républicaines, dans son cas – de leur Commune et de les mettre en garde également contre le caractère instable de la fortune, ainsi que contre l'état de décadence dans lequel verse la noblesse de la fin du XIVe siècle[30].

À propos de ce dernier thème, nous nous intéresserons tout d'abord à la nouvelle CCX où l'inspiration de Sacchetti atteint un point d'équilibre particulièrement réussi entre les modèles de Boccace et de Dante. Dans le récit plaisant contenu dans cette nouvelle, le narrateur produit un effet intertextuel avec *Décaméron*, VI, 4 – la nouvelle de Chichibio et de Currado Gianfigliazzi – par l'intermédiaire du protagoniste, un Curradino Gianfigliazzi qui, à l'opposé du magnanime Currado de Boccace, constitue l'exemple même du gentilhomme dont la noblesse se réduit à son nom, sans qu'il possède les vertus se rattachant à la « véritable noblesse » : la noblesse d'âme. Comme on le sait, avant même d'exploiter ce thème crucial dans la *Comédie*, Dante avait consacré une longue chanson[31] à la définition de la « véritable noblesse », dont un vers (101), précisément, est cité par Sacchetti dans le commentaire qui clôt cette nouvelle : « *è gentilezza dovunqu'è vertute* » (« il y a noblesse là où il y a vertu »). D'ailleurs, à l'instar de Dante, le commentateur s'attache ici à stigmatiser ceux dont la prétendue noblesse est attestée uniquement

30 Après avoir noté, à propos de Sacchetti, que la politique n'est pas « *l'elemento dominante della sua opera novellistica, rivolta anzi eminentemente al "diletto" e al "conforto" dei molti guai che imperversano sulla vita umana* » – tout en reconnaissant, dans une note, que la politique « *è sicuramente al centro dell'impegno sacchettiano in molte delle Rime più tarde e, soprattutto, nella fitta attività di mediatore culturale, letterato e iconografo, accentrata nell'ultimo ventennio della sua vita* » –, Valerio Marucci ajoute cependant : « [...] *pare utile e giusto, finalmente, rendere a Sacchetti il merito di aver scritto un'opera anche "seria", piena di osservazioni sul comportamento umano, sulla vita pratica, sulla realtà del suo tempo e capace di pertinenti e motivati giudizi sulle massime istituzioni contemporanee e sui principali problemi del vivere associato : una pre-politica, se si vuole, a momenti non lontana dal sentire di qualunque cittadino del suo e di tutti i tempi, ma in altri anche discretamente omogenea e capace di rappresentare, se non la soluzione dei problemi posti, almeno l'esigenza di risolverli all'interno di una visione morale sostanzialmente coerente e non priva di qualche originalità concettuale* », *Cf.* Valerio Marucci, « L'educazione a tavola : Franco Sacchetti fra impegno politico e letterario », in *Filologia e critica*, anno XXVI, fasc. 1, gennaio-aprile 2001, p. 105-113 : 105-106.

31 La chanson *Le dolci rime d'amor ch'io solea*, incluse et commentée dans le traité IV du *Convivio*.

par leur appartenance à une certaine lignée : « [...] on entend : "Ils font pourtant partie de telle famille, qui est de haute noblesse" ; et il semble qu'en vertu de ce titre, il leur convienne de mener la vie la plus ignoble qui soit, et cela vaut autant pour ceux qui n'ont rien que pour ceux qui ont quelque chose[32] ».

La déploration de la décadence morale qui caractérise aussi bien la classe dirigeante que ceux qui devraient se charger de la défense militaire de la Commune, est également le thème du long commentaire qui, dans la nouvelle CLIII, est introduit au beau milieu du récit et où Sacchetti, adoptant un style très pathétique, débat autour de la « mort de la chevalerie » (« *la cavalleria è morta* »), pour conclure ensuite par la citation d'un vers (91) tiré de *Purgatoire* XI : « Ô vaine gloire des forces humaines » (« *O vana gloria delle umane posse* »). Dans ce chant de la *Comédie*, après les figures de Giotto et de Cimabue et celles des deux Guido (« *l'uno e l'altro Guido* », Guinizzelli et Cavalcanti) – les figures sur lesquelles se concentre généralement l'attention de la critique – Oderisi da Gubbio évoque également la figure de Provenzano Salvani, celui qui, avant que son souvenir ne s'efface à jamais, était devenu le seigneur de Sienne grâce à la victoire remportée à Montaperti (1260), où les guelfes florentins avaient subi une cuisante défaite à l'avantage des gibelins qui avaient ainsi imposé leur domination sur Florence pendant six ans. Compte tenu de la teneur du commentaire qui précède cette citation dantesque dans la nouvelle CLIII, c'est sans aucun doute à ce thème politique que Sacchetti entend renvoyer ses lecteurs florentins.

Pour en venir au motif de la Fortune, si cher à de nombreux auteurs du XIVe siècle et que Sacchetti affectionne aussi, dans la nouvelle CXCII en particulier, il fait l'objet d'un très long commentaire incluant l'adaptation d'un vers nostalgique (121) tiré, cette fois-ci, d'*Enfer* V : « *Non è nel mondo alcun maggior dolore* » (« Il n'est pas au monde de plus grande douleur »). Or, ce commentaire constitue l'amplification et l'actualisation du passage (*Paradis* XVI, 73-84) où Cacciaguida évoque la décadence que connaissent fatalement les villes, les lignées et toutes les choses mortelles, pour ensuite conclure en assimilant le mouvement des marées,

32 « [...] *si dice : "E' sono pur de' tali, che sono gentilissima famiglia" ; e pare che per tale titolo e' si convenga loro usare qualunche vita più laida sia, o non s'intende per costoro che non aveano più che s'avessono* », Franco Sacchetti, *Le Trecento Novelle*, *op. cit.*, p. 560.

tantôt ascendant et tantôt descendant, à celui que la Fortune impose inexorablement à Florence.

Si cette ville n'est pas directement mentionnée dans ce commentaire, quelques-uns de ses habitants sont les protagonistes du récit qui précède, où l'on voit l'extravagant, mais sage, Valore de' Buondelmonti se rendre à un banquet offert par Piero di Filippo degli Albizi, en lui apportant un long clou destiné à arrêter la roue de la Fortune, dont le mouvement a pour l'instant hissé Piero au sommet de sa gloire. Si ce récit se borne à mettre en scène les échanges courtois et plaisants entre Valore et Piero, la destinée qu'allait connaître ce dernier était forcément bien connue de Sacchetti, ainsi que de ses lecteurs florentins : en décembre 1379, à l'époque du gouvernement issu de la révolte des *Ciompi*, Piero fut tenu pour responsable d'une conjuration et décapité[33].

Avant de conclure notre discours, nous mentionnerons également la deuxième nouvelle (CLXXVIII) où est cité le même vers de la chanson sur la noblesse qui est présent dans la nouvelle CCX évoquée plus haut.

Dans la longue tirade qui précède cette citation, il est question d'un thème, celui des *fogge* – des modes vestimentaires – dont Sacchetti traite à la fois dans les *Trecento Novelle* et dans le *Libro delle Rime*. On pourrait trouver curieux qu'un vers de Dante soit cité en relation à un thème à l'apparence aussi futile. En réalité, l'étude de la tradition des chroniques florentines d'une part et de la poésie de Sacchetti, d'autre part, montre qu'à partir de Giovanni Villani, ce thème avait pris pied dans la tradition littéraire florentine et s'y était développé jusqu'à Sacchetti, qui en a fait un thème récurrent dans son œuvre[34]. Chez Sacchetti en

33 Assez rapidement après cette exécution, toutefois, la famille des Albizzi, qui avait déjà exercé son emprise sur la Commune pendant les trente années précédant le tumulte des *Ciompi*, s'imposera à nouveau à Florence. Après la chute du gouvernement populaire (1378-1382) issu du tumulte des *Ciompi*, les Albizzi occuperont en effet une position prédominante au sein de l'oligarchie qui dominera Florence jusqu'à l'affirmation des Médicis. L'anecdote du clou offert à Piero di Filippo degli Albizzi sera reprise, et mise directement en rapport avec la fin tragique de Piero, par Niccolò Machiavelli dans ses *Istorie fiorentine* (III, 20) et ensuite par Scipione Ammirato dans *Delle famiglie nobili fiorentine* (Parte prima, *Della famiglia degli Albizi*). Celui-ci, tout en citant littéralement la version proposée par Machiavelli, rappelle ensuite que Franco Sacchetti avait déjà raconté cette anecdote bien auparavant.

34 Nous nous permettons de renvoyer à Marina Gagliano, « Le fait divers et ses avatars au Moyen Âge. Entre chronique, poésie et nouvelle », in *Écritures italiennes du fait divers*, études réunies par Véronique Abbruzzetti et Anne Boulé, *Arzanà*, 15, Paris, Presses Sorbonne Nouvelle, 2012, p. 43-57.

particulier, ce thème traduit souvent en termes très concrets, les modes vestimentaires précisément, une inquiétude portant sur l'influence que des coutumes politiques venues de l'extérieur – nous sommes à l'époque de l'affirmation des seigneuries – pourraient avoir sur la Commune, l'éloignant de ses valeurs « fondatrices » et républicaines et fomentant des divisions néfastes. Or, celui qui est à l'origine de ce thème est encore une fois Dante qui, dans la *Comédie*, lui confère déjà une signification morale et politique à la fois. C'est en effet dans le chant XV du *Paradis* que, décrivant la Florence de son temps, Cacciaguida évoque la sobriété qui la caractérisait jusque dans la façon de s'habiller. C'est toujours dans ce chant que l'ancêtre de Dante met en relation cette sobriété avec la fidélité aux valeurs qui régnaient à Florence au temps de sa fondation par les Romains.

Pour conclure, nous noterons que, si l'hypothèse avancée au début de cette étude et les arguments employés pour l'étayer sont fondés, le modèle dantesque aurait marqué les *Trecento Novelle* d'un sceau bien plus profond que ne le laissent imaginer les quelques nouvelles ou citations renvoyant à Dante à l'intérieur des nouvelles. Lecteur attentif de Dante et doué d'une conscience littéraire qui, loin d'atteindre les sommets les plus grands, mériterait d'être davantage reconnue dans sa spécificité, Sacchetti aurait bien compris l'intérêt d'exploiter le dispositif mis en place dans la *Comédie*, tout en l'adaptant, très modestement, à son propre talent de conteur « comique ». C'est donc en s'inspirant à la fois du modèle de Dante et de celui de Boccace qu'il aurait réalisé une œuvre où récit et discours – agréable et utile – se conjuguent de manière indissociable, au delà de tout jugement de valeur que l'on pourrait porter sur la réussite de ce programme. Un programme qui, par le biais du rire, vise à atteindre un public « moyen » le plus large possible, comme le laisse espérer le succès du *Décaméron*. Et c'est à ce public que, dans une époque particulièrement trouble de l'histoire de Florence, Sacchetti entend rappeler des valeurs dont l'autorité repose en bonne partie sur la figure et sur l'œuvre de Dante. Ces valeurs, toutefois, ne s'alignent pas inconditionnellement sur celles que ce grand poète et intellectuel avait promues dans ses œuvres, mais elles en constituent une actualisation adaptée aux préoccupations des Florentins de la deuxième moitié du XIVe siècle.

À côté des traces documentaires témoignant de sa participation aux conseils de la cité[35], les œuvres de Sacchetti attestent qu'il prenait une part active aux débats d'idées et aux prises de position[36] des dirigeants florentins de son époque. Or, cet engagement, qui est aussi politique, se manifeste dans ses *Trecento Novelle* tout autant que dans ses autres œuvres. L'étude des nouvelles contenant des reprises dantesques nous a donné un aperçu des opinions dont Sacchetti se fait le porte-parole à la fois à travers ses représentations et dans ses commentaires. Ici, ses préoccupations tournent souvent autour de la question de la noblesse, qui était certainement cruciale à une époque où les conflits entre *magnati* et *popolani* s'envenimaient et où, surtout après la révolte des *Ciompi*, une oligarchie constituée de grandes familles multipliait les atteintes aux institutions républicaines de Florence afin d'imposer durablement son emprise sur la Commune. L'exemple de Sacchetti nous donne ainsi un aperçu de la façon dont, dans le cadre de ce débat, la figure et les œuvres de Dante pouvaient être mises à profit par un défenseur de la République qui, face aux extrêmes, s'employait non seulement à mettre en pratique personnellement, mais aussi à promouvoir auprès du plus grand nombre, des principes fondés sur la conciliation et sur l'exercice des vertus morales et civiques[37].

---

35 À ce propos, nous renvoyons à Ettore Li Gotti, *Op. cit.*

36 Dans son étude portant sur les textes que Sacchetti avait composés en vue de leur inscription dans des lieux publics hautement symboliques, Lucia Battaglia Ricci mentionne entre autres un groupe de poèmes rédigés à l'époque de la guerre des Huit Saints et qui permettent de reconnaître en Sacchetti : « *il "poeta ufficiale" del gruppo dirigente, colui cui fu affidata la funzione di "pubblicista" delle scelte politiche di chi allora gestiva il potere* », *Cf.* Lucia Battaglia Ricci, *Op. cit.*, p. 39. Pour une étude approfondie de ce groupe de poèmes, nous nous permettons de renvoyer à Marina Gagliano, « La guerre des Huit Saints : Sacchetti et la transition humaniste », in *La poésie politique dans l'Italie médiévale*, études réunies par Anna Fontes Baratto, Marina Marietti et Claude Perrus, *Arzanà*, 11, Paris, PSN, 2005, p. 257-289.

37 De ce point de vue, les positions de Sacchetti semblent s'inspirer de près de celles de Dante. Au terme de son étude portant sur la notion de noblesse que Dante, dans un but éminemment politique, exprime dans *Le dolci rime d'amor ch'io solea*, c'est ainsi que Paolo Borsa résume efficacement les intentions qui ont guidé le poète dans l'élaboration de cette chanson : « *Dante mira, in tal modo, a vincolare coloro che aspirino a fregiarsi del titolo di nobili alla manifestazione ininterrotta di virtù etiche. Avanzata da un intellettuale della piccola nobiltà, iscritto all'arte dei medici e degli speziali, la soluzione si rivela un perfetto compromesso fra le istanze popolari di rifondazione civica della classe dirigente e la reazione del ceto aristocratico e militare dei nobiles et potentes, erede di una secolare tradizione di primazia cittadina. La proposta consente a Dante da un lato di aprire l'accesso alla gentilezza agli homines novi, i cui mores siano compatibili con il modello umano delineato nell'ultima stanza della canzone, e dall'altro di obbligare chi già appartenga, per privilegio di nascita, alla classe aristocratica a confermare e rinnovare giorno per giorno, nei fatti, la dignità nobiliare ereditata dai padri,*

Si c'est à la suite de Boccace et d'autres intellectuels de son temps que Sacchetti participait au culte de Dante, qui cependant ne faisait pas l'unanimité dans la Florence du milieu du XIVe siècle, on ne peut pas exclure qu'une motivation plus personnelle puisse l'avoir poussé dans cette direction. Se représentant sans doute, à l'instar de Dante et aussi grâce à Dante, comme l'un des rares Florentins encore fidèles à des valeurs qu'un mythe fondateur en continuelle évolution faisait remonter aux origines de la Commune, Sacchetti ne cesse de se faire le porte-parole de ces valeurs, dans ses nouvelles et dans sa poésie comme dans sa pratique politique, attestant par là que sa noblesse, d'ordre spirituel, était loin de se résumer à son appartenance à l'une des lignées florentines les plus anciennes. D'autre part, par le rôle d'autorité morale qu'il assume à l'intérieur de Florence et qui lui est d'ailleurs reconnu par ses contemporains, un rôle dont il se charge également dans ses *Trecento Novelle*, il semble vouloir se conformer à une exhortation présente à la fois dans la chanson de Dante sur la noblesse et dans le commentaire qui en est fait dans le *Convivio*, l'œuvre que Dante avait destinée à un public d'hommes engagés dans la vie active et pourtant désireux de goûter au « pain des anges » du savoir théologique et philosophique. Des destinataires, en somme, dans lesquels Sacchetti pouvait facilement se reconnaître.

En commentant les vers 132-135 de cette chanson, à propos de l'attitude que, dans leur troisième âge, doivent adopter ceux qui la possèdent, Dante dit ceci :

> [...] à la vieillesse est donnée la maturité, afin que la douceur de ses fruits lui soit profitable ainsi qu'aux autres. Comme le dit Aristote, l'homme est un être sociable ; aussi lui demande-t-on d'être utile non seulement à lui-même, mais aux autres. [...] Donc, après sa propre perfection, qu'il acquiert durant sa jeunesse, l'homme doit parvenir à celle qui éclaire non pas lui seulement, mais les autres. [...] ceci doit advenir durant le troisième âge dont nous parlons. Il faut donc être prudent, c'est-à-dire sage : pour l'être, il faut une bonne mémoire des choses que l'on a vues, une bonne connaissance des choses présentes et une bonne prévision des choses futures[38].

---

attraverso l'assunzione di un codice etico nel quale si rispecchi la prelatura spirituale », *Cf.* Paolo Borsa, *Le "dolci rime" di Dante. Nobiltà d'animo e nobiltà dell'anima*, in *Le dolci rime d'amor ch'io solea*, edición de Rosario Scrimieri, « La biblioteca de Tenzone », 7, Departamento de Filología Italiana (UCM), Asociación Complutense de Dantología, 2014, p. 57-112 : 97.

38 Dante Alighieri, *Convivio*, IV, XXVII, 3-5. La traduction de ce passage est tirée de Dante, *Œuvres complètes*, traduction de Christian Bec, Paris, Le Livre de Poche, 1996, p. 373.

Les recommandations que Dante adresse ici aux dépositaires de la « véritable noblesse », les incitant à mettre leur expérience de la vie et leur sagesse au service des autres, sont celles que Sacchetti semble vouloir suivre lorsque, dans le *Proemio* des *Trecento Novelle*, il manifeste son intention d'être utile à ses destinataires. Cette aspiration est réalisée ouvertement dans les commentaires qui accompagnent ses récits, mais elle se traduit aussi par la volonté de partager avec ses lecteurs le fruit de son expérience à travers le récit de tous les faits sortant de l'ordinaire qu'il a recueillis au cours du temps et dont parfois il a été le témoin ou le protagoniste. Des faits qui se sont accumulés dans sa mémoire, mais qui ont surtout contribué à nourrir sa connaissance des hommes.

Marina GAGLIANO
Université Paris III –
La Sorbonne Nouvelle
CERLIMM-LECEMO, EA 3979

« *PERCHÉ DICE BENE IL PROVERBIO* »

En traduisant les formes sentencieuses des *Trecento Novelle*

Les proverbes, adages et autres formes sentencieuses sont un écueil bien connu des traducteurs[1]. Traduire les *Trois cents nouvelles*, c'est s'y confronter régulièrement, car Sacchetti en use abondamment. Selon Franca Ageno, le proverbe constituerait ainsi pour l'auteur une sorte de procédé technique, une matrice narrative à partir de laquelle développer des récits reflétant son goût pour les motifs légers et les expressions « efficaces et pittoresques[2] ». Les proverbes, de même que les jeux de mots et mots d'esprit en tout genre, constitueraient des « noyaux » que l'auteur narrativiserait en les animant[3], et ce serait non pas un moralisme

1 Les réflexions qui suivent ont émergé dans le cadre du séminaire de traduction dirigé par Sylvain Trousselard, que je remercie pour m'avoir associée à cette entreprise. La traduction des formes sentencieuses oblige à choisir entre équivalences ou correspondances, ethnocentrisme assumé ou accueil du caractère foncièrement étranger du texte : *Cf.* Jean-Claude Anscombre, *La traduction des formes sentencieuses : problèmes et méthodes*, in Michel Quitout, Julia Sevilla Muñoz (éd.), *Traductologie, proverbes et figements*, Paris, L'Harmattan, 2009, p. 11-36 ; Antoine Berman, *La traduction et la lettre ou l'auberge du lointain*, Paris, Seuil, 1999 ; Barbara Cassin, *Éloge de la traduction. Compliquer l'universel*, Paris, Fayard, 2016 ; Marianne Lederer, *La traduction aujourd'hui : le modèle interprétatif*, Paris, Hachette Fle, 1994 ; Henri Meschonnic, *Éthique et politique du traduire*, Paris, Verdier, 2007 ; Jean-Claude Zancarini, « Une philologie politique. Les temps et les enjeux des mots (Florence, 1494-1530) », *Laboratoire italien*, 7, 2007, p. 61-74.

2 Franca Ageno, « Ispirazione proverbiale del *Trecentonovelle* », *Lettere italiane*, 10/3 (1958), p. 288-305. Selon elle, dans de nombreux cas « *la spinta inventiva è, a guardar bene, unicamente linguistica : il racconto viene costruito dal Sacchetti sulla semplice base di un'espressione proverbiale o di un proverbio, ed è costruito, nella sostanza, di variazioni descrittive, caricaturali, dialogiche* » (p. 289). Sont cités les proverbes des nouvelles L, LI, LXXXV, LXXXVI, CII, CV, CLXVIII, CLXXXIV, CCI, CCV. Les situations proverbiales citées – comme « *andare a veder pescare la gatta* » (CXCIX) – ou la ritournelle de la nouvelle CCXXVII n'ont pas été intégrées au corpus, car elles ne constituent pas un énoncé autonome.

3 *Ibid.*, p. 290.

spécifique mais une langue corsetée de formules et de proverbes qui conférerait son unité au recueil, en l'absence d'un quelconque dessein d'ensemble doté d'un sens moral ou rhétorique, ou d'une « interprétation cohérente de la réalité[4] ». Ageno en vient ainsi à conclure que le motif le plus profond de l'œuvre de Sacchetti serait précisément « une foi instinctive et immuable en la valeur absolue du mot, de la phrase, de la formule, du lieu commun : une espèce de réalisme grossier et inconscient[5] ». Or les formes et les emplois des énoncés sentencieux au fil du recueil semblent indiquer que Sacchetti en fait au contraire un usage raisonné, pour mettre en scène un narrateur et des personnages capables de distiller leurs expériences pour mieux saisir la nature des hommes et le cours des choses.

---

4 « *Nel Decameron la ricca materia, senza piegarsi a intenzioni allegoriche né accogliere sovra sensi meravigliosi, si dispone e si svolge secondo un disegno interpretabile e valido in senso morale e in senso retorico* [...] *: le novelle sono* [...] *l'esemplificazione di certi temi-chiavi dell'opera. Il Trecentonovelle sfugge del tutto a un'inquadratura di questo genere, e cercheremmo invano nella sua testura i segni di un'interpretazione coerente della realtà o di un sentimento unitario della vita : in luogo della pieghevole aderenza alla realtà, dello strenuo bisogno di concretezza, che nel capolavoro boccaccesco discende dallo stesso carattere di esemplarità delle singole novelle, troviamo un'attenzione svagata e molteplice agli aspetti esteriori, una curiosità aneddotica ed episodica, che si traduce nella innegabile abilità caricaturale dello scrittore ; e al di là di essa, un malumore di ragione pratica e spicciola, che può deformare qualche figura o qualche situazione, dettare qualche chiusa acida e mal ragionata, non certo costituire uno stimolo creativo.* » (*ibid.*, p. 300-301).

5 *Ibid.*, p. 305. Après Ageno, la présence récurrente de proverbes dans le recueil a été vue comme une trace des « tendances expressives de la littérature marchande », dans la lignée des travaux de Vittore Branca et Christian Bec (Olindo Rampin, « Rassegna sacchettiana », *Lettere italiane*, 49/1, 1997, p. 113-158 : 117), ou bien comme une trace du goût de Sacchetti pour les mots qui le pousserait à subordonner l'action au discours : dans le cas des nouvelles CII ou CLXVIII, où la formule sentencieuse sert de point de départ au récit, « *la trama della novella viene relegata al secondo piano, diventando un semplice supporto, se non addirittura un faire valoir, del lessico, il che sottolinea un'altra volta l'allegra presenza del trionfo della parola* » (Michèle Fantoli, *Il Trionfo della Parola nel "Trecentonovelle"*, Firenze, Atheneum, 1990, p. 66).

ESSAI DE CARTOGRAPHIE

Les soixante-dix-sept formes sentencieuses qui constituent le corpus de cette étude sont des énoncés « autonomes » et « minimaux » (au sens où ils ne peuvent être découpés tout en conservant leur sens sapientiel, hormis dans les cas de troncatures qui sous-entendent la fin de l'énoncé), combinables « avec la tournure *Comme dit* X ou [des] tournures équivalentes[6] », telles que « comme on dit[7] » et qui expriment « une pensée morale de portée générale[8] ». Cela exclut les expressions proverbiales, telles que « *andare a veder pescare la gatta* » – littéralement « aller voir pêcher la chatte » – (CXCIX) car elles ne constituent pas une unité autonome. Parmi les différentes formes sentencieuses, souvent présentées comme plus ou moins équivalentes dans les dictionnaires, on a adopté la distinction d'Anscombre en deux sous-classes principales, déterminées par le locuteur. Soit celui-ci est identifié, auquel cas on est dans « le domaine des maximes, sentences, morales, qui puisent habituellement dans l'histoire et la littérature attachées à la langue considérée ». Soit le locuteur est un « on » non-identifié, auteur d'un énoncé générique, « porteur d'une vérité valable *extra tempore*[9] ». On est alors dans le domaine des dictons (énoncés parémiques non-métaphoriques concernant la nature, comme « en avril ne te découvre pas d'un fil »), des adages (énoncés parémiques non-métaphoriques à contenu moral ou juridique) et des proverbes (qui comportent une dimension métaphorique)[10].

---

6 Jean-Claude Anscombre, *op. cit.*, p. 17-18.

7 *Ibid.*, p. 8.

8 Pierre Cadiot, Yves-Marie Visetti, *Motifs et proverbes. Essai de sémantique proverbiale*, Paris, PUF, 2006, p. 14. Le corpus constitué – dont nous ne pouvons garantir l'exhaustivité, car il y a de nombreux cas-limite – est présenté dans la *fig. 4*.

9 Jean-Claude Anscombre, *op. cit.*, p. 19.

10 *Ibid.*, p. 20.

001	002	003	004	005	006	007	008	009	010
011	012	013	014	015	016	017	018	019	020
021	022	023	024	025	026	027	028	029	030
031	032	033	034	035	036	037	038	039	*040*
041	042	043	044	045	046	047	048	049	050
051	052	053	054	055	056	057	058	059	060
061	062	063	064	*065*	066	067	068	069	070
071	072	073	074	075	076	077	078	079	080
081	082	083	084	085	086	087	088	089	090
091	092	093	094	095	096	097	098	099	100
101	102	103	104	105	106	107	108	109	110
111	112	113	114	115	116	117	118	119	120
121	122	123	124	125	126	127	128	129	130
131	132	133	134	***135***	136	137	138	139	140
141	142	143	*144*	145	146	147	148	*149*	150
151	152	153	154	155	156	157	158	159	
161	162	163	164	165	166	167	168	169	170
171	172	173	*174*	175	176	177	177B	178	179
180	181	182	183	*184*	185	186	*187*	188	*189*
190	191	192	193	194	195	*196*	197	*198*	199
200	201	202	203	204	205	206	207	208	209
210	211	212	213	214	215	216	217	218	219
220	221	222	223	224	225	226	227	228	229
230	231	232	[...]	254	255	256	257	258	259

Légende		I	II	Total
0	Forme sentencieuse (« on » locuteur)	20	51	*71*
0	Forme sentencieuse (auteur identifié)	1	4	*5*
	Total	*21*	*56*	77
0	Nouvelle où il y a plusieurs formes sentencieuses	3	10	*13*
0	Nouvelle dont il manque un morceau (début ou fin)	3	4	*7*
0	Nouvelle dont on n'a que la rubrique initiale	0	2	*2*
0	Nouvelle totalement manquante	10	25	*35*

FIG. 1 – Essai de cartographie des formes sentencieuses dans le recueil.

Si l'on examine la répartition des formes sentencieuses ainsi définies dans le recueil (*fig. 1*), on constate qu'un quart (26 %) des 224 nouvelles qui nous sont parvenues comportent au moins une de ces formes. Cette présence est rendue encore plus évidente par les formules qui en introduisent environ un quart, attirant ainsi davantage l'attention sur elles[11]. En outre, le recours aux formes sentencieuses s'accentue notablement au fil du recueil : si l'on divise les nouvelles qui nous sont parvenues en deux groupes équivalents, on constate qu'un peu plus d'un quart de ces énoncés se trouvent dans le premier (27 %), contre près des trois-quarts dans le second (72 %)[12]. Reste cependant à interpréter cette présence évidente et croissante des formes sentencieuses dans le recueil, et notamment leur place et leur rôle dans la narration.

LES FORMES SENTENCIEUSES DANS L'ÉCONOMIE DES NOUVELLES

Certaines formes sentencieuses relèvent effectivement du « noyau proverbial narrativisé » décrit par Ageno. La nouvelle CII illustre ainsi de façon littérale et fidèle le proverbe énoncé par le narrateur en conclusion[13], de même que la nouvelle CX, où deux gourmands sont douloureusement contraints de renoncer à manger un porc de saint Antoine (« Joue-donc avec les valets, mais laisse les saints en paix ! »), ou encore la nouvelle CCI, qui met en scène – encore une fois de façon littérale – un proverbe dénonçant l'arbitraire des puissants (« Les gros poissons mangent les petits »)[14]. La nouvelle CLXVIII illustre tout aussi

11 Par exemple : « *ben dice il proverbio* (CLXVIII), […] *quel detto comune* » (VIII).

12 Si l'on considère le projet initial du recueil, et alors même qu'il manque nombre de nouvelles à sa seconde partie théorique (151-300), le nombre de formes sentencieuses y demeure plus important (56 %).

13 Voir pour cette forme et pour les suivantes le tableau récapitulatif (*fig. 4*).

14 La nouvelle CCII représente un cas similaire en termes de fonctionnement mais un cas-limite du point de vue de la délimitation du corpus, car seule la seconde moitié de l'aphorisme attribué traditionnellement à Pétrarque, *Regnano i sensi, e la ragione è morta*, est mobilisée dans le récit qui « concrétise » la mort de la raison en lui organisant des obsèques, sans qu'il soit du reste fait référence au poète. Le cas de la nouvelle LXV est lui aussi particulier – sans compter les discordances entre les éditions – car le proverbe

littéralement le proverbe qui constitue la totalité de la moralité (« Si le vilain tu bats, ton ami il sera ») tout comme la nouvelle CLXXIII, où Gonnella et d'autres bouffons font douloureusement prendre conscience à des bossus qu'il est vain de méconnaître leur nature et d'espérer en changer, illustrant littéralement le proverbe qui constitue la totalité de la moralité et propose au lecteur de tirer une leçon générale, métaphorique, de l'expérience des personnages[15].

Dans tous ces cas, les proverbes – seule variété de forme sentencieuse concernée par le traitement décrit par Ageno – sont privés de leur dimension métaphorique dans le récit, tandis que cette dimension leur est rendue lors de l'énoncé du proverbe dans la moralité : l'expérience singulière et littérale du récit est alors transposée en une vérité universelle et métaphorique, proposée au lecteur pour son édification. Qu'il s'agisse ou non d'un simple outil narratif, cet usage des proverbes relève d'un jeu sur le double sens, la polysémie, dont on trouve une illustration dans la nouvelle CV, basée sur deux équivoques de messire Valore de' Buondelmonti. Celui-ci fait semblant d'avoir pris, au sens littéral, l'invitation de ses consorts à « changer ses habit(ude)s » (*mutare foggia*), puis montre aux siens qu'il a bien compris le message – y compris son sens métaphorique – en actualisant la lettre d'un autre proverbe : il fait construire à l'économie, et quand ses voisins le lui font remarquer, il allègue qu'« un petit chez soi vaut mieux qu'un grand chez les autres » avant de leur demander de faire savoir à ses consorts qu'il a – bel et bien – changé ses habitudes et qu'il est devenu économe[16]. Ainsi, même quand ils paraissent servir avant tout de « noyau narratif », les proverbes invitent à réfléchir aux liens entre expérience singulière et vérité générale.

Surtout, la lecture d'Ageno ne rend pas compte de la grande majorité des cas, où proverbes et autres formes sentencieuses ne sont ni vraiment illustrés, ni narrativisés dans la nouvelle, contrairement à ce que dit

« *Signore e vin di fiasco, la sera è buono la mattina è guasto* » est placé en ouverture de la nouvelle dans la bouche d'un personnage, puis commenté et illustré dans la nouvelle par le seigneur, qui le concrétise, avant que le narrateur ne commente à son tour l'action par une variante du proverbe explicitant combien les humeurs des puissants sont changeantes.

15 « *Chi nasce smemorato e gozzuto non ne guarisce mai.* » Ce proverbe est une variante de celui de la nouvelle CLIII « *Chi nasce cattivo non ne guarisce mai.* »

16 « *Dice messer Valore : – Egli è meglio tenere a terra che vendere a calcina. E' mi conviene essere buon garzone, che li consorti miei m'hanno minacciato e non vogliono ch'io porti foggia ; e quando voi ne vedete alcuno di loro, vi prego dichiate come io sono disposto e come io fo masserizie.* » (CV), p. 241.

parfois le narrateur[17]. Si l'on examine l'emplacement de ces formes dans l'économie des nouvelles, on constate que Sacchetti utilise toute la palette proposée par les traités de rhétorique et d'*artes praedicandi* de son temps[18]. De l'ordre de la preuve externe – quelle que soit l'origine de leur autorité[19] – les formes sentencieuses peuvent ainsi être employées avec profit aussi bien dans l'exorde, dans la *narratio* – en particulier dans le cadre d'enthymèmes – que dans la péroraison, comme épiphonème[20] :

> Dans le prologue, elle fonde en vérité les faits particuliers, objets du discours ; dans la *narratio*, elle relève de l'argumentation ; mais c'est en position finale qu'elle prend le plus de relief. Elle constitue en cette position, une figure : l'*epiphonema*, qui est *rei narratae vel probatae summa acclamatio* (Quintilien 8, 15, 11) ; [...] produ[isant] un effet conclusif, synthétisant, cette figure provoque

17 Dans la nouvelle XXXVII on lit : « *per questo nacque quel proverbio : "Lo sbandito corre dietro al condennato"* » alors que la nouvelle n'illustre pas littéralement le proverbe (Croce n'est qu'un petit truand).

18 *Cf.* Giuseppe Chiecchi, « *Sentenze e proverbi nel Decameron* », *Studi sul Boccaccio*, IX, 1975-1976, p. 119-168, à partir principalement des traités de Bene da Firenze, Jean de Garlande, Giovanni Balbi da Genova, Boncompagno da Signa, Bono da Lucca. Sur l'importance de la prédication, y compris comme modèle littéraire, pour la prose de Sacchetti, voir Marina Gagliano, *Franco Sacchetti prosateur* (thèse de doctorat, dir. C. Perrus), Université Paris III, 1999, p. 127.

19 *Cf.* Giuseppe Chiecchi, *op. cit.*, p. 120-123. Le proverbe se caractériserait par sa brièveté, son autonomie, la présence d'une composante métaphorique, et son évidence reposerait sur l'expérience commune des hommes, tandis que l'impératif moral énoncé dans la forme brève de la sentence dépendrait de l'autorité de la personne ayant émis un jugement devant trancher entre diverses hypothèses d'interprétation du réel. Bien qu'il note que sentences et proverbes sont des formules relativement cristallisées par la tradition, Chiecchi intègre à son étude (comme "sentences") nombre d'énoncés gnomiques dont l'autorité énonciatrice n'est pas indiquée, et qui sont souvent si intégrés à la narration que leurs frontières sont difficiles à déterminer. En raison de la difficulté à juger de ce qui relèverait d'un énoncé moralisant émanant de la voix du narrateur-commentateur ou bien d'une sentence traditionnellement identifiée comme telle (par exemple la moralité de la nouvelle LXXV, « *però qualunque vive non può errare d'usare con quelli che più di lui sanno, però che sempre s'impara* semble développer *Sin che si vive, s'impara sempre* » au point cependant que la forme sentencieuse n'est plus vraiment reconnaissable dans l'énoncé moralisant), seules les sentences, maximes ou morales attribuées ou bien identifiées comme telles ont été incluses dans le corpus de cette étude.

20 Giuseppe Chiecchi, *op. cit.*, p. 142-144 ; Paul Zumthor, « L'épiphonème proverbial », *Revue des sciences humaines*, 163, 1976, p. 313-328. Le corpus de cette étude est constitué de proverbes médiévaux français antérieurs au XVe siècle. Le proverbe y est défini comme un « énoncé à contenu général, emprunté à un quelconque poète ou à la sagesse populaire, et que l'orateur rattache à l'exposé de la cause [... qui] appartient à l'ordre des preuves externes et, dans la mesure où elle constitue un emprunt au donné historique (la tradition), [...] est proche de l'*exemplum* » (*op. cit.*, p. 320-321). La définition soulève le problème du traitement des citations littéraires (notamment de Dante), bien représentées dans le recueil : si elles semblent apparentées par leur forme et leur traitement aux sentences et maximes, elles ont été exclues du corpus, car elles débordent du cadre définitoire tracé par Anscombre, Cadiot et Visetti.

> chez l'auditeur un mouvement de l'imagination ou du sentiment qui nuance rétrospectivement tout le discours, en même temps qu'il est nuancé par lui[21].

Or si l'on examine l'emplacement des formes sentencieuses au fil du recueil (*fig. 2*), on constate encore une fois une nette évolution. Dans la première moitié du recueil, les trois-quarts (76 %) des formes sentencieuses sont énoncées par le narrateur et apparaissent dans la moralité. Elles viennent généraliser la référence en opérant, dans le passage du récit à la proposition extratemporelle sentencieuse, « une transformation de l'indéfini à l'universel, de l'anecdotique à l'axiomatique[22] », soit en confirmant le récit par un contenu identique, soit « en le transposant dans un autre registre de représentation[23] » (par l'analogue), soit en proposant une vérité inverse au contenu du récit, dans un rapport ironique invitant à déconstruire les rôles narratifs[24]. Dans la première moitié du recueil, une seule forme se trouve dans l'exorde (LXV), et les épiphonèmes dominent largement (81 %) sur les formes sentencieuses employées dans le corps de la nouvelle, comme argument ou comme leçon (14 %).

Emplacement	I	%	II	%	total	% total
Exorde	1	5	1	2	2	2,5
Narration	4	19	28	50	32	41,5
Moralité	16	76	27	48	43	56

FIG. 2 – Place de la forme sentencieuse dans la nouvelle
en fonction de sa place dans le recueil
(I : première moitié ; II : deuxième moitié).

Dans la seconde moitié du recueil en revanche, on trouve presque autant de formes sentencieuses dans la *narratio* que dans la moralité, et elles sont de plus en plus souvent énoncées par des personnages (43 % dans la seconde moitié, contre 24 % dans la première). Enfin, ce mouvement s'accompagne d'une diversification et d'une complexification des formes employées[25].

21 Paul Zumthor, *op. cit.*, p. 321.
22 Paul Zumthor, *op. cit.*, p. 316.
23 *Ibid.*
24 *Ibid.* Pour la liste des nouvelles illustrant chacun de ces cas, voir la dernière colonne de la *fig. 4*.
25 *Cf.* la colonne « Voix » de la *fig. 4* pour ces données.

Adages et proverbes représentent en effet, dans des proportions à peu près équivalentes, la quasi-totalité des formes sentencieuses du recueil. À cela s'ajoutent des énoncés tirés de la Bible[26], ou de fables[27]. Un seul énoncé relève du dicton proprement dit, et vient étoffer la contextualisation de la nouvelle CXLVI : la saint Thomas (« où le cochon tu tueras ») approchant, la bête dérobée est bien grasse. Dans la nouvelle CLIX, une sentence de Caton (*Fuge rumores*, « Fuis les rumeurs ») sert de béquille narrative, expliquant pourquoi les spectateurs de la scène se sont éclipsés, tandis qu'en conclusion de la nouvelle CLXVI, le narrateur brode sur le thème de la puissance de la peur, « qui fait trotter les hommes », terminant par un proverbe sur ce thème qui paraît ornemental tant ses liens avec la nouvelle sont ténus[28].

Cette relative diversification des formes s'accompagne d'une exploration des limites de leur figement : alors que dans la première moitié du recueil les formes sentencieuses sont plutôt balisées, dans la seconde l'auteur en use avec plus de fantaisie. Dans la nouvelle CXXXVII, l'épiphonème est ainsi une variante frioulane d'un adage, et sa forme dialectale colore d'absurdité – ou au moins d'étrangeté – l'énoncé qui dénonce l'arbitraire des femmes et des seigneurs[29]. Dans la nouvelle CCXXVIII, c'est une variante plus explicite d'un proverbe déjà énoncé deux fois (« Qui vole un œuf vole un bœuf », XCI et CXLVII) qui est proposée, tandis que la nouvelle CCXXII propose une nouvelle version d'« Un tien vaut mieux que deux tu l'auras » (présent sous sa forme traditionnelle et bien balisée dans la nouvelle CXCVIII) en l'intégrant syntaxiquement à la narration. Dans la nouvelle CL, une fois gravé sur un cimier à l'ours, un proverbe pris au pied de la lettre se mue en devise[30], tandis que dans la nouvelle CCXXIX, le proverbe invitant un religieux à prendre conscience de ses vices est présenté comme une citation d'une chanson d'Antonio Beccari, la *Varietà della Fortuna*, qui contient plusieurs proverbes et

26 « *Si vuole provare ogni cosa et il buono ritenere* » (CI, p. 233) est dérivé de Paul, *Thessaloniciens* (5 : 21), tandis que « *Qui de terra est, de terra loquitur* » (CCXXVI, p. 602) provient de Jean (3 : 31). Le recueil contient bien d'autres expressions bibliques, mais seuls les énoncés sentencieux autonomes ont été pris en compte.

27 *Cf.* les nouvelles XXXVI, CXXXV, CXLIX (probablement en passant par Dante, *Pg.* XIII, 123, dans ce dernier cas).

28 « *Bisogno fa la vecchia trottare* », p. 421.

29 « *Ciò che vuol dunna vuol signò e ciò che vuol signò zirli e birli* », p. 313.

30 « *Non ischerzar con l'orso se non vuogli esser morso* », p. 355.

sentences[31]. Ainsi, non seulement les formes sentencieuses se multiplient au fil du recueil, mais elles se présentent sous une forme toujours plus variée et complexe, sans compter que plus on avance dans le recueil, plus on trouve de nouvelles ne présentant pas une forme sentencieuse, mais deux, trois, quatre, cinq, de forme et d'emplacement variés, associées ou non à des citations ou des ritournelles, et qui sont de moins en moins l'apanage de la voix du narrateur-commentateur et de plus en plus un instrument herméneutique confié aux personnages, qui les utilisent parfois dans une démarche argumentative[32], mais beaucoup plus souvent pour tirer une leçon des événements (*fig. 3*).

Emplacement	I	*%*	II	*%*	total	*% total*
Béquille narrative	1	*20*	4	*80*	5	*6,5*
Argumentation	2	*20*	8	*80*	10	*13*
Leçon	1	*6*	15	*94*	16	*21*
sous-total	4	*13*	27	*87*	31	*40*
Épiphonème par l'identique	7	*50*	7	*50*	14	*18*
Épiphonème par l'analogue	5	*23*	17	*77*	22	*28,5*
Épiphonème par opposition	2	*66,5*	1	*33,5*	3	*4*
Noyau	3	*43*	4	*57*	7	*9*
sous-total	17	*37*	29	*63*	46	*60*

FIG. 3 – Rôle de la forme sentencieuse dans la nouvelle
en fonction de sa place dans le recueil
(I : première moitié ; II : deuxième moitié).

31 « *Egli è molto da pregiare, chi ha perduto e lascia andare* », p. 608. *Cf.* Antonio da Ferrara (Antonio Beccari), *Le rime*, Laura Bellucci (ed.), Bologna, Patròn, 1972. Ce cas souligne encore une fois la proximité des formes sentencieuses et des citations dans le recueil, en vertu certainement de l'autorité reconnue aux poètes cités.

32 Dans la nouvelle CLXXXIX, Lorenzo et Biagio argumentent ainsi en s'opposant des formes sentencieuses : « *Allora rispose Lorenzo : "Quando l'uomo trova cosa che gli piace, conviene che si sforzi." Colui rispose : "Quello che non si puote, è più duro che pietra"* », p. 480. Même chose dans la nouvelle CLX, où les membres des corporations emploient maladroitement un proverbe dans leur discours, pour espérer bénéficier de son autorité et convaincre le Podestat, qui s'en sort quant à lui par une sorte d'apologue de son cru. Dans la nouvelle CLXCI, le prêtre argumente au moyen d'un énoncé gnomique qui ne semble pas appartenir à la tradition (*le cose provate son più certificate*, p. 491) mais a été repris dans les dictionnaires, probablement en vertu de la rime interne qui le rapproche des formes sentencieuses.

L'enchaînement des formes sentencieuses dans la nouvelle CLXXXIV est une bonne illustration de la variété de leurs usages dans la seconde moitié du volume. Le premier proverbe, énoncé par le narrateur dans le corps de la nouvelle, relève du « noyau narratif », dans la mesure où il est développé dans le récit en étant transposé au niveau littéral[33]. Plus loin, pour se justifier d'avoir indûment alarmé les paysans une fois de plus, le curé allègue – à mauvais escient – la sentence de Caïphe. Quand il reproche, peu après, aux paysans échaudés de ne pas l'avoir secouru quand il en a eu réellement besoin, les paysans usent à leur tour en l'adaptant de la sentence de Caïphe, à bon escient, ce que le curé reconnaît, prenant enfin conscience de ses erreurs. Un dernier proverbe, dont la dimension métaphorique n'est pas illustrée par la nouvelle, vient alors exprimer cette prise de conscience, jouant à lui seul le rôle de moralité, sans intervention complémentaire du narrateur-commentateur. Le curé a été puni pour s'être montré bien peu avisé – c'est-à-dire doté d'une forme de finesse d'esprit, de perspicacité permettant d'agir à propos en toutes circonstances, en alliant savoir et observation – qualités qui paraissent étroitement associée aux personnages qui usent de formes sentencieuses[34].

LA LEÇON DES FORMES SENTENCIEUSES
Être avisé, c'est aussi savoir distiller l'expérience

Dans le recueil, le répertoire sentencieux n'est en effet l'apanage ni d'un sexe, ni d'une classe d'âge, ni d'un milieu socio-économique. Les membres, riches ou désargentés, des grandes familles florentines – tels messire Niccolò Cancellieri (XXIII), messire Valore de' Buondelmonti (CV), Uberto degli Strozzi (CXXXIII), ou Franco Sacchetti lui-même (CLI) – côtoient les humbles employés communaux (CXLVII) ou des membres des Arts mineurs (CLX), les Florentins côtoient les Génois (CXLIV) ou

33 « *E da questo voglion dire alcuni che venisse il motto che dice : "Tu la potrai ben sonare"* », p. 464.

34 Le recueil compte quatre occurrences d'*avvedimento*, plus le nom signifiant de frère Aveduto (CLXXII), et neuf occurrences de l'adjectif *avvedutola*, dont trois sont concentrées dans l'exorde de la nouvelle CXLVIII, p. 349 : « *Fu, et ancora è, un fiorentino chiamato Bartolo Sonaglini, mercatante assai avveduto, e spezialmente in questa novella la quale io racconterò, nella quale non che egli fosse avveduto, ma egli fu avveduto e circonspetto.* »

encore les Parisiens (CXLIX). Cependant, ces personnages ont en commun d'avoir pris conscience, ou bien fait prendre conscience à autrui, d'un élément concernant la nature humaine ou bien l'ordre du monde, et cette prise de conscience est manifestée et exprimée par la forme sentencieuse.

On trouve parmi les personnages appartenant à la première catégorie un chevalier avare qui a compris qu'un banquet ne changerait rien à sa réputation et accepte d'être connu pour ce qu'il est, ce qu'il explicite à son serviteur au moyen d'un proverbe (XXIII), des Parisiens qui ont pris conscience de leur erreur de jugement sur l'abbé toulousain et l'explicitent par une forme sentencieuse tandis que, juste après, l'abbé manifeste lui aussi de la sorte une conscience (assumée) de sa nature hypocrite (CXLIX). Ailleurs, Fuccio réalise sa bêtise en se rappelant une forme sentencieuse que lui répétait son maître (CXCVIII), anticipant la réitération de l'idée en conclusion par deux autres proverbes à la charge du narrateur-commentateur – qui paraît faire de la surenchère. Les bouffons – ou apparentés – tels Gonnella, Dolcibene ou Basso della Penna, donnent également régulièrement des leçons à moins avisé qu'eux au moyen de traits d'esprit ou de mauvais tours[35], leçons que la voix du narrateur commente en recourant volontiers à des formes sentencieuses[36]. Dans certains cas, la forme sentencieuse est le pivot de la *beffa*, comme dans la nouvelle CCXI, où Gonnella fait miroiter à des gens crédules un avenir prospère en se proposant de leur vendre un moyen magique de devenir devins, utilisant l'autorité du proverbe pour les convaincre[37]. Quand les acheteurs lui reprochent de leur avoir fait ingérer des crottes

35 *Cf.* Marina Marietti, « La crise de la société communale dans la *beffa* du *Trecentonovelle* », in *Formes et significations de la « beffa » dans la littérature italienne de la Renaissance*, André Rochon, Adelin Charles Fiorato (éd.), Paris, Université de la Sorbonne Nouvelle, 1994, p. 8-63 ; Marina Gagliano, « Le mot d'esprit et l'esprit des mots dans le Trecentonovelle de Franco Sacchetti », *Arzanà*, 2 (1994), p. 101-126 ; Carole Sabater, « Le mot d'esprit dans le *Trecentonovelle* de Franco Sacchetti », *Italies*, 4 (2000), http://journals.openedition.org/italies/2367.

36 Dans la nouvelle XVIII, Basso della Penna prend les arnaqueurs Génois à leur propre jeu, leçon soulignée par le narrateur en conclusion de la moralité au moyen d'un énoncé proverbial, tout comme dans la nouvelle CLXXIII, qui met en scène une *beffa* de Gonnella. Même chose dans la nouvelle CLXXXVII, et dans la nouvelle CLIII, centrée sur un *motto* de messire Dolcibene qui fait prendre conscience à un chevalier que son avarice fait honte à son rang : c'est au narrateur-commentateur – déjà intervenu au début de la nouvelle dans une digression sur la décadence de la chevalerie – que revient l'énoncé de l'épiphonème proverbial.

37 « *Fammi indovino e faròtti ricco* », p. 562.

de chien, Gonnella leur fait remarquer qu'ils ont bel et bien deviné : en jouant sur les mots, il leur fait prendre conscience de la stupidité de leur croyance superstitieuse[38]. Les dupés acceptent la leçon, qui est transformée par les habitants de Salerne en une ritournelle, procédé récurrent produisant une sorte de "précipité d'expérience" proche par sa forme des énoncés sentencieux. Dans la nouvelle CXL, Grazia joint ainsi à l'adage qui manifeste la prise de conscience de son erreur une ritournelle traduisant sa volonté de se départir de ses compagnons[39]. Dès la troisième nouvelle du recueil, cette forme cousine est utilisée pour synthétiser l'expérience du personnage : Parcittadino forge pour ses proches un distique dont la structure binaire et les rimes internes évoquent les formes sentencieuses : « Par moult coups de pieds et de poings jeté à terre, cet habit je reçus ensuite en Angleterre[40] ». Cependant, s'il se trouve en position d'épiphonème et synthétise la substance littérale de la nouvelle, on constate l'absence de dimension métaphorique de l'énoncé, qui n'offre aucune piste de généralisation, même limitée à la conjoncture ; ce que Parcittadino a retenu de son aventure, c'est l'imprévisibilité des actes des puissants, et il revient au narrateur-commentateur d'analyser vraiment la portée morale de l'expérience, en faisant le lien avec la flatterie dans la conclusion.

C'est cependant quand un personnage comme Gonnella a besoin d'une leçon que les formes sentencieuses sont le plus mobilisées, comme on le voit dans la nouvelle CLXXIV, où l'on trouve la plus grande accumulation de formes sentencieuses du recueil. La nouvelle s'ouvre ainsi sur un proverbe qui anticipe métaphoriquement les enjeux moraux de la narration : « Chèvre boiteuse poursuit son chemin, tant qu'obstacle le loup ne lui met point[41] ». Avant même que le narrateur ne l'explicite, on comprend qu'il sera question des déboires d'un personnage connoté négativement – la référence au handicap invitant à considérer plutôt le

38 Ce proverbe est également au cœur de la nouvelle CLI, qui occupe une position de choix (au centre du recueil) et met en scène la leçon donnée par Sacchetti-personnage à Fazio da Pisa, qui se prétend astrologue et devin. Sur cette nouvelle, *Cf.* Marina Gagliano, *Franco Sacchetti prosateur*, *op. cit.*, p. 300-301. La critique de la superstition affleure également dans la nouvelle LX, à propos de l'engouement pour les reliques, et dans les nouvelles CCXVII et CCXVIII, qui dénoncent la croyance aux incantations.

39 « *farò come colui che dice : "Uno, due e tre, io mi scompagno da te"* », p. 322.

40 « *Tra molte pugna e calci fui in terra, poi ebbi questa robba in Inghilterra* », p. 9.

41 « *Vassi capra zoppa se il lupo non l'intoppa* », p. 436.

versant négatif de la symbolique de l'animal. Effectivement, dans la nouvelle, le bouffon Gonnella de passage à Florence rencontre "enfin", en la personne de marchands avisés, des hommes à sa mesure. En effet, si la première ruse de Gonnella fonctionne et lui vaut des deniers, les marchands florentins font preuve de leur capacité à apprendre de leurs mauvaises expériences, et rosseront Gonnella lorsqu'il cherchera à réitérer son stratagème. Avant cela, quand Mocceca, le bouffon qui héberge Gonnella, entend que son confrère pense pouvoir reproduire son méfait, il en prend acte par une forme sentencieuse (« Le monde appartient aux audacieux ») dont il tire aussitôt une leçon pour lui-même (« je n'y obtiendrai jamais rien »). Quand Gonnella revient après avoir été rossé, Mocceca tire à nouveau une leçon des faits, dans le discours qu'il tient à son confrère sur les tenants et aboutissants de leur métier, et dont la conclusion sonne, grâce à la rime, comme une forme sentencieuse : il s'agit de gagner sa croûte en étant plaisants, et non frauduleusement[42]. Dans sa réponse, Gonnella reconnaît la sagesse du discours de Mocceca, et manifeste qu'il a pris conscience de son erreur, en concluant par un proverbe, dont le *sensus* est le même que celui qui avait ouvert la nouvelle, en plus explicite : « Le fou s'en tire avec sa folie, mais il s'en tire une fois et pas toute la vie[43] ». La boucle est bouclée, mais dans sa conclusion le narrateur juge tout de même bon d'ajouter deux autres formules à l'allure sentencieuse, qu'il place dans la bouche de deux contemporains anonymes, caractérisés par leur effronterie : « S'il s'en aperçoit pas, c'est dans ma pogne, s'il s'en aperçoit, je m'en cogne » ; « Initie le litige et tu auras un arrangement[44] ». Cette dernière formule est identifiée comme proverbe dans le dictionnaire de la *Crusca*, tandis que la forme binaire et rimée de la première lui confère une allure sentencieuse, pour clore une nouvelle qui a montré que la réussite des effrontés suppose qu'ils tombent sur moins avisés qu'eux, dans un monde qui marche sur la tête[45].

---

42 « *viviti quivi di limatura e non di rubatura* », p. 440.

43 « *Passassi il folle con la sua follia, e passa un tempo ma non tuttavia* », *Ibid.*

44 « *S'e' non se l'avvede, io me la abbo, e se ei se l'avvede io me la gabbo*, et *Muovi lite, acconcio non ti falla* », *ibid.*

45 « *che è venuto il mondo a tanto che ciascuno si mette âdomandare quello che non deve ; e, veggendo che nessuna pena se ne dà oggi nel mondo, dicono :* [...]. *E così va oggi il più del reggimento che è sopra la terra. Volesse Dio che almeno ciascuno la comprasse come qui la comprò il Gonnella* » (CLXXIV), *ibid.*

En effet, les « gagnants » de l'univers sacchettien ne sont pas forcément des hommes moralement bons, loin s'en faut : ils sont cependant suffisamment avisés pour comprendre l'ordre du monde qui les entoure, la nature des personnes à qui ils ont à faire, et s'y adapter pour parvenir à leurs fins. Que Sacchetti et ses contemporains le veuillent ou non, un esprit subtil est préférable à l'érudition, ce que la triple expérience de Croce (XXXVII) illustre bien : comme le souligne le narrateur-commentateur en conclusion par un proverbe, Croce a fait comprendre à trois hommes par ses traits d'esprit combien ils se trompaient sur eux-mêmes, grâce à des « arguments extravagants » (*nuove ragioni*) explicitement distingués des sentences héritées de la tradition philosophique. Si trois *auctoritates* antiques sont citées (Socrate, Pythagore et Origène) c'est pour mieux marquer la distance qui sépare les temps présents des temps anciens et les qualités requises pour affronter leurs défis[46]. La conscience douloureuse de ce fossé paraît traverser le recueil : on la retrouve dans la conclusion de la nouvelle CXLVIII, où le narrateur donne son point de vue sur les actes d'un « marchand fort avisé », Bartolo Sonaglini. Si la République florentine était gouvernée par des hommes comparables à Brutus ou Caton, ces actes auraient été fortement répréhensibles, mais au vu du dévoiement des officiers chargés de lever l'impôt pour financer la guerre, il estime qu'il a fait preuve de sagesse[47].

La véritable sagesse est ainsi distinguée du savoir entendu comme somme de connaissances, au profit d'une philosophie naturelle, au sens

46 « *E così questo Croce cavò d'errore questi tre errati di loro medesimi ; li quali, sono molti come costoro che s'ingannano sì forte che credono che tutti gli altri sieno ciechi, et a loro pare d'avere gli occhi di lupo cerviero, non pensando chi sieno, e quanto vaglino l'opere loro, essendo peggiori che 'tali con cui contendono, si vogliono fare di buona terra, mostandosi buoni, essendo il contrario. E per questo nacque quel proverbio : "Lo sbandito corre dietro al condennato". Ma a tutti intervenisse che s'abbattessino al Croce, il quale non essendo Socrate, non Pittagora, non Origene né degli altri filosofi che ebbono profonde sentenzie, ma un uomicciatto disutile, con così nuove ragioni che gli confondesse, come confuse questi tre con cui venne a questione : questo non gli diede scienza, ma sottigliezza et ingegno di natura* », p. 90-91.

47 « *Io scrittore credo che Bartolo sarebbe forte da riprendere, se Bruto o Catone o loro discendenti fossono stati di quelle Settine. Ma considerato come la volontà aveva sottomesso la discrezione di quelli che il savio Bartolo Sonaglini aveva compreso essere eletti già a fare le Settine, io reputo lui essere stato degno di perpetua memoria come uomo mercatante avveduto in tutte le cose* », p. 351-352. On remarque que, comme dans la nouvelle CLXXIV, le narrateur choisit de redonner la parole aux personnages, ici au marchand, pour conclure la nouvelle. Une petite partie dialogique met en scène Bartolo et ses compatriotes, et la réplique de Bartolo se termine par un proverbe, qui synthétise sa position, soulignant l'importance de la patience.

où elle « connaît la nature des choses », philosophie dont les formes sentencieuses seraient un véhicule privilégié[48]. En effet, ces énoncés invitent avant tout à se connaître soi-même, puis à connaître la nature des hommes et l'ordre du monde, tels qu'ils se présentent du temps de Sacchetti. Qu'elles soient énoncées par le narrateur ou par des personnages avisés, les formes sentencieuses ne semblent ainsi pas relever d'un réservoir sapientiel absolu et immuable mais résulter au contraire d'une distillation de l'expérience, au sens d'opération intellectuelle consistant à en extraire la quintessence[49]. Chaque nouvelle paraît ainsi représenter ainsi un cas – nouveau – qu'il convient d'analyser en hommes avisés pour en extraire une compréhension des hommes et du monde qui constitue une forme de sagesse intimement liée à la conjoncture[50]. De là peut-être la tendance à « attribuer » à des personnages caractérisés

48 Outre la conclusion de la nouvelle XXXVII, citée ci-dessus, c'est une idée que l'on trouve dès la nouvelle VIII, où le Génois est décrit dans la rubrique comme *sparuto ma bene scienziato*, puis au début de la nouvelle comme « *uno scientifico cittadino e in assai scienze bene sperto* », avant que la distinction avec la sagesse philosophique ne soit explicitée dans la moralité : « *Questo Genovese era scienziato ma non doveva esser filosafo, come la maggior parte sono oggi, perché la filosofia conosce tutte le cose per natura. E chi non conosce sé principalmente, come conoscerà mai le cose fuori di sé ? Costui se si fosse specchiato, e con lo specchio della mente e col corporale, avrebbe pensato la forma sua e considerato che una bella donna, eziandio essendo onesta e vaga, ha caro che chi l'ama abbia forma d'uomo e non di vipistrello. Ma e' pare che li più sieno tocchi da quel detto comune : "Non vi è maggior inganno che quello di sé medesimo"* », p. 22. Dans la nouvelle CXXVII, les juges et les gens trop savants sont exclus du gouvernement pour le plus grand bien de la cité et, dans la nouvelle CLI, Sacchetti se moque de la pure érudition livresque. Sacchetti distingue entre la philosophie apprise à l'Université (parfois pour n'être qu'un titre, comme dans la nouvelle VII, ou la CLVI) et la philosophie naturelle, entendue comme qualité de l'homme avisé, qui connaît la nature des hommes et du monde, tel messire Ridolfo da Camerino (XLI : « *E' mi conviene in questa novella, poiché io ho cominciato a dire di questo valentre uomo, dire certi suoi detti ; però che, al mio parere, e' fu filosofo naturale di pochissime parole* », p. 95), Giotto (LXXV : « *Giotto, le quali furono tenute parole proprio da filosofo dagli uomini che avevono intendimento* », p. 165), Romolo del Bianco (C : « *ha le più nuove parole del mondo alle mani, e la maggior parte come filosofiche* », p. 227), Dante (CXV) ou d'autres encore (CLXV, CXCIII).

49 Le lien entre proverbes et expérience a été souligné par Chiecchi dans son étude sur sentences et proverbes dans le *Décaméron* : « *alle sentenze che evidenziano la moralità dei personaggi e delle vicende e che contrastano arditamente il flusso delle circostanze avverse, si oppongono i proverbi che esprimono i dati concreti dell'esperienza mercantile e riflettono con solido realismo sugli avvenimenti e sugli elementi del racconto* » (*op. cit.*, p. 156). Il nous semble que le traitement distinct des deux formes qu'il met en évidence ne se retrouve pas chez Sacchetti.

50 La sagesse d'Ambrogino est ainsi définie par l'état du monde de son temps dans la nouvelle CLXXXVIII : « *Per questa novella veramente si può comprendere che, allo stato che si vede e de' signori e de' comuni (e spezialmente oggi, che altro non cercano se non per gravezze quello delli sudditi loro consumare), che Ambrogino saviamente provvedesse a volersi prima manicare il*

par leur audace, leur esprit et leur discernement des proverbes appartenant de longue date à la tradition[51] ? Plus qu'un artifice narratif, cette paternité affirmée ancre le contenu sapientiel du proverbe dans le présent, en en faisant un produit nouveau, singulier, de temps eux aussi nouveaux et singuliers, où même les lois si ancrées dans la tradition qu'elles sont énoncées comme un adage sont discutables, comme dans la nouvelle CXCVI[52] : l'examen attentif du cas, des circonstances, contraste avec le principe juridique ancré dans la tradition, et une hiérarchie des normes qui place le discernement au-dessus de tout justifie qu'on déroge à une loi ancestrale. Chaque nouvelle fournit ainsi un cas à l'analyse, duquel tirer des enseignements afin de saisir dans l'expérience présentée ce qui relève d'une vérité généralisable sur l'état actuel des hommes et du monde. Et c'est dans ce cadre que semblent intervenir les formes sentencieuses, comme leçons tirées par des personnages avisés ou par le narrateur-commentateur. Résultat d'un processus de distillation de l'expérience, elles s'offrent comme règles pour des temps troublés, où les exemples antiques ne semblent plus être des guides suffisants.

Ainsi, l'usage que fait Sacchetti des formes sentencieuses évolue nettement au fil du recueil : non seulement il en use de plus en plus, mais il le fait de façon toujours plus variée et complexe, ce qui témoignerait en faveur d'un maniement conscient, et aguerri, de cet instrument dans le cadre de son entreprise narrative. De plus, même quand ces formes relèvent effectivement d'un « noyau » fourni par la langue et développé par la narration, le fait qu'on ne les trouve presque jamais en exorde mais comme épiphonème paraît significatif du rapport qu'elles entretiennent avec l'expérience. Alors que dans les sermons, les *exempla*

suo che altri lo mangiasse », p. 479. Sur l'évolution pessimiste de la morale de Sacchetti, *Cf.* Marina Gagliano, *op. cit.*, p. 292, 326.

51 Dans la nouvelle LI par exemple, la paternité d'un proverbe est attribuée à l'effronté Ciolo, tandis que dans la LXXVII, l'invention d'un proverbe est un moyen rusé pour gagner un procès.

52 « *Il podestà, considerando il caso, come che la legge dice : "Chi uccide deve esser morto", contrastava agli accusatori ;* [...] *La miglior legge che si possa usare è quella della verità e della discrezione ; per ciò che la legge dice : "Chi uccide deve esser morto", ma egli è grandissima differentia d'una morte a un'altra, ché son molti che potrebbono meritar premio, non che pena di morte, e son molti che meriterebbono mille morti. E pertanto conviene che qui sia un mezzo che pigli un'altra via che seguire le leggi ; e questa convien che sia il discreto rettore, come che io non sono di quelli ; ma per discrezione e per bene ho giudicato* », p. 509 et 511.

viennent illustrer, en l'actualisant, une vérité transcendante énoncée préalablement, le rapport semble inversé chez Sacchetti : la nouvelle expose un cas, dont le potentiel sapientiel et moral est distillé, tantôt par les personnages et tantôt par le narrateur, pour en faire émerger une vérité dont le champ de validité n'est pas absolu mais déterminé par l'état actuel du monde, par la conjoncture. En ce sens, le contenu sapientiel des formes sentencieuses ne semble pas relever d'une vérité *extra tempore* mais plutôt *ex tempore*, une vérité extraite de l'analyse des cas rencontrés en des temps troublés. Sacchetti semble ainsi promouvoir (outre une dévotion sincère) une forme de philosophie naturelle, centrée sur l'analyse des hommes et du monde tels qu'ils se présentent dans un présent placé si souvent sous le coup de la « nouveauté » – des hommes, des choses, et donc des récits – que se pose le problème de son intelligibilité, suivant en cela une veine empiriste qui parcourt les écrits, notamment privés, des Florentins de son temps.

Élise LECLERC
Université Grenoble Alpes
LUHCIE, EA 7421

ANNEXE
Les formes sentencieuses du recueil

Légende

Colonne	Valeurs
V = Voix	Narrateur (N) ; Personnage (P) ; Personnage via le narrateur-commentateur (V)
E = Emplacement	Exorde (E) ; Narration (N) ; Moralité (M)
R = Rôle	Béquille narrative (1) ; Argumentation (2) ; Leçon (3) ; Épiphonème par l'identique (4a) ; par l'analogue (4b) ; par opposition (4c) ; Noyau (5)
	Énoncé sentencieux attribué (maxime, sentence, morale)
	Énoncé sentencieux actualisé (forme adaptée au sujet de l'énonciation ou du récit)
000	Nouvelle contenant plusieurs formes sentencieuses

N°	Introd.	Énoncé sentencieux	V	E	R
8	*detto comune*	*non vi è maggior inganno che quello di sé medesimo*	N	M	4a
16	*proverbio*	*l'amore e la tosse non si possono celare*	N	N	1
17	*però che spesse volte*	*come la fortuna toglie così dà e come ella dà così toglie*	N	M	4a
18	*perché spesse volte*	*l'ingannatore rimane a pié dell'ingannato*	N	M	4a
23		*Onore col danno, al diavol l'accomanno*	P	N	3
36	*come fa*	*la mosca, che è in sul culo del bue, che, se gli fosse detto : "Che fai tu costì, mosca ?" e quella risponderebbe : "Ariamo".*	N	M	4b
37	*proverbio*	*Lo sbandito corre dietro al condennato*	N	M	4b
40	*detto :*	*Tristo chi poco ci puote*	N	M	4b
	sempre si vede che	*La forza opprime la ragione*	N	M	4a
51		*Questo mondo è delli impronti*	N	M	4a
	parole, o motto	*Chi va lecca e chi sta si secca*	V	M	4a
60		*La fede è buona e salva ciascuno che l'ha [ma]*	N	M	4c

65		*Signore e vin di fiasco la sera è buono e la mattina è guasto*	P	E	5
		Signore e vino di fiasco, l'uno dì era buono e l'altro l'ha disfatto.	N	M	4a
86	*proverbio*	*Buona femmina e mala femmina vuol il bastone*	N	M	4c
91	*perché*	*a cane che lecca cenere non gli fidare farina*	N	M	4b
92	*adiviene spesse volte*	*tanto sa altri quant'altri*	N	M	4b
101	*il nostro Signore dice*	*si vuole provare ogni cosa et il buono ritenere*	P	N	2
102	*e però dice :*	*Servi, e non guardare a cui et avrai de' migliacci*	N	M	5
105		*Egli è meglio tenere a terra che vendere a calcina*	P	N	2
110	*però si dice :*	*Scherza co' fanti e lascia stare i santi*	N	M	5
133		*il diavolo non è nero come si dipigne*	P	N	2
135	*e però*	*non si può errare a servire*	N	M	4a
	Esopo […] favola	'Tu, qui summa potes, ne despice parva potenti."	N	M	4b
137	*però dice il Friolano*	*Ciò che vuol dunna vuol signò e ciò che vuol signò zirli e birli*	N	M	4b
140		*Egli è meglio corta follia che lunga*	P	N	3
144		*lo male non sta sempre dove si pone [ma]*	P	N	3
		chi ha da fare con Tosco non conviene che sia losco	P	N	3
146		*San Tommè che piglia il porco per lo pè*	N	N	1
147	*sapete che dice*	*Cane che lecca cenere non gli affidar farina*	P	N	3
148		*Siedi e sgambetta, e vederai vendetta*	V	M	4b
149	*proverbio*	*Non ti conosco se non ti maneo*	P	N	3
	un altro	*Più non ti curo, Domine, che uscito sono del verno*	P	N	3
150	*cimiero […] parole*	*Non ischerzar con l'orso se non vuoi essere morso*	N	N	5
151	*sempre udito dire*	*Chi fosse indovino sarebbe ricco*	P	N	3
153	*però che*	*Chi nasce cattivo non ne guarisce mai*	N	M	4b
159	*Cato :*	*"Fuge rumores."*	*N*	*N*	*1*
160		*Lo sbandito corre dietro al condennato*	P	N	2
163	*proverbio*	*In cent'anni e cento mesi torna l'acqua ai suoi paesi*	N	M	4b
166	*così*	*Bisogno fa la vecchia trottare.*	N	M	4b
168	*proverbio*	*Batti il villano e arailo per amico*	N	M	5

173	*il dettato :*	*Chi nasce smemorato e gozuto non ne guarisce mai*	N	M	4a
174		*Vassi capra zoppa se il lupo non l'intoppa*	N	E	4a
		Questo mondo è degli impronti	P	N	3
	sempre udito dire	*Passassi il folle con la sua follia, e passa un tempo ma non tuttavia*	P	N	3
		S'e' non se l'avvede, io me la abbo, e se ei se l'avvede io me la gabbo	V	M	4a
		Muovi lite, acconcio non ti falla	V	M	4b
180		*A molti è già nociuto il favellare, il tacere mai non nocque ad alcuno*	N	M	4a
184	*motto*	*Tu la potrai ben sonare*	N	N	5
	disse Caifàs :	*E' conviene che un uomo muoia per lo popolo anzi che tutta la moltitudine perisca*	P	N	2
		Serrerò la stalla or ch'ho perduto i buoi	P	N	3
185	*così*	*L'avaro spende spesso molto più che il largo*	N	M	4b
186	*il perché dice :*	*Una cosa pensa il ghiotto, e l'altra il tavernaio*	N	M	4b
187	*legge che dice [...] :*	*Mai fare altrui quel che non vorreste fosse fatto a te*	N	N	3
	E però	*non si può errare a porsi nel luogo del compagno e far la ragione sua come la sua propria*	N	M	4b
188	*E però dice :*	*Chi per sé raguna per altri sparpaglia*	N	M	4b
189		*Quando l'uomo trova cosa che gli piace, conviene che si sforzi*	P	N	2
		Quello che non si puote, è più duro che pietra.	P	N	2
190	*e però dice :*	*Passa un'ora e passane mille*	N	M	4b
193	*una cosa [è] certa :*	*la richeza corre al suo fine, che è la povertà*	N	M	2
196	*la legge dice*	*Chi uccide deve essere morto*	N	N	1
	la legge dice	*Chi uccide deve esser morto [ma]*	P	N	2
198	*'l maestro diceva*	*Egli è meglio pincione in mano che tordo in frasca*	P	M	3
	però che	*chi tutto vuole tutto perde*	N	M	4a
	e	*l'ingannatore rimane a piè dello ingannato*	N	M	4b
199		*Ogni cosa è d'ogni anno*	P	N	3
200	*perciò si dice :*	*Li nuovi uomini, le nuove cose*	N	M	4a
201		*I pesci grossi mangiano i piccini*	P	N	5
203	*perché*	*chi ha preso sa mal lasciare*	N	N	1

211	*proverbio*	*Fammi indovino e faròtti ricco*	P	N	2
213	*sì come*	*il bue che spesso crede andare a pascere et andrà a arare.*	N	M	4b
222		*si rimase sanza il piccione per voler il tordo della frasca*	N	N	3
226	*come che chi disse*	*"Qui de terra est, de terra loquitur"*	N	M	4c
227	*però che*	*è gran follia mettere fuoco in un pagliaio e non creder che egli arda*	N	M	4b
	però in tutte le cose	*chi si veste i panni del compagno non può errare*	N	M	4b
228	*vulgarmente si dice*	*chi comincia a imbolare non se ne riman mai*	N	M	4b
229	*canzone [Beccari]*	*Egli è molto da pregiare, chi ha perduto e lascia andare*	P	N	3

LA DIMENSION POLITIQUE DANS LES *TRECENTO NOVELLE* DE FRANCO SACCHETTI

Il est tout sauf secondaire que le livre dont Sacchetti s'inspire ouvertement, à savoir le *Decaméron*[1], soit dépourvu de tout caractère relevant de la chronique. Chez Boccace, l'auctorialité et la *concinnitas* ne permettent pas l'émergence d'éléments afférents au « compte rendu » de faits. La description de l'« horrible commencement » (*l'orrido cominciamento*) en est un exemple éloquent : cette peste meurtrière, qui a bouleversé la collectivité tout entière, est narrée dans une perspective dont la distance avec les chroniques contemporaines est frappante ; dans le même temps, les circonstances douloureuses constituent une justification et une légitimation de la narration de nouvelles, qui privilégie non pas tant les événements que leur revisitation : une cité infernale où plus aucune loi divine ou humaine ne s'applique, un espace maléfiquement carnavalesque loin duquel les dix devisants doivent nécessairement partir dans le but de fonder une société nouvelle fondée sur des valeurs proto-humanistes : celles-là mêmes que Pétrarque utilise, au même moment, pour structurer son idéal biographique et artistique. Sur ce point, la critique a eu beau jeu de mettre en relief la distance entre la construction soignée du « livre des Cent Nouvelles » et la succession désordonnée et « ouverte » des *Trois cents nouvelles*, et ce en prenant appui sur les deux titres qui témoignent de la manière dont les œuvres ont été reçues : le premier sous le signe de l'achèvement dantesque, de la perfection close, le second, sous le signe de possibilités diégétiques infinies et pléthoriques, témoins d'un sens de la vie protéiforme et fluide[2]. Nombreuses sont les études qui

---

1 Dorénavant le *Décaméron* sera cité dans l'édition de Vittorio Branca, Torino, Einaudi, 1980 ; les *Trecento Novelle* dans celle de Michelangelo Zaccarello, Firenze, Edizioni del Galluzzo, 2014.

2 Voir à ce propos Davide Puccini, « Sul titolo del *Trecentonovelle* », *Lingua nostra*, LXIII, fasc. 3-4, 2002, p. 94-95 ; pour une position contraire, *Cf.* Luigi Matt, « Ancora sul titolo

ont insisté sur ce phénomène de régression littéraire perceptible dans toute la tradition narrative des épigones, dont Sacchetti est peut-être le représentant le plus significatif, une régression qui autorise la réapparition de ces « genres mineurs de la *narratio brevis* que Boccace avait sublimés et fondus dans la nouvelle[3] ». À l'inverse de ce qui se produit dans le *Décaméron*, chez Sacchetti, la géographie presque exclusivement florentine, plus « proche » de l'auteur, la présence d'épisodes qui lui sont contemporains, les nombreux personnages provenant de son cercle privé de connaissances et d'amis, et enfin l'irruption de l'« *io scrittore* » comme témoin véridique du récit, avec la même préoccupation continue et constante de véridicité déjà annoncée dans le *Proemio*, le rapprochent sans aucun doute des modalités de narration à l'œuvre dans les chroniques contemporaines[4].

La tendance de Sacchetti à la chronique, on doit le souligner, est bien éloignée des structures, des modalités narratives et des finalités associées au compte rendu politique et civique : elle véhicule plutôt des attitudes d'ordre anecdotique. Toute recherche qui irait dans un autre sens serait vaine, et il semble même que, sur ce point, la distance entre le chef-d'œuvre achevé de Boccace et les nouvelles potentiellement infinies de Sacchetti tende à se réduire, parce qu'en effet, dans les deux textes, on retrouve à l'œuvre les mêmes finalités bien consolidées du *prodesse* et

---

del *Trecentonovelle* », *Lingua nostra*, LXV, fasc. 3-4, 2004, p. 114-116 (qui attribue le titre au cercle de Borghini) ; Davide Puccini, « Di nuovo sul titolo del *Trecentonovelle* », *Lingua nostra*, LXVI, 2005, 1-2, p. 43-45. Pour la démonstration complète du fait que le titre est bien en réalité les *Trecento Novelle* sans univerbation, voir Michelangelo Zaccarello, « Tracce di una tradizione non borghiniana del *Trecentonovelle* », in *id.*, *Reperta. Indagini, recuperi, ritrovamenti di letteratura italiana antica*, Verona, Fiorini, 2008, p. 149-182 ; et *id.*, « Ancora sul testo base delle *Trecento Novelle* », *Nuova Rivista di Letteratura Italiana*, XX, 2017, p. 131-154. Il faut lire également les fines observations de Giuliano Tanturli, « Giovanni Boccaccio nella letteratura italiana », in *Boccaccio autore e copista*, éd. Teresa De Robertis, Carla Maria Monti, Marco Petoletti, Giuliano Tanturli, Stefano Zamponi, Firenze, Mandragora, 2013, p. 17-23 : 21.

3 C'est ce qu'affirme Michelangelo Picone, *La cornice degli epigoni*, in *Forma e parola. Studi in onore di Fredi Chiappelli*, a cura di D. J. Dutschke, P. M. Forni, F. Grazzini, B. R. Lawton, L. Sanguineti White, Roma, Bulzoni, 1992, p. 178.

4 Sur ce sujet, outre l'article classique de Benedetto Croce, « Il Boccaccio e Franco Sacchetti », *La critica*, 29, 1931, p. 81-99, *Cf.* Antonio Corsaro, « Cultura e meccanismi narrativi del *Trecentonovelle* di Franco Sacchetti », *Filologia e critica*, VI, 1981, p. 22-49 ; *id.*, « Boccaccio e Sacchetti. Incontri e Dissociazioni », *The Italianist*, 2, 1982, p. 5-14 ; M. Gagliano, « Le *Trecentonovelle* et le *Décameron*, emprunts et effets intertextuels », *Chroniques italiennes*, 3-4 2000, p. 95-107 ; Davide Puccini, « Appunti sulla cultura di Franco Sacchetti », *Letteratura Italiana*, 8, 2007, p. 359-362.

du *delectare.* De son côté, le *Décaméron* se fixait comme but de fournir un plaisir compris comme compensation, comme réconfort face au mal irréductible du monde ; la même fonction consolatoire est – de façon plus discontinue mais néanmoins claire – aussi présente chez Sacchetti. Ainsi, l'idée, partagée par les deux auteurs, selon laquelle la narration de nouvelles est un instrument contre la mort, et contre tout ce que la mort signifie, l'idée qu'on peut se défendre, au moyen de l'écriture de nouvelles, des nombreux *mala in mundo* à travers lesquels un *malum mundi* s'actualise concrètement. L'*incipit* de Sacchetti cite explicitement le modèle boccacien en reliant son recueil au « temps présent et à la condition de l'humaine vie », soumise à une oppressante procession d'épidémies, de guerres, de malheurs et de morts.

Après ces clarifications préliminaires, mon hypothèse est que la tendance de Sacchetti à l'observation empirique du tumultueux cadre socio-politique de la fin du XIVe siècle et de ses difficultés, sa vertigineuse perception de la précarité de l'existence – si éloignée des matrices proto-humanistes de Boccace – sont reliées à une vision sombre et augustinienne de l'histoire, laquelle, intrinsèquement mauvaise et violente, n'est rien d'autre qu'une tragique succession de catastrophes, et de surcroît – il s'écarte en cela d'Augustin –, soumise aux permutations de la Fortune. En particulier, ces épidémies, ces guerres « civiles » et champêtres[5], ces malheurs et ces morts du prologue de Sacchetti pourraient faire penser à la *Prefatio* du premier livre de l'*Historia aduersus paganos* de Paul Orose, œuvre dans laquelle l'historien s'efforçait de démontrer, à l'invitation prétendue d'Augustin[6], que « *bellis grauia aut corrupta morbis aut fame tristia...* » (« les accablements causés par les guerres, les destructions

5 Davide Puccini, « Guerra civile », *Lingua Nostra*, 1-2, 2006, p. 51-53.

6 Sur la fiabilité de l'affirmation d'Orose selon laquelle la composition de son œuvre fait suite à une suggestion d'Augustin, on enregistre des avis discordants : contre ceux qui estiment fondamentalement digne de confiance la déclaration de l'historien, *Cf.* Pedro Martínez Cavero, « Signos y prodigios. Continuidad e inflexión en el pensamiento de Orosio », *Antigüedad y Cristianismo*, 14, 1997, p. 83-95 : 85 ; Antonio Marchetta, « Aspetti della concezione orosiana della storia », in *Hispania terris omnibus felicior. Premesse ed esiti di un processo di integrazione*, Atti del Convegno Internazionale, Cividale del Friuli, 27-29 septembre 2001, éd. G. Urso, Pise, Ets, 2002, p. 323-343, où on signale en particulier (p. 335-339) la position de ceux qui considèrent avec scepticisme les affirmations orosiennes, ou qui les admettent partiellement, y voyant une tentative de l'historien de se prévaloir du nom d'Augustin pour accréditer son propre projet, ou qui notent également le décalage entre l'injonction du maître et la réponse que le disciple lui a donnée par ses *Historiae.* Voir également Antonio Polichetti, *Le* Historiae *di Orosio e la tradizione*

causées par les maladies et les afflictions causées par la famine ») frappent depuis toujours l'histoire de l'humanité, comme cela est évident si l'on parcourt l'histoire de Rome au temps de la République. Un tel sujet exigerait d'être approfondi, mais Sacchetti, de toute évidence, connaît bien Augustin, si l'on en juge par la prégnance des citations directes dans les *Sposizioni dei Vangeli*[7].

À l'intérieur de ce cadre, la fonction consolatoire et édifiante attribuée à la nouvelle disparaît, de même que la diégèse s'éloigne de toute prise de position militante. Une telle absence – comme on l'a dit – était déjà perceptible dans le *Décaméron*, sur lequel je m'attarde encore un instant en m'appuyant sur un nouveau commentaire que je suis actuellement en train d'élaborer. Boccace, qui avait reçu de nombreuses charges publiques de la part de la Commune, qui avait œuvré comme camerlingue et plusieurs fois comme ambassadeur, avait choisi une approche littéraire complètement et sciemment apolitique, et dans une certaine mesure anhistorique, qui excluait toute lecture tendancieuse, même en relation avec les événements – notamment florentins – qui lui étaient contemporains. Les deux personnages principaux du *Décaméron*, même si elles ne le sont pas de manière égale, sont la blonde, riante et très guelfe Fiammetta, et l'austère et gibeline Elissa[8]. Fiammetta se voit confier l'éloge du chef des guelfes Charles Ier d'Anjou, hôte de l'exilé gibelin Neri degli Uberti dans un *hortus deliciarum* à Castellammare di Stabia, éloge immédiatement suivi par l'apologie du gibelin Pierre d'Aragon, tout aussi sage, courtois et magnanime dans sa décision d'épouser honorablement son amoureuse florentine Lisa Puccini. De même, aucune

imperiale nella storiografia ecclesiastica occidentale (311-417), Napoli, Edizioni Scientifiche Italiane, 2000, p. 4-12.

7 Voir Daniele Visentini, « Un'eco del tempo. *Le Sposizioni di vangeli* e la cultura religiosa di Franco Sacchetti », *Scaffale Aperto*, I, 2010, p. 29-35. Sur les rapports entre les *Sposizioni* et le recueil de nouvelles, voir Carlo Delcorno, « Dalle *Sposizioni di Vangeli* al *Trecentonovelle* », in *Id.*, *Exemplum e letteratura tra Medioevo e Rinascimento*, Bologna, Il Mulino, 1989 ; Lucia Battaglia Ricci, *Palazzo vecchio e dintorni. Franco Sacchetti e le fabbriche di Firenze*, Roma, Salerno, 1999 ; *ead.*, « Exemplum e novella », in *Letteratura in forma di sermone. I rapporti tra predicazione e letteratura nei secoli XIII-XVI*, éd. Ginetta Auzzas, Giovanni Baffetti, Carlo Delcorno, Firenze, Olschki, 2003, p. 281-299. Des interférences avec les *exempla* de la littérature homilétique sont identifiées par B. Testa, « Note su carattere e struttura del *Trecentonovelle* tra exemplum religioso e letteratura e novella », *AION. Annali dell'Istituto Universitario Orientale. Sezione Romanza*, XXXII, 1, 1990, p. 75-297.

8 *Cf.* Michael Paden, « Elissa : la ghibellina del Decameron », *Studi sul Boccaccio*, XXI, 1993, p. 139-150.

orientation tendancieuse n'est perceptible dans la journée la plus franchement florentine, la VIe, où l'on magnifie le trait qui distingue une bonne partie des habitants de la cité de Lys des autres Italiens : leur fulgurante capacité à produire des bons mots. La nouvelle VI, 2 en est un exemple significatif : on y exalte l'industrie, l'ingéniosité et la libéralité à travers la prompte et éclairante réponse du fournier Ciste[9]. L'humble Cisti, habile et vif lorsqu'il s'agit de nouer des relations avec les notables, est parfaitement assimilable au puissant messire Geri Spini, riche banquier, hôte de la légation pontificale envoyée par Boniface VIII, celui-là même qui eut tant d'influence sur les événements politiques florentins. Mais aucun commentaire sur la légation ne transparaît dans la nouvelle, ni sur la position philo-papale de Spini, ni, en définitive, sur la mission, effectuée en juin 1300 par le franciscain Matteo d'Acquasparta, dont l'issue malheureuse avait provoqué le départ indigné du cardinal et fait porter l'Interdit sur la cité, prélude à l'intervention manipulatrice de Charles de Valois, à l'exil perpétuel de Dante et la suprématie des Noirs.

Il s'agit d'un exemple parmi tant d'autres. Il suffit de souligner que le même mécanisme, dans une certaine mesure, est perceptible chez Sacchetti : lui, l'homme politique de profession, qui fut très actif au sein de la Commune dès 1363, comme il l'écrit lui-même dans une lettre de 1394 au seigneur de Faenza Astorre Manfredi, lui qui fut nommé ambassadeur, prieur, podestat, gonfalonier de compagnie, camerlingue des emprunts, en un mot qui fut activement immergé dans une période brûlante de l'histoire de Florence – la fin du XIVe siècle – marquée par la guerre contre Pise (1364), la guerre des Huit saints contre Grégoire XI (1375-1378), le tumulte des Ciompi (1378), par le long affrontement, parfois oblique mais le plus souvent ouvert, contre les Visconti[10]. Dans son recueil de nouvelles, on compte de très nombreux personnages appartenant au monde politique contemporain ou à un passé proche : on peut citer, comme seul exemple, le capitaine Ridolfo Varano da Camerino (nouvelles XXXVIII-XLI ; XC ; CIV), dont les rapports avec la

9 Sur cette nouvelle, voir à présent G. Polimeni, « "Con una sola parola". Il motto di Cisti, l'intesa col lettore », in *Boccaccio : gli antichi e i moderni*, dir. Alfonso D'Agostino et Anna Maria Cabrini, Milano, Ledizioni, 2018, p. 229-246.

10 Sur les rapports entre Sacchetti homme politique et Sacchetti écrivain, *Cf.* Lucia Battaglia Ricci, *Palazzo vecchio e dintorni*, cit., p. 88-96. Sur les rapports entre la Commune florentine et la seigneurie des Visconti, voir Antonio Lanza, *Firenze contro Milano (1390-1440)*, Anzio, De Rubeis, 1991.

Commune furent variables[11], Castruccio Castracani (nouvelle V) qui vainquit les Florentins à Altopascio en 1325 ; Piero di Filippo degli Albizzi (nouvelle CXCIII) accusé de trahison et exécuté en 1379. Il s'agit là de personnages plus ou moins ennemis de la cité, mais le portrait qu'en fait le narrateur ne correspond pas complètement à l'orientation idéologique qui fut à chaque fois celle de Florence à l'égard de l'un ou l'autre de ces protagonistes de la vie politique. Lorsqu'il traite de ces figures, Sacchetti adopte essentiellement deux attitudes, parfois superposables : la première, qu'il emprunte à Boccace, consiste à montrer leur capacité à éclairer ou à résoudre une impasse par un bon mot ; l'autre, qui nous intéresse ici davantage, consiste à mettre en lumière la relation du puissant avec ceux à qui il s'adresse, de révéler un rapport potentiellement dangereux et toujours précaire qui se crée entre le puissant (la caste des puissants) et les individus les plus faibles : chevaliers, simples sujets, paysans, bouffons et courtisans.

Il me semble à nouveau utile d'illustrer cela par un exemple : en l'occurrence, le portrait que Sacchetti fait des Visconti, les seigneurs de Milan, notoirement en guerre contre Florence entre le XIVe et le XVe siècles. On connaît la réaction incrédule des intellectuels florentins, et en particulier de Boccace, devant la décision du clairvoyant Pétrarque de s'installer à Milan et de devenir, de fait, un diplomate et un orateur au service de l'évêque Giovanni[12], un rédacteur de lettres pour le compte de Bernabò[13] et surtout le fer de lance d'un cercle d'intellectuels, d'historiens et de poètes de niveau inégal, et issus de diverses provenances, que les Visconti attiraient progressivement à eux en leur offrant subsides et protection, afin d'en faire les agents industrieux d'un vaste et ambitieux projet culturel,

---

11 *Cf.* Marina Gagliano, « Dante, Ridolfo da Camerino, Franco Sacchetti. Portraits enchaînés », in *Figures. Portraits de femmes et d'hommes célèbres ou moins, dans la littérature italienne*, éd. Agnès Morini, Saint-Étienne, PUSE 2002, p. 131-146.

12 Sur le choix de Pétrarque, voir au moins Enrico Fenzi, « Ancora sulla scelta filo-viscontea di Petrarca e su alcune strategie testuali nelle *Familiares* », in *Studi Petrarcheschi*, n. s. XVII, 2004, p. 61-80 et le volume entier *Petrarca e la Lombardia*, Atti del convegno di studi, dir. Giuseppe Frasso, Giuseppe Velli, Maurizio Vitale, Milano 22-23 maggio 2003, Padova, Antenore, 2005.

13 *Cf.* au moins Michele Feo, « Nuove petrarchesche », *Belfagor*, XLVI, 1991, p. 129-152 ; Ida Giovanna Rao, « Bernabò Visconti, Pandolfo Malatesta e una nuova lettera di Petrarca », in *Codici latini del P. nelle biblioteche fiorentine*, catalogue de l'exposition 19 mai-30 juin 1991, éd. M. Feo, Firenze, Le Lettere, 1991, p. 459-473 ; Michele Feo, « Francesco Petrarca e la contesa epistolare tra Markwart e i Visconti », in *Filologia umanistica. Per Gianvito Resta*, dir. Vincenzo Fera e Giacomo Ferraù, I, Padova, Antenore, 1997, p. 621-692.

en adéquation avec leur projet politique, solidement lié à leur famille, en quelque sorte indéterminé régionalement mais cosmopolite. Qu'il suffise de citer les noms de Fazio degli Uberti, Pisan appartenant à une célèbre famille gibeline, le Florentin Marchionne Arrighi, le Padouan Francesco Vannozzo, l'Arétin Giovanni de Bonis, l'Arétin Braccio Bracci et tant d'autres[14]. L'un des promoteurs de ce projet avait été Bernabò, qui présida aux destinées de Milan dès 1355 en s'engageant dans une politique expansionniste et agressive jusqu'en 1385, année où il fut emprisonné et tué par son neveu Gian Galeazzo. En 1382, Bernabò s'était allié avec Louis Ier d'Anjou pour envahir le royaume de Naples, pour défendre la reine Jeanne menacée par Charles III de Durazzo et par le pape Urbain VI. La même année, Florence avait vu l'instauration d'un gouvernement oligarchique, qui penchait nettement vers les Arts majeurs, auxquels devaient appartenir cinq membres du conseil des Huit. En 1382, en octobre, la Commune de Florence envoya Franco Sacchetti à Milan. Il est connu, soit dit en passant, que le même Sacchetti propose, dans certaines de ses nouvelles (XXXIX, LXXIV), le portrait du bon ambassadeur, tissant ainsi un éloge autoréférentiel et oblique : l'ambassadeur doit avoir de la prestance, être richement vêtu et doté d'éloquence, sinon il risque de se retrouver comme l'orateur petit et jaune que Bertrando Alidosi, vicaire de la ville d'Imola, envoya inopportunément aux Visconti, et dont il est question dans la nouvelle LXXIV.

Sacchetti, donc, avait personnellement connu Bernabò, dont la figure est récurrente dans les nouvelles (*cf.* les nouvelles IV, LXXIV, LXXXII, CLII, CLXXXVIII). Or, l'homme Bernabò, bien plus que les autres Visconti qui l'avaient précédé, passe à la tradition doté d'une triste réputation solidement établie, non seulement chez les historiens et les chroniqueurs mais aussi chez les écrivains. Il suffit de considérer les nouvelles anonymes qui ont fleuri à son sujet et qui ont été recueillies par Piero Ginori Conti en 1940[15] et les témoignages – venant de la « haute » littérature, pour ainsi dire – non

14 Sur les poètes de la cour des Visconti, *Cf.* Teresa Nocita, « Una nuova tipologia libraria, i codici municipali di lirica volgare antica e la tradizione della poesia trecentesca », in *Ead.*, *Spigolature. Studi sulla tradizione e la letteratura volgare del Trecento*, Roma, L'Erma di Bretschneider, 2018, p. 89-118 ; et le volume *Valorosa vipera gentile. Poesia e letteratura in volgare attorno ai Visconti fra Trecento e primo Quattrocento*, dir. Simone Albonico, Marco Limongelli, Barbara Pagliari, Roma, Viella, 2014.

15 Piero Ginori Conti, *Novelle inedite intorno a Bernabò Visconti pubblicate da un ms. quattrocentesco della sua raccolta*, Firenze, Fondazione Ginori Conti, 1940.

seulement de Sacchetti, mais aussi de Sercambi, de Giovanni Gherardi da Prato, de Poggio Bracciolini et de Sabadino degli Arienti[16]. On sait avec quelles couleurs sombres il fut dépeint par la littérature contemporaine des milieux anti-viscontéens, qui souligna sa cruauté gratuite, sa démesure féroce dans l'application de la justice, son despotisme cruel, son amour hyperbolique pour la chasse et pour les chiens, ses immenses richesses, son innombrable progéniture. Tous ces caractères sont évoqués dans une constellation de textes où les légendes se mêlent à la vérité, comme pour Attila, Frédéric Barberousse, Frédéric II, Ezzelino da Romano et d'autres encore[17]. Il ne fait aucun doute que la réputation de Bernabò s'est dégradée en 1385, lorsqu'il fut emprisonné à Trezzo et tué par son neveu Gian Galeazzo. Ce dernier mit immédiatement en scène un procès visant à justifier son action comme un acte de légitime défense préventive et à fournir à sa seigneurie un fondement juridique. La version à peu près officielle, qui rencontra la faveur de la propagande papale et florentine circula rapidement dans les pages des *Annales mediolanenses*[18]. *Ce serait le peuple de Milan lui-même, exaspéré après trente ans de prava* et de *scelera*, qui aurait supplié Gian Galeazzo, comte de Vertus, d'y remédier et d'emprisonner l'oppresseur. Or dans les *Trecento Novelle*, l'attitude de Sacchetti à l'égard de Bernabò apparaît par certains aspects contradictoire et, pour le sujet qui nous occupe, significative. Si on considère ses poésies, on relève des passages résolument dépréciatifs à l'égard du seigneur de Milan, lorsque le poète se fait le héraut de sa propre cité en déclinant le *topos* bien consolidé de la *florentina libertas* (dont l'initiateur fut Brunetto Latini, qui théorisa avec acuité, au moyen de Cicéron, la ligne qui allait associer la Rome républicaine à la forme de gouvernement communal des villes italiennes)[19], à savoir l'opposition entre la liberté et l'autonomie de

16 Voir Sercambi, *Novelliere*, VI, LXXXIII, XCII ; Giovanni Gherardi da Prato, *Paradiso degli Alberti*, III, 190-219 ; Poggio Bracciolini, *Liber facetiarum*, LI, CXVIII, LXXI ; Giovanni Sabadino degli Arienti, *Porretane*, XX.

17 *Cf.* Giorgio Giulini, *Memorie spettanti alla storia al governo ed alla descrizione della città e della campagna di Milano ne' secoli bassi raccolte dal conte Giorgio Giulini*, V, Milano, Colombo, 1856, LXXI 571n : « *A Bernabò Visconti hanno attribuito tanti fatti così atroci o ridicoli da porsi persino tra le favole. Lo stesso è accaduto di Attila, di Federico Barbarossa e di altri.* »

18 « Annales mediolanenses ab anno MCCXXX usque ad annum MCCCCI ab anonymo auctore literis consegnati », in *Rerum Italicarum Scriptores*, XVI, p. 799.

19 Voir Giuliano Tanturli, « Continuità dell'umanesimo civile da Brunetto Latini a Bruni », in *Gli umanesimi medievali. Atti del 2 Congresso dell'Internationales Mittelateinerkomitee* (11-15 settembre 1993), dir. Claudio Leonardi, Firenze, Sismel, Galluzzo, 1998, p. 735-780 ; et *Id.*, *A scuola con ser Brunetto : indagini sulla ricezione di Brunetto Latini dal Medioevo al*

la Commune et la menaçante tyrannie viscontéenne. Nous renvoyons aux sonnets CXXXVII et CXXXVIII qui se rapportent à une circonstance historique précise : la tentative d'abord réussie de Bernabò, de conquérir, à travers la Compagnie d'Hawkwood, Càscina, Pontedèra et finalement San Miniato au cours de l'hiver 1369-1370, tentative qui fut suivie par la réaction de Giovanni Malatacca, chef des forces assiégées de la dernière place forte (San Miniato, précisément, où Sacchetti mourut pendant son vicariat), qui finit par repousser les troupes viscontéennes. Dans le sonnet CXXXVII, on trouve :

> *Biscia nimica di ragione umana,*
> *che 'l verno, quando altre stan sotterra,*
> *tu vai mordendo e fac<c>endo guera*
> *mancata t'è la tua speranza vana*[20] *!* (v. 1-4)

et dans la chanson allocutoire *Credi tu sempre, maladetta serpe* (CXLIX), composée à la fin de 1369, qui célèbre la création de la ligue contre les Visconti, figure l'âpre invective, encore célèbre à juste titre, lancée contre Bernabò, plus orgueilleux que Nembrod, plus cruel que Caligula et que Néron, « *aspro tiranno con amaro fele*[21] » (v. 64), aimant se montrer gratuitement cruel envers le peuple. L'envoi est lapidaire, et rehaussé par une citation dantesque :

> *A tutti que' che voglion giusta fama*
> *e tengon libertà, che è tanto cara,*
> *"come sa chi per lei vita rifiuta"*
> *canzon, non istar muta :*
> *ché se tal biscia or non si disface,*
> *non pensi Italia mai posar in pace*[22] (v. 76-81)

Rinascimento : atti del convegno internazionale di studi (Basilea 8-10 giugno), dir. Irene Maffia Scariati, 2006. Voir les observations opportunes de Johannes Bartuschat : « La *Rettorica* de Brunetto Latini. Rhétorique, éthique et politique à Florence dans la deuxième moitié du XIIIe siècle », *Arzanà*, 8, 2002, p. 33-59 : « La rhétorique est la praxis de la raison : c'est pourquoi elle est à l'origine de la culture et de l'ordre politique. La communication raisonnable [...] est le fondement de la vie politique. À travers la reprise de la doctrine cicéronienne de l'unité de la rhétorique et de la sagesse, la rhétorique devient la science de la paix civile. Par là elle devient une idée de la politique elle-même » (p. 42).

20 « couleuvre, ennemie de la raison humaine, / l'hiver, quand d'autres vont sous terre, / tu vas mordant et répandant la guerre, / ta vaine espérance a été réduite à néant ! »

21 « âpre tyran pourvu de fiel amer ».

22 « À tous ceux qui veulent une juste renommée / et vivent en liberté, qui est si précieuse, / "comme le sait qui pour elle la vie refuse", / chanson, ne sois pas muette : / car si on ne détruit pas à présent cette couleuvre, / l'Italie ne peut espérer vivre en paix ».

Dans la chanson, on sent vibrer l'orgueil patriotique dans l'effet produit par la rime équivoquée :

> *or vuogli a chi è libero far guerra*
> *e spander veleno là dov'è il Tósco.*
> *Tu non conosci il tòsco* (v. 69-71)[23]

Face à cette déclinaison « politique » des textes poétiques, ce qui domine dans les *Trecento Novelle*, c'est le discours moral, où l'on perçoit le blâme contre les tyrans en général, qui sèment, tels des loups, la guerre et la dévastation entre les peuples, tandis qu'il reste bien peu de choses de l'invective anti-viscontéenne. Le portrait de Bernabò est, dans tous les récits dont il est le protagoniste, celui d'un *dominus* intelligent et ironique, parfois même sympathique. La nouvelle IV en fournit une brève présentation sous les traits d'un homme redouté, cruel mais parfois juste, et en fait le protagoniste d'une joute intellectuelle avec un meunier travesti, dont il dévoile la véritable identité et qu'il récompense pour ses promptes réponses aux dépens de l'abbé dont le meunier jouait le rôle. Plus significative encore la nouvelle CLII, où c'est même un chevalier florentin qui passe pour un imbécile : interprétant mal la satisfaction que le seigneur avait montrée à l'égard d'un don qu'on lui avait fait, un âne capable de prouesses circassiennes, ce chevalier décide de lui offrir deux ânes. La suite de l'épisode est hilarante : entre le voyage des ânes recouverts d'un drap écarlate à Bologne, Modène, Parme, Plaisance et Reggio sous les quolibets des habitants qui tournent en dérision ce don insolite et inopportun, et la réponse sarcastique et spirituelle de Bernabò qui dit au serviteur du chevalier : « *Dirai a Michelozzo che mi rincresce che mi presenti li suoi compagni e che sia rimaso solo*[24] ». L'envoi de ce présent se retourne totalement contre le Florentin Michelozzo, rebaptisé par le palefrenier de Bernabò au moyen d'une dérivation suffixale évoquant une idée de grossièreté qu'a notée Zaccarello : « *Bambozzo da Bamboli di Fiorenza*[25] ».

---

23 Les citations sont tirées de Franco Sacchetti, *Il libro delle rime*, éd. Franca Brambilla Ageno, Firenze, Olschki, 1990, p. 165-166 et p. 183-184. « tu veux faire la guerre aux hommes libres / et répandre ton venin où vit le Toscan. / Tu ne connais pas le poison ».

24 *Le Trecento Novelle*, p. 364.

25 *Cf.* Michelangelo Zaccarello, « Storicità, correlazione, espressionismo nell'onomastica sacchettiana », *Il nome del testo*, VII, 2005, p. 177-190 : « *ad un'esigenza espressionistica che tende all'alterazione parodica del linguaggio va ricondotto l'uso – quantitativamente impressionante – che Sacchetti fa del suffisso, la cui funzione è talora più importante della radice stessa nell'economia*

À nouveau dans la nouvelle CLXXXVIII, Bernabò se montre capable de rire de la réponse hasardeuse d'Ambrogino da Casale et le récompense en faisant de lui l'un de ses stipendiés.

Si l'on s'efforce de réfléchir sur cet ensemble de nouvelles, il apparaît que les traits quasiment démoniaques sous lesquels la propagande pontificale et florentine avait dépeint Bernabò s'estompent presque totalement. Sans doute la contingence historique a-t-elle joué un rôle : en 1375, Florence, d'abord adversaire des Visconti, forme avec eux une ligue contre l'État pontifical de Grégoire XI pendant la guerre dite des Huit saints (voir aussi dans les *Rime*, CLXXXIX, CXC, CXCIa-b, CXCIV). On peut également formuler l'hypothèse que la connaissance directe que Sacchetti eut de Barnabò durant son ambassade milanaise a suscité chez lui le genre de fascination qui émane des personnalités les plus influentes, fascination que Salimbene da Parma éprouva pour l'Antéchrist Frédéric II ou que Machiavel eut pour Cesare Borgia. Mais il n'en est rien, ou du moins pas complètement. La façon dont Sacchetti dépeint le seigneur de Milan me paraît déterminée en premier lieu par des raisons de « genre littéraire », c'est-à-dire par le respect nécessaire des finalités qu'il attribue à l'écriture de nouvelles. Dans le mouvement tumultueux de l'histoire, la nouvelle est pour le lecteur une oasis consolatrice et édifiante, dont le plaisir est intrinsèquement lié à un caractère paradigmatique qui ne laisse aucune place à l'esprit partisan et municipal que Sacchetti exprime par ailleurs, notamment dans ses poésies, clairement dictées par des objectifs et des modalités rhétoriques ouvertement politiques. Si les bons mots de Bernabò correspondent à l'horizon d'attente du plaisir, c'est à la volonté d'enseignement que correspond l'exemplarité des épisodes racontés. L'unique nouvelle qui pourrait le représenter selon la tradition du justicier cruel, la LIX, où le protagoniste ordonne qu'un prêtre défaillant soit enterré vivant sur le corps mort d'un pèlerin sans argent, nous est malheureusement parvenue mutilée, mais il semble qu'il ait été dans les intentions de Sacchetti de faire non pas de Bernabò mais son neveu, le Comte de Vertus, le protagoniste de la nouvelle. Ce dernier s'avéra être un ennemi de Florence

---

semantica del testo. A questa tendenza si possono ricondurre derivazione suffissale come "A mio fratello Michelozzo overo Bambozzo de Bamboli da Fiorenza" (CLII) *dove si inverte il rapporto di revisione tra due termini ed è l'idea di grossolanità del suffisso a generare il nome inventato. Nella stessa novella il nome di Bergamino, stalliere di Bernabò Visconti, è intenzionalmente storpiato da Michelozzo in Merdolino, con riecheggiamento esclusivamente suffissale.* »

plus tenace encore ; il fut en guerre contre la Commune à la fin des années 1390, la « *maggior guerra ch'eglino* [*les Florentins*] *avessero mai*[26] », guerre dont Sacchetti fit personnellement les frais le 23 mars 1397, quand la soldatesque d'Alberico et Giovanni da Barbiano, à la solde de Gian Galeazzo, dévastèrent ses terres à Marignolle. La conclusion de la nouvelle LIX sur l'action du jeune Visconti est dépourvue d'esprit de parti, le geste est même vu comme un emblème de « grande charité » à l'égard du malheureux défunt et de « *vera giustizia, ma seguita invero con troppo crudeltà, se bene di grande esempio per l'avidità de' preti*[27] ». Pour résumer, Sacchetti semble presque approuver, quoique avec une certaine réserve, la justice féroce de Gian Galeazzo. Cherchons à dégager une conclusion : dans le recueil de Sacchetti, Bernabò Visconti n'est pas le seigneur historique de Milan, la « *maladetta serpe* » (le maudit serpent) agressif qui s'empare de Bologne, assiège Mantoue et marche sur Florence, mais l'une des possibles actualisations de l'archétype du Puissant, un puissant parmi tant d'autres qui exercent leur domination de façon totalement arbitraire. Le meunier et Ambrogino, qu'il récompense, doivent remercier leur intelligence mais surtout la bonne fortune occasionnelle, la combinaison favorable d'un instant, un *kairós* parfaitement éphémère, comme le narrateur le souligne à plusieurs reprises. Sacchetti compare les seigneurs à la mer, source de grands périls et de grands gains (nouvelle IV). Il est on ne peut plus risqué d'avoir à faire à eux dans la durée – *a bastalena* (« à perte d'haleine »), dit Sacchetti –, « *perché rade volte ne capita bene* » (« car il est rare que l'issue soit bonne ») (LXI), et même « *in uno punto e' si volgono e disfanno altrui* » (« en un instant, ils changent d'humeur et causent la perte d'autrui ») (LXII). Bernabò, en effet, perd son identité historique et « chronistique » parce que la chronique elle-même, comprise comme simple dépôt d'informations, finit par être absorbée dans une autre fonction.

Ainsi, il s'agira d'évaluer le ton, ou mieux, l'horizon stylistique qui encadre ces motifs présents dans le recueil. Une autre comparaison avec Sacchetti poète peut être utile, et en partculier avec la chanson LXVII (*Vada chi vuol pur alto e meni orgoglio*) consacrée au thème de la Fortune et développée sur un registre élevé et soutenu. Insérée dans un système

26 *Le Trecento Novelle*, p. 349, « véritable justice, mais appliquée en vérité avec une trop grande cruauté, même si elle peut servir d'exemple contre l'avidité des prêtres ».

27 *Ibid.*, p. 131.

conceptuel bien défini, la Fortune était envisagée à l'aune de ses effets sur l'homme, sur les sociétés, en particulier sur l'histoire universelle, avec des effets significatifs de rhétorique sentencieuse :

> *Raguardi alquanto chi richezza tene,*
> *o chi si perde per venire in essa,*
> *quant'è l'error che la sua vita ingombra.*
> *Ciò che si brama qui per mondan bene,*
> *tutt'è dolor altrove, che non cessa,*
> *ed infinita sempre e mortal ombra*[28] (v. 33-38)

et plus loin :

> *Come saetta, che sempre combatte*
> *in cosa forte, quando in terra batte,*
> *e lo debile loco ten a vile,*
> *così questa virile*
> *disfece i greci re e li troiani,*
> *li persi e' macedòni e que' di Tebe,*
> *bambiloni, tesalii e gli africani,*
> *e' Cesari e' Filippi e gli Adoardi :*
> *quanto dura ciascun, chi vive guardi*[29] (v. 56-64)

Il s'agit en effet d'une vision qui préfigure la réflexion théorique qui aura tant d'importance au cours des deux siècles suivants. Si l'on compare cette vigueur formelle et conceptuelle avec la prose du narrateur âgé des *Trecento Novelle*, le fondement idéologique demeure le même, comme on le voit dans ses réflexions, éparses dans toute l'œuvre, sur l'histoire humaine soumise *ab origine* aux bouleversements de la *rerum humanarum domina*. « *Considerando il presente tempo e la condizione de l'umana vita* » (« considérant le temps présent et les conditions de la vie humaine »), l'individu n'a plus qu'à être vigilant, nous dit Franco, qu'à affiner son intelligence et son industrie, dans la conscience, pleine et douloureuse,

28 « Celui qui détient des richesses / ou se perd pour les acquérir / doit considérer l'erreur qui encombre son existence. / Les biens mondains qu'on désire ici-bas / ne sont que douleur sans fin dans d'autres lieux, / ombre infinie et mortelle ».

29 Franco Sacchetti, *Il libro delle rime*, *op. cit.*, p. 84-87 : « Comme une flèche, qui ne manque pas / d'affliger un objet puissant en frappant le sol, / et méprise les faibles cibles, / cette femme virile / détruisit les rois grecs et troyens, / perses, macédoniens et thébains, / babyloniens, thessaliens et africains, / les Césars, les Philippes et les Édouards : / que les vivants considèrent combien leur règne est de courte durée ».

que les forces irrationnelles de la Fortune peuvent se montrer dévastatrices et que l'issue favorable des actions des hommes est fortuite et précaire. Le genre littéraire est cependant différent, car, par son statut même, il transforme les concepts en un horizon moral où la fragilité de l'existence humaine se disperse dans les ruisseaux du hasard et du rire, où la grande histoire cède la place aux hasards individuels. Ainsi, l'inquiétante imprévisibilité du puissant n'est autre que l'un des nombreux visages sous lesquels se manifeste dans le monde la déesse aux deux natures pour laquelle il n'existe aucun remède[30]. Si dans la construction équilibrée du *Décaméron*, on peut lire, avec les mots de Gramsci, « le pessimisme de l'intelligence et l'optimisme de la volonté » de son auteur, dans les *Trecento Novelle*, l'intention indiscutablement comique produit une réception désolée et épouvantée de la réalité, perçue dans ses continuelles mutations, dans laquelle l'homme est inexorablement et douloureusement le jouet du hasard.

Ilaria TUFANO

30 Voir Laura Carlucci, « Le risa son quasi tutte convertite in pianto per i difetti umani. Ignorancia superstición y decadencia moral en las Trecentonovelle », *Revista di Filología Romanica*, 25, 2008, p. 223-244.

LES *TRECENTO NOVELLE*, PROJET ÉTHIQUE, RÉCEPTION ET CENSURE

Les *Trecento Novelle* ne composent pas un recueil moralisant, mais partagent l'horizon idéologique des recueils contemporains, en inscrivant le plaisir de la narration dans un cadre « éthique ». Pourtant, dès les années 1570, ce cadre éthique n'est plus visible et les nouvelles sont considérées comme des facéties immorales, qui ne sont pas publiables sans un travail préalable de correction. Cette distance entre le projet avoué du texte et sa réception plus tardive est problématique et affecte profondément la compréhension et la tradition des nouvelles.

LE PROJET « ÉTHIQUE » DES *TRECENTO NOVELLE*

Le prologue des *Trecento Novelle* indique clairement quelle est la finalité avouée des récits composés par Sacchetti :

> *Considerando al presente tempo et alla condizione dell'umana vita a qual con pestilenziale infermità e con oscure morti è spesso visitata* [...] *e ancora immaginando come la gente è vaga di udire cose nuove, e spetialmente di quelle letture che sono agevoli a intendere, e massimamente quanto dánno conforto, per lo quale tra molti dolori si mescolino alcune risa : e ragguardando infine all'eccellente poeta fiorentino messer Giovanni Boccacci* [...] *mi proposi di scrivere la presente opera* [...] *Nelle magnifiche e virtuose opere saranno specificati i nomi di quelli tali ; nelle miserie e vituperate* [...] *i nomi loro si taceranno*[1].

1 Franco Sacchetti, *Le Trecento Novelle* (vers 1392-1393), ed. Michelangelo Zaccarello, Firenze, SISMEL, 2014, « proemio », p. 3 : « Considérant les temps présents et les conditions de la vie humaine, souvent frappée par le mal pestilentiel et des morts cruelles [...] imaginant aussi combien les gens sont désireux d'entendre des extravagances, et particulièrement

En reprenant le modèle fixé par le *Décaméron*, Sacchetti explique l'importance de la narration dans les « conditions de la vie humaine » marquée par la maladie et la souffrance. Les nouvelles ne permettent pas de remédier à ces malheurs, mais accordent quelques instants de répit, en aidant le lecteur à supporter les infirmités du quotidien. Les nouvelles, donc, sont le lieu d'un délassement qui réconforte. Elles délassent par leurs effets et par leur sujet : elles provoquent les rires et les pleurs ; elles traitent de choses « nouvelles » et cette nouveauté suscite le désir et le plaisir du lecteur. Si les nouvelles délassent le lecteur, elles proposent également des exemples de conduite, puisqu'elles louent des actions vertueuses (*magnifiche e virtuose*), et condamnent (*vituperate*) les actions mauvaises. Par ce prologue, Sacchetti définit clairement son projet narratif en reprenant implicitement l'adage horatien de l'*utile dulci*, et en avouant explicitement le *Décaméron* comme modèle : plaisir, utilité morale, consolation sont les fruits que le lecteur pourra tirer du texte.

En ce sens, le projet de Sacchetti est conforme aux usages de son temps : pour les auteurs du *Trecento* et du *Quattrocento*, la « poésie » (c'est-à-dire, la pratique littéraire) est une partie de l'éthique[2], car elle définit les « mœurs » qu'il convient d'adopter et de fuir, sans pour autant être une pratique « moralisante ». Boccace précise, dans les *Généalogies*, que le récit est fait pour le plaisir du lecteur mais que la recherche de ce plaisir est utile : en recherchant le sens du texte, le lecteur se délecte (*delectatio*) et le sens qu'il déduit du récit lui est utile[3] pour s'orienter dans la vie.

---

des lectures faciles à comprendre, qui plus est lorsqu'elles apportent le réconfort grâce auquel, à de nombreuses douleurs, se mêle parfois le rire ; et prêtant enfin attention à messire Boccace, l'excellent poète florentin [...] je me suis proposé d'écrire cette œuvre [...] pour les actions éclatantes et vertueuses, les noms de personne seront précisés ; pour les actions mauvaises et blâmables [...] on taira leurs noms. »

2 Un exemple de cette classification nous est donné par Jean Buridan dans ses *Quaestiones in decem libros ethicorum Aristotelis ad Nicomachum* (composé avant 1361). Dans le prologue, Buridan explique : « *ipsa autem scientia, seu philosophia moralis, duas habet partes primas, unam principalem, aliam adminiculativam seu instrumentalem.* [...] *prima ergo et principalis pars, scilicet quae docet bene vivere ad salutem, traditur in libris Ethicorum, Oeconomicorum et Politicorum. Secunda vero pars quae hunc modum docendi docet, traditur in libris Rhetoricae et Poetriae.* » La « poésie » est donc une partie de la philosophie morale, dite « instrumentale ». Passage cité in David A. Lines, Aristotle's *Ethics in the Italian Renaissance 1300-1650, the universities and the problem of moral education*, Leiden, Brill, 2002, p. 147.

3 « *Nec, ut ipsi arbitrari videntur, carpere nequentibus invidetur, sed, dulci labore preposito, delectationi simul memorieque consulitur ; cariora sunt enim, que cum difficultate quesivimus, accuratiusque*

Si Sacchetti semble dès lors adopter le projet « éthique » du *Décaméron*, il l'adapte à une nouvelle stratégie narrative. Dans ses récits en effet, la morale est le plus souvent explicite, alors qu'elle ne l'était guère dans le *Décaméron*. Les narrateurs de Boccace campaient le cadre idéologique de la nouvelle au début de leur récit, sans pour autant imposer de morale univoque. En revanche, Sacchetti termine souvent ses nouvelles par l'expression d'une leçon ou d'un enseignement qui résume le contenu de la nouvelle et définit clairement ses enjeux éthiques[4]. Si, dans le *Décaméron*, la morale reste ouverte et devient parfois l'enjeu de discussions entre les personnages, dans les *Trecento Novelle* la morale n'est pas discutée, puisque les nouvelles n'ont pas de cadre. La qualité morale des personnages (bons ou mauvais) et la rétribution de leurs actions (récompense ou punition) oriente clairement la lecture du texte. Cette lecture est souvent inattendue : si la « morale » du texte est claire, elle renverse parfois les attentes du lecteur, suscite ainsi la surprise et le rire, en contribuant à l'efficacité du récit. La conclusion de la nouvelle CCXIV en propose un exemple :

> [...] *e così, il volere imbolare un porco ad altri gli fece perdere il porco suo e 'l sale, e 'l porco imbolato, e la ronzina, e fiorini dodici.*
>
> *E giusto e degno fu, però che spesso avviene che chi vuole con rapina, con furto e con altro modo l'altrui, Dio, che tutto vede, gli fa perdere il suo*[5].

Sacchetti résume l'intrigue : celui qui voulait voler un cochon a perdu son cochon, son sel, le cochon volé, son cheval et son argent. Le renversement du plan malfaisant et la surenchère finale suscitent le rire ; la rétribution du héros est claire : au lieu d'augmenter son bien, le voleur perd ce qu'il possède. Sacchetti explicite le sens de l'histoire et conclut par une maxime plus générale : le sort du voleur n'est pas un exemple

---

servantur », Giovanni Boccaccio, *De genealogiis deorum gentilium*, ed. Vincenzo Romano, Bari, Laterza, 1951, XIV, 12, accessible en ligne à l'adresse www.bibliotecaitaliana.it [consulté le 27 avril 2019].

4 « [...] et ainsi, le fait de vouloir le cochon des autres lui fit perdre son propre cochon avec le sel, le cochon volé, la canasson et douze florins. Et cela fut juste et mérité, car il advient souvent qu'à ceux qui dérobent les autres par la violence ou par la ruse, Dieu cause la perte de leurs biens ». Voir par exemple la nouvelle LXII, qui se termine par une morale explicite : « *or considera, lettore, quanto è ignorante chi fa lunga dimora nella corte di un signore, e come in un punto e' si volgono e si disfanno altrui ; e guarda s'egli è pericoloso che, sognando che un servo l'uccida, sel reca a vero e disfallo. E però, chi si può levar dal giuoco quando ha piena la tasca, non vi stia a guerra finita, perché la maggiore parte ne rimangono disfatti, come apertamente per molti si porria vedere* », Franco Sacchetti, *Trecento Novelle*, *op. cit.*, p. 136.

5 *Ibid.*, p. 571.

isolé, mais l'expression particulière d'une vérité générale. Si le voleur est volé, ce n'est pas à cause du hasard des faits, mais de la volonté de Dieu, qui punit les criminels et récompense les sages.

La conclusion de la nouvelle CCXIV est explicite et exemplaire : ce n'est pas le cas de toutes les nouvelles qui se limitent parfois à reprendre le texte ou à exprimer une morale provisoire. Le projet éthique de Sacchetti n'est pas systématique, mais accumulatif. Il ne s'agit pas de dégager des principes moraux des nouvelles pour composer un système cohérent, mais davantage de tirer de chaque événement particulier une indication concrète de conduite, que la nouvelle suivante peut infléchir et corriger. L'absence de cadre encourage cette perception « cursive » de la réflexion éthique : au lieu de récapituler chaque nouvelle sous un principe général (comme « la magnanimité », ou encore « la concupiscence », etc.), Sacchetti propose à la lecture une suite de cas concrets qui forment un parcours sinueux en illustrant différents paysages éthiques. Le lecteur y découvre la variété des situations et considère les multiples stratégies qu'il est possible d'adopter pour y répondre. Ces situations et ces stratégies, comme précisé par le prologue, suscitent les rires ou les larmes et servent le plaisir du lecteur. En ce sens, je le répète, les récits de Sacchetti ne sont pas « moralisants » mais reprennent et adaptent un matériel narratif varié qui décrit les « mœurs » : les *exempla*, les fabliaux, les sentences nourrissent la prose de Sacchetti, qui n'hésite pas à appeler ses nouvelles *essempli* (exemples)[6] et à réadapter au contexte communal et florentin les récits des fabliaux.

La nouvelle LXXXIV est un exemple de cette pratique narrative. Le sommaire explicite le contenu de l'histoire :

> *un dipintore sanese, sentendo che la moglie ha messo in casa un suo amante, entra in casa e cerca l'amico, il quale trovandolo in forma di crocifisso, volendo con un'ascia tagliargli quel lavorìo, il detto si fugge, dicendo : « non scherzare con l'ascia »*[7].

Sacchetti reprend ici plusieurs motifs conventionnels des récits brefs (l'adultère, le crucifix qui parle) et adapte à la mode siennoise le fabliau

6 Voir : « *Per certo questo è un caso et uno essemplo, non che da non disperarsi, ma di cosa che venga non pigliare né sconforto né malinconia* » (nouvelle XVII, *ibid.*, p. 44) ; « *se io scrittore dico il vero, guardisi l'esemplo* » (nouvelle CXCII, *ibid.*, p. 497).

7 *Ibid.*, p. 186 : « Apprenant que son épouse a introduit l'un de ses amants dans leur maison, un peintre siennois rentre chez lui et cherche le galant ; quand il le trouve dans la position du crucifié, il veut, d'un coup de hache, retoucher le travail et l'autre s'enfuit en disant : "ne plaisante pas avec la hache" ».

du prêtre crucifié[8]. Dans la version de Sacchetti, pourtant, l'amant n'est pas un prêtre, mais un ami siennois, qui convoite la femme très belle et très volage du peintre Mino. Un jour, Mino sort de Sienne pour aller voir un certain *lavorìo*, c'est-à-dire, un ouvrage, fruit de son travail d'artisan[9], et reste travailler toute la nuit. Voilà donc l'occasion rêvée par l'amant pour se rendre chez la femme. Mais Mino est averti de l'affaire et rentre précipitamment à la maison. Il y cherche l'amant mais ne l'y trouve pas car ce dernier, en suivant les conseils de la femme, s'est introduit dans l'atelier de l'artiste et s'est adossé, tout nu, à une croix et fait semblant d'être une sculpture du Christ, déposé dans l'atelier avec les autres crucifix. Mino entre dans l'atelier et reconnaît l'homme sur la croix. En faisant mine de vouloir terminer son travail, il prend une hache, s'approche du crucifix et s'apprête à lui couper son *lavorìo*, c'est-à-dire, dans le contexte, son membre. Mais le faux crucifié, pris de terreur, lui dit : « ne plaisante pas avec la hache », descend de la croix et prend la fuite[10].

Le récit de Sacchetti reprend et renverse le sujet d'un « miracle » – celui du crucifix qui s'anime et qui parle – issu de la tradition franciscaine. Mais Sacchetti ajoute un développement à l'histoire. Après le départ précipité du faux crucifié, le mari s'emporte contre sa femme, puisqu'elle l'a trompé, a caché son amant sur la croix et permis sa fuite. Et elle de répondre :

> *Io non so che tu ti beli : qual crocifisso si poté mai fuggire ? Non sono egli chiavati con aguti spannali ? e se non fosse stato chiavato, e tu ne abbia il danno s'egli è fuggito, però che è tua colpa e non mia*[11].

8 *Fabliaux du Moyen Âge*, éd. Jean Dufournet, Paris, Flammarion (GF, 972), 1998, p. 162-167, conservé dans trois manuscrits : Cologny (Genève), Fondation Martin Bodmer, 113, f. 30rb-31ra (l) ; Paris, BNF, français, 837, f. 183ra-va (A) ; Paris, BNF, français, 2173, f. 96rb-97ra. Le motif du « prêtre crucifié » est le motif K 1558, selon le classement par Stith Thompson (*Motif-Index of Folk Literature*).

9 D'après la première édition du vocabulaire de la Crusca (1612) : *Cosa fatta, e lavorata manualmente. Latin. opus* (entrée *Lavorío*). Le vocabulaire cite deux exemples tirés de Boccace, voir : www.lessicografia.it/ricerca.jsp [consulté le 27 avril 2019].

10 « *Presa quest'ascia et accostatosi per salire verso il crocifisso vivo, per tagliargli quel lavorìo, la principal cosa che quivi l'aveva condotto, colui, avvedutosi, schiza con un salto, dicendo : – non scherzar con l'asce* », Franco Sacchetti, *Le Trecento Novelle*, *op. cit.*, p. 190.

11 *Ibid.*, p. 192 : « Je ne sais pas ce que tu brailles, dit la femme : quel crucifix a bien pu s'échapper ? Ne sont-ils pas cloués avec des clous d'un empan ? S'il n'était pas cloué tu n'as qu'à t'en prendre qu'à toi-même car s'il s'est enfui, c'est de ta faute, et pas de la mienne ».

La femme renverse adroitement les accusations portées contre elle : jamais un crucifié ne prit la fuite, et si celui-ci a décampé, c'est que Mino a oublié de le fixer, comme il se doit, avec des clous sur la croix. La femme déplace le débat de la question de l'adultère à la fiction miraculeuse (le crucifié qui descend de la croix) et enfin à la maîtrise technique de son mari : ce n'est pas elle, mais son mari qui est en faute, parce qu'il a oublié de clouer le crucifix. Ses propos ont un double sens, et dénoncent en définitive l'impuissance du mari cocu qui, visiblement, ne sait pas planter son clou. Pour cette raison, ajoute la femme, elle a toutes les raisons du monde de le châtier et de le battre plus fort que « Tessa ne fit avec Calandrino ». La conclusion de la nouvelle reprend ainsi un thème décaméronien : celui de la femme qui bat son mari, tout comme Tessa, dans la nouvelle IX 5, griffe et bat Calandrino. Sacchetti compare explicitement Mino à Calandrino : les deux sont peintres, les deux sont assez sots pour se laisser régenter par leur femme. Ce n'est donc pas la femme volage qui reçoit les coups, mais Mino qui, pour justifier ses blessures, explique aux Siennois qu'un crucifix lui est tombé sur la tête.

La nouvelle suscite le rire par le miracle inversé et la fin inattendue. La logique rétributive, qui oriente les attentes de la lecture, est ici renversée : le coupable (la femme adultère) ne reçoit pas le châtiment escompté, alors que le mari innocent est accablé doublement, par la tromperie et par les coups. Ce jeu avec les attentes morales du lecteur sert le comique de l'histoire, mais ne semble pas proposer d'« exemple » utile. Pourtant, le dernier mot de la nouvelle invite le lecteur à pousser plus loin sa réflexion éthique, et à confronter l'histoire de Mino avec celle de la nouvelle suivante[12]. La nouvelle LXXXV, en effet, propose une histoire analogue, mais dont l'issue est différente : Gherardo, tout comme Mino, a une épouse volage, mais à force d'admonitions et de punitions, il parvient à la rendre « honnête ». La nouvelle LXXXVI propose enfin un dernier exemple de femme malhonnête « rééduquée » par son époux. Les trois nouvelles sont donc à lire ensemble : elles exposent le même problème – comment vivre avec une femme volage – et proposent des solutions différentes. L'histoire de Mino est donc à entendre comme un « cas » problématique : un mari espère éduquer sa femme en la laissant libre ; or cela fait de lui un « mauvais mari », car les maris qui accordent trop de liberté à leurs épouses finissent par les

12 *Se non intervenisse già come intervenne a uno nella seguente novella*, *ibid.*, p. 193.

rendre « mauvaises[13] ». La confrontation entre les trois textes fournit la clé de lecture pour comprendre la nouvelle de Mino : le peintre est châtié parce qu'il est effectivement responsable de l'infidélité de sa femme, car il n'a pas été pour elle un « bon » mari, puisqu'il n'a pas su l'éduquer et la guider.

La nouvelle LXXXIV est donc véritablement « utile » et « agréable ». Agréable, puisqu'elle suscite le rire par la parodie du miracle et par le dénouement surprenant, où la morale attendue est bafouée, l'adultère triomphe et l'innocent est puni ; utile, puisqu'une lecture plus approfondie du texte dévoile une leçon de conduite : contre toute attente, un mari « bon » n'est pas celui qui traite sa femme avec douceur et liberté, mais bien plutôt celui qui sait la punir et l'orienter fermement vers le bien. Les nouvelles proposent ainsi une morale par « cas » : elles exposent un problème et proposent différentes solutions possibles en laissant au lecteur le loisir de comparer les issues. Les nouvelles proposent une morale « cursive » : au lieu de subsumer l'histoire sous une maxime morale, elles invitent le lecteur à un parcours éthique qui explore les « mœurs » et envisage différentes stratégies de conduite. Les nouvelles, enfin, proposent une morale « inductive » : au lieu de confirmer les attentes morales du lecteur, elles les déjouent, pour l'inviter à rechercher une morale plus complexe, en engageant ainsi sa curiosité, son expérience morale et son discernement. En ce sens, le projet éthique des *Trecento Novelle* est proche du fonctionnement de l'*exemplum*[14], qui fait appel à la curiosité et l'interprétation du lecteur pour le conduire vers une maxime de conduite, et s'inscrit dans la continuité du projet poétique de Boccace, pour qui le récit de fiction doit inviter à un parcours interprétatif qui est source de plaisir et qui dévoile enfin, sous la fiction, une vérité éthique ou

13 « *O quanti sono gli dolorosi mariti che fanno cattive le mogli ! Più né sono cattive per difetto de' mariti che per li loro. Da' una fanciulla a un fanciullo e lascia fare a loro. Che dottrina apprenderà ella dall'ignorante giovane ? E quella via che ella piglia, per quella corre. E non si trova sempre il bastone di Gherardo né quel che si conterà nella seguente novella* », *ibid.*, p. 195.

14 Voir, à cet effet, le prologue du recueil d'*exempla* par Humbert de Romans : « Puisque les exemples émeuvent plus que les discours [...] et se font mieux comprendre et s'enracinent mieux dans la mémoire ; puisqu'ils sont volontiers écoutés par beaucoup et attirent, grâce au charme qu'ils exercent, bien des gens à assister aux sermons, il faut que ceux qui se consacrent à la prédication abondent d'exemples de cette sorte, pour les utiliser tantôt dans les sermons publics, tantôt dans leurs conversations avec des personnes qui craignent Dieu, tantôt dans des rencontres informelles, à l'adresse de toutes sortes de gens, pour leur édification et leur salut », Humbert de Romans, *Le Don de la crainte ou L'Abondance des exemples*, éd. Christiane Boyer et Jacques Berlioz, Lyon, PUL, 2002, p. 27.

spirituelle[15]. L'exemple de Mino est troublant pour nous, parce qu'il ne correspond pas à notre idée de la « morale » : la nouvelle ne propose pas de maxime générale, mais plutôt une indication concrète de conduite ; elle défend des pratiques qui sont pour nous inconcevables (battre sa femme pour la « rééduquer ») mais qui exposent assez clairement le contexte éthique et idéologique des nouvelles.

TRACES DE LA PREMIÈRE RÉCEPTION DU TEXTE

Il est très difficile de tracer la première réception des *Trecento Novelle* en raison de la faible tradition manuscrite du texte[16]. Les motifs de la nouvelle LXXXIV se retrouvent dans d'autres fables[17], sans qu'il soit possible de déterminer si la véritable source des réécritures est le fabliau ou le récit de Sacchetti. Si l'origine des versions plus tardives reste indécidable, il est certain que la réception du récit change : les infléchissements et les altérations de la fable montrent que le projet

15 « *Non essendo adunque senza alcun dubbio esser molta malagevoleza il trarre la nascosa verità di sotto al fabuloso parlare, dee seguire essere incomparabile diletto a colui che, per suo studio, vede averla saputa trovare ; laonde non solamente ogni affanno avutone se ne dimentica, ma ne rimane una dolceza nell'animo, la quale quasi con legame indissolubile ferma, nella memoria di colui che ritrovata l'ha, la verità ritrovata : dove quella che senza alcuna difficultà s'acquista, come leggiermente venne, così leggiermente si parte* », Giovanni Boccaccio, *Esposizioni sopra la Comedia di Dante* (1373-1374), ed. Paolo Procaccioli, Roma, Lexis Progetti Editoriali, 1999, accessible en ligne sur le site : www.bibliotecaitaliana.it [consulté le 27 avril 2019].

16 *Le Trecento Novelle*, *op. cit.*, *introduzione*, ed. Michelangelo Zaccarello, « Ancora sul testo base delle *trecento Novelle* », *Nuova Rivista di Letteratura italiana*, XX, 2, 2017, p. 131-154.

17 Voir notamment la nouvelle 85 des *Cent Nouvelles Nouvelles* ; la nouvelle 34 du *Grand Parangon des nouvelles nouvelles* de Nicolas de Troyes ; voir aussi la nouvelle 60 des *Joyeux Devis* de Bonaventure des Périers et la facétie III, 161 par Bebel. Ces textes sont assez éloignés du récit de Sacchetti, et plus proches du récit du fabliau. Voir aussi, du côté italien, la nouvelle 73 de Morlini, où une femme trompe trois prêtres qui la convoitent. La fable VIII, 3 par Straparola est plus proche du texte de Sacchetti. Pour une analyse des différents traitements du sujet, voir : Lionello Sozzi, *Contes de Bonaventure des Périers*, Genève, Slatkine reprints, 1998, p. 128-130 ; voir aussi Krystyna Kaspzyk, *Nicolas de Troyes et le genre narratif en France au XVIe siècle*, Thèse de Doctorat présentée à la faculté des Lettres et Sciences Humaines de Paris, Varsovie, Państwowe Wydawnictwo Naukowe, Paris, Klincksieck, 1963, p. 87-92.

de Sacchetti n'est plus recevable tel quel pour le public du XVIe siècle. Parmi les différentes versions, la fable VIII 3 de Straparola[18] paraît la plus proche de la nouvelle de Sacchetti. La fable est publiée en 1553, dans la deuxième partie des *Piacevoli Notti*.

Straparola change les personnages de la fable, en s'inspirant probablement de la nouvelle 73 de Morlini : la femme n'est plus volage mais sage, et s'appelle, à juste titre, *Savia* ; son amant est un prêtre ; elle ne désire pas se donner à lui, mais avoue à son mari ses avances, et cherche à le châtier avec la complicité de son époux. La découverte du crucifix vivant est rendue plus comique par l'irruption, chez l'artisan, d'un groupe de sœurs venues chercher leur commande : elles avaient commandité un crucifix en bois, et voici que l'artiste a su sculpter pour elles un crucifié qui paraît plus vrai que nature. Bref, l'ouvrage est magnifique et plaira sans doute à la mère abbesse et aux moniales. Et pourtant, ajoutent les sœurs, nous ne voulons pas que le *fastidio* (l'embarras) qu'il exhibe – c'est-à-dire, son membre – soit si visible. Serait-il possible de le couper ? L'artiste ne se fait pas prier et brandit sa hache : c'est alors que le prêtre crucifié quitte sa croix et prend la fuite.

Par ses choix de réécriture, Straparola moralise le texte : l'adultère n'a pas lieu, la femme est « sage », et les désirs déplacés du prêtre sont châtiés par la honte et la menace d'éviration. La morale du texte est claire : Straparola critique les hommes d'Église, qui s'adonnent à la concupiscence au lieu d'exercer le ministère de Dieu[19]. Le crucifix animé prend un nouveau sens : au lieu d'imiter le Christ, comme le prescrit son ministère, le prêtre se déguise en crucifié pour échapper à la jalousie

18 Voir Giovanni Francesco Straparola, *Le piacevoli notti* (éd. Donato Pirovano, Roma, Salerno editrice, 2000, 2 vols) nouvelle VII, 3. La première partie des nouvelles est publiée en 1551 à Venise, la deuxième en 1553. L'édition de 1556 réunit la première et la deuxième partie.

19 « *Se oggidì, graziose donne, e capi chierecati – ragionando però tuttavia di tristi e non di buoni, – attendessero a' loro studi, dandoci buoni essempi, e vivendo santamente secondo la regola loro, gli uomini ignoranti e plebei non arrebbono tanto ardire con favole ragionar di loro : anzi li terrebbeno in tanta venerazione, che toccando le fimbrie delle lor vestimenta, si riputerebbeno salvi e beati. Ma perciò che si sono mescolati con secolari, dandosi al mondo ed alle lascivie, e facendo quello che a noi vietar dovrebbeno, senza riguardo alcuno e in publici ed in privati luoghi di loro ampiamente si ragiona. Essendo adunque così, non resterò di raccontarvi una favola d'un apostata ; la quale, quantunque sia alquanto lunga, sarà nondimeno piacevole e ridicolosa, e forse di non poco sodisfamento vostro* », Giovanni Francesco Straparola, *Le piacevoli notti*, *op. cit.*, vol. II, p. 540.

du mari. Sa mission n'est pour lui qu'un déguisement, par lequel il entreprend de réaliser secrètement ses désirs malhonnêtes.

Straparola renforce le comique de la scène : si le mari reconnaît le prêtre concupiscent, les sœurs ne le reconnaissent point et crient au miracle quand ce dernier descend de la croix. Mais le rire n'est pas fondé sur la subversion d'une morale attendue : le projet idéologique de la nouvelle est confirmé par le dénouement, car le méchant est châtié et les sages sont préservés du danger. Le renversement du miracle, en revanche, creuse le trait de la satire, en proposant au lecteur l'image grotesque d'un prêtre saisi dans son impudicité et attaché à la croix.

Le lien entre surprise et recherche éthique, qui invitait le lecteur de Sacchetti à pousser plus loin son interprétation du texte par la comparaison des nouvelles, se délie dans la fable de Straparola. La morale est explicite, la subversion est ailleurs : l'énigme qui clôt la nouvelle[20] invite le lecteur à rechercher, sous l'apparente gaillardise de l'histoire, une critique radicale de l'esprit gaillard et concupiscent du clergé.

Straparola renverse le projet éthique de Sacchetti : au lieu de proposer au lecteur un parcours qui va de la subversion comique de la morale attendue à la découverte d'un principe de conduite inattendu, la fable de Straparola confirme et explicite la morale escomptée du texte. Mais cette morale prend les couleurs de la satire et propose un portrait dégradé de ce qui, a priori, devrait incarner les valeurs de la morale. En reprenant la veine anticléricale, déjà présente dans le fabliau du prêtre crucifié, Straparola s'expose aux critiques de la censure, qui le poussent à exclure cette nouvelle de l'édition de 1555.

20 La fable se clôt, comme toutes les nouvelles de Straparola, par une énigme adressée aux personnages du cadre. L'énigme semble décrire le membre masculin, mais un des devisants déjoue le piège et résout l'énigme : cet objet droit, blanc, lisse, dont la tête trouée est parfois mouillée, n'est autre que la plume pour écrire…

BORGHINI ET LA « CORRECTION » DES *TRECENTO NOVELLE*

En 1572, Vincenzo Borghini prépare une édition du recueil de Sacchetti. Son travail sur le texte, mené parallèlement à l'édition du *Décaméron*, marque une nouvelle étape dans la réception des *Trecento Novelle.* Le contexte a radicalement changé, avec la mise à l'index du *Décaméron* (1559) et l'invitation pressante, de la part des autorités ecclésiastiques, à mener une révision des textes que l'on souhaite republier. La « correction » du *Décaméron*, menée par Borghini et par les *deputati* de l'académie florentine, entre 1571 et 1573, répond à ces injonctions. Pour mieux comprendre la langue du *Décaméron*, Borghini entreprend alors d'étudier les *Trencento novelle*, comme il l'explique dans ses *Annotationi* sur le *Décaméron* :

> *Spesso ancora e volentieri habbiano adoperato* FRANCO *di Benci Sacchetti* Nobil Cittadino *nostro : che vise anche egli col Boccaccio ma più giovane di età di lui, e mosso dallo essempio suo, scrisse con un stile piu puro, e familiare, che affaticato, o ripulito, e come alhor dicevano, azzimato,* CCC Novellette, *o vero per lo piu historie di casi seguiti : quantunque alcune poche pur favolose ve ne mescolasse, e alcune ve ne ha, che poco si vergognerebbono di queste.* [...] *e come vedrà in parte il Lettore, è pieno de' medesimi detti, e parole del Boccaccio, perche nasce dalla medesima vena di quel buon secolo, quando come gli habiti, e le monete, cosi usavano tutti i medesimi modi e parole*[21].

Borghini associe visiblement les *Trecento Novelle* au *Décaméron*, ne distingue pas le projet moral des deux textes, et souligne le caractère immoral de certaines nouvelles de Sacchetti. Dans l'épître qui accompagne les onze nouvelles choisies qu'il adresse à Cosimo de' Medici, dans la perspective d'une possible édition du recueil, Borghini pousse plus loin son analyse :

---

21 Vincenzo Borghini, *Annotationi et discorsi sopra alcuni luoghi del Decameron*, Firenze, Giunti, 1574 ; « proemio », fol. Dd. 2r. : « Bien souvent et de bon gré, nous avons utilisé Franco di Benci Sacchetti, notre noble concitoyen : il vécut au temps de Boccace mais nacquit plus tard, et mû par son exemple, il écrivit dans un style simple et familier et moins travaillé, moins poli, ou comme on disait à l'époque, "recherché", trois cents nouvelettes, en réalité des histoires de faits réels la plupart du temps ; bien qu'il y mêlât quelques récits fabuleux, et certaines d'entre elles ont peu de choses à envier à celles-ci. [...] et comme le lecteur pourra le voir, il est rempli de formules et de mots qui sont ceux de Boccace, parce qu'il appartient à la même veine de ce grand siècle, lorsque tous usaient des mêmes tournures et des mêmes mots, comme il en va des vêtements ou des pièces de monnaie ».

> *Io mando a V. E. le* CCC *novelle di Franco Sacchetti* [...] *per il caso se furno vere, si potranno giudicare più che mediocri. Et vi troverà l'E.V. una ragionevol notizia de modi del vivere, vestire, et conversare et della semplice bonarietà de nostri antichi.* [...] *L'E.V. potrà interporre tal volta questi bassi ragionamenti in fra e gravissimi pensieri ch'ella ha di levare l'arme d'Italie et recare pace et quieta a sua popoli e a sé parturire eterna gloria. Come ne gran conviti, et in fra e, delicatissimi cibi per ricreare il gusto de convitati, si usa inframmettere spesso una semplice insalata, o qualche salvatico pomo*[22].

Pour Borghini, les nouvelles de Sacchetti sont des récits au style bas, qui ne sont pas en mesure d'instruire (*docere*) le lecteur, mais seulement de le divertir (*delectare*) et de le distraire de ses occupations ordinaires. Il s'agit d'un document amusant qui retrace les usages et les mœurs de nos ancêtres. Si la lecture s'apparentait au repas, les nouvelles seraient une salade, ou un fruit sauvage, qui surprend le goût des invités habitués à des mets plus raffinés. Borghini ignore le projet éthique des *Trecento Novelle*, car pour lui un recueil au style bas n'a pas d'ambition éthique ou idéologique, mais simplement récréative.

Sa lecture du texte oriente son travail d'édition : Borghini associe le projet de Sacchetti à celui de Boccace et applique aux deux textes la même « méthode ». Mais il est beaucoup plus libre dans le cas de Sacchetti, car il n'existe aucune édition antérieure du recueil et le manuscrit sur lequel il travaille est, selon ses dires, très abîmé. Il en va tout autrement pour le *Décaméron*, qui a fait l'objet d'un grand nombre d'éditions importantes (notamment l'édition des Giunti de 1527 et l'édition de 1557 par Ruscelli) et dont le texte a déjà été l'objet d'un travail linguistique et formel important. De même, si Borghini porte à terme son édition du *Décaméron*, il ne termine pas l'édition des *Trecento Novelle*, dont ne

---

22 « Lettera del 28 agosto 1559, di Vincenzo Borghini al duca Cosimo de' Medici, in occasione dell'invio di undici novelle di Sacchetti », Firenze, Archivio dell'Istituto degli Innocenti, Serie 62, filza 26, retranscrit dans *Vincenzo Borghini, filologia e invenzione nella Firenze di Cosimo* I, ed. Gino Belloni e Riccardo Drusi, Leo Olschki, 2002, cha p. 5, 14 : « J'adresse à Votre Excellence les Trois cents nouvelles de Franco Sacchetti [...] qu'on pourra juger, lorsqu'elles narrent des faits réels plus que médiocres. Et Votre Excellence y trouvera des connaissances précises sur la façon de vivre, de s'habiller, de converser et sur la vie simple et bonne de nos ancêtres. [...] Votre Excellence pourra parfois se tourner vers ces basses considérations et quitter un instant ses hautes préoccupations qui visent à renvoyer les armes hors d'Italie, à ramener la paix et la quiétude à ses peuples et à se forger ainsi une gloire éternelle. Comme lorsque dans les grands banquets, entre eux plats raffinés, on a coutume de servir, pour rafraîchir le palais des invités, une simple salade ou quelque fruit. »

restent que les travaux préparatoires, sans que l'on puisse déterminer quels auraient été les choix de Borghini au moment de l'impression.

Les traces de l'édition inachevée sont pourtant révélatrices de la lecture que Borghini fait des *Trecento Novelle* : si le recueil présente pour lui un intérêt certain, il est trop long et trop libre. Borghini envisage de le réduire et de le moraliser. Tout d'abord, il fait copier le manuscrit florentin (désormais perdu) qui conserve toutes les nouvelles. La confrontation entre la copie de Borghini et les autres sources manuscrites révèle les choix du copiste. Pour la nouvelle de Mino de Sienne, que nous venons d'étudier, ses choix sont significatifs : Mino, en découvrant le crucifix dans son atelier

> [...] *prese quest'ascia et accostatosi per salire verso il crocifisso vivo, per tagliargli la principal cosa che quivi l'aveva condotto*[23]

Le manuscrit omet un terme qui a été judicieusement restauré par Michelangelo Zaccarello dans son édition récente : Mino entend couper « *quel lavorìo, la principal cosa che quivi l'aveva condotto*[24] ». Le copiste oublie « *quel lavorìo* », un terme important dans la nouvelle puisqu'il renvoie à la fois au travail artistique de Mino et au membre de l'amant. Le double sens, dans le manuscrit de Borghini, disparaît : l'ambiguïté grivoise du texte est réduite, l'insistance sur la nudité indécente de l'amant devenu crucifié est prudemment atténuée.

L'attitude de Borghini envers les *Trecento Novelle* transparaît également de sa sélection de nouvelles prévue pour la publication. Borghini n'entend pas publier tout le recueil, mais seulement un choix de nouvelles qui constituent sa *scelta* (sa sélection) et dont subsistent plusieurs versions manuscrites. Un de ces manuscrits, conservé à Milan, propose une liste 82 nouvelles et précise également que 10 nouvelles devront être corrigées ou abrégées. La nouvelle LXXXIV appartient à cette deuxième sélection. Le manuscrit indique en effet, à côté du chiffre LXXXIV, « *Un dipintor Sanese* » *Racconciarla*[25]. *Racconciare* signifie à la fois réduire et

---

23 Biblioteca Nazionale Laurenziana, Ms Pluteo 42.11, c. 184r. : « Il saisit la hache et s'approche pour monter vers le crucifix vivant afin de couper ce qui l'avait précisément amener ici ».

24 Franco Sacchetti, *Le Trecento Novelle*, *op. cit.*, p. 190.

25 Milano, Biblioteca Trivulziana, Ms. 192, fol. 2r-3r, en particulier 3r. Voir « introduzione » *Trecento Novelle*, *op. cit.*, « introduzione » ; ainsi que l'article plus ancien de Barbi, qui lance le travail d'édition des nouvelles : Michele Barbi, « per una nuova edizione delle

réparer (« *ridurre* et *rimettere in buono* » d'après la première édition du vocabulaire de la Crusca[26]), il est donc probable que Borghini ait souhaité réduire et corriger certains éléments du texte. Ce projet pourtant ne vit jamais le jour.

Nous pouvons toutefois imaginer les desseins de Borghini en analysant ses stratégies de « correction » du *Décaméron*. Dans le recueil de Boccace, la nouvelle IV 2 présente quelques proximités avec le récit de Mino da Siena. Il s'agit également d'une *beffa* (une farce) faite aux dépens d'un amant qui détourne à ses fins les images de la foi. Frate Alberto se déguise en archange Gabriel pour séduire une paroissienne un peu sotte. Boccace réduit ainsi l'annonciation en adultère pour le rire du public et la satire du clergé : l'amant importun est enfin démasqué, reconnu par ses frères et condamné. Or les *deputati* florentins, dirigés par Borghini, censurent lourdement cette nouvelle : Frate Alberto est réduit à l'état laïc et devient *Alberto da Imola* ; il ne se déguise plus en archange Gabriel, mais en roi des fées (*re delle fate*) pour mener à bien son entreprise de séduction[27]. La comparaison entre la version de Boccace et l'édition censurée manifeste les soucis et les stratégies des censeurs : peu importe que la nouvelle suive la morale rétributive, en punissant l'auteur de l'adultère. Ce qui trouble les censeurs, c'est le risque que le clergé et les symboles de la foi catholique soient tournés en ridicule. Il faut donc ôter toute référence à l'Église, à ses prêtres et à ses images. On imagine facilement comment ce projet iconoclaste aurait pu altérer la nouvelle de Sacchetti : le crucifix aurait pu être transformé en planche en bois, ou en tableau mythologique, auquel se serait adossé l'amant indiscret.

Cette reconstitution d'un texte fantôme est purement imaginaire, mais il est certain, en lisant les notes de Borghini, que le projet éthique de Sacchetti n'est plus compréhensible en 1572, et que la moralité de ses nouvelles est jugée hautement problématique.

---

novelle di Sacchetti », *Studi di Filologia Italiana*, vol. 1, 1927, p. 87-131, les deux listes sont transcrites par Barbi aux p. 161-166.

26 Voir l'entrée *racconciare* : *Ridurre, e rimettere in buono, essere le cose guaste, accomodare, rassettare. Latin. Resarcire*, *Vocabolario degli accademici della Crusca*, éd. 1612, accessible online à l'adresse www.lessicografia.it/ [consulté le 25 Avril 2019].

27 Giovanni, Boccaccio, *Decamerone*, Firenze, Giunti, 1573, p. 214. Voir aussi les annotations de Borghini dans son édition de travail, conservé à la BNC de Florence, cote : RARI.22.A.5.18, fol. 111r.

VERS UNE LECTURE SIMPLIFIÉE ET MORALISÉE DES NOUVELLES

Le projet de réécriture par Borghini manifeste une nouvelle lecture du recueil de Sacchetti. Les *Trecento Novelle*, mais aussi le *Décaméron* et plus largement le corpus des nouvelles sont considérés comme des récits au style bas qui servent exclusivement le divertissement et le plaisir sans présenter aucune « utilité » au lecteur. Dès lors, le souci de « réconforter » le public (Sacchetti) de le « consoler », de lui présenter des exemples utiles pour la vie pratique n'est plus recevable. Les nouvelles sont lues comme des facéties : elles sont d'ailleurs intégrées à des recueils de facéties[28], et présentées aux lecteurs comme un objet de divertissement sans aspiration éthique.

La lecture de Borghini élimine tout jeu interprétatif : la nouvelle est réduite à son sens littéral. Le parcours interprétatif proposé par Sacchetti, les effets de résonances entre plusieurs nouvelles ne sont plus perçus. Le plaisir du récit n'est plus dans son ambiguïté apparente et dans le parcours d'interprétation qu'il amorce (comme c'est le cas chez Boccace et Sacchetti), mais dans son sens littéral, dans la juste punition du méchant et dans la surprise suscitée par un événement imprévu. Cette réduction du récit à son sens littéral est explicitement mentionnée par Thomas Manrique, maître du sacré Palais chargé d'orienter le travail de censure des *Deputati*. Dans une lettre aux *Deputati*, datée du 31 décembre 1571, Manrique explique que « *prima per avventura* [*si*] *pigliava le cose dette come da giuoco, et ora non potranno fare questo nelle cose che punto punto toccano la religione*[29] ». Avant, le texte était lu comme un jeu : on pouvait l'interpréter, et cela était source de plaisir. Désormais, cela n'est plus possible : le lecteur ne peut plus jouer avec le texte, mais doit s'en tenir

28 Un certain nombre de nouvelles de Sacchetti sont traduites et publiées notamment en France in *Les Comptes du monde adventureux*, par ADSDD. [Antoine de Saint Denis], Lyon, Jean Huguet, 1572 (1555) et in Bonaventure des Périers, *Nouvelles récréations et joyeux devis*, Lyon, Robert Granjon, 1558.

29 Lettre de Thomas Manrique aux députés du 31.12.1571, in Giuseppe Chiecchi (ed.), *Dolcemente dissimulando : cartelle laurenziae e Decameron censurato 1573*, Padova, Antenore, 1992, p. 112 : « Par le passé, il se trouve qu'on considérait les faits racontés comme un jeu, mais à présent cela sera impossible pour les faits qui concernent directement la religion ».

au seul sens littéral. En d'autres termes, la lecture n'est plus libre, mais guidée par la littérarité du texte et balisée par son contenu explicite.

La lecture des censeurs s'attache aux mots clés et oublie la logique complexe du texte : peu importe que la nouvelle se termine par la punition du méchant et l'éloge de la vertu, peu importe que le prêtre adultère soit châtié : ce qui choque, c'est qu'il soit prêtre et qu'il utilise le crucifix comme un déguisement. Les censeurs refusent l'avilissement et même la mention de certains termes qui touchent à la morale et à la religion : il ne faut pas que le lecteur puisse imaginer un crucifié paillard et un archange concupiscent. Cette attention aux mots au détriment du sens général est sans doute due aux modalités de la censure. Thomas Manrique annote son édition du texte en soulignant les mots qui fâchent et en demandant des révisions dans le choix de chaque mot. Le texte des nouvelles est ainsi l'objet d'une lecture atomisée qui perd de vue le projet d'ensemble de l'auteur.

La nouvelle lecture du texte s'apparente à un exercice d'aménagement moral : il ne s'agit pas de bannir des nouvelles l'adultère, le blasphème, le désir, mais d'en bannir la représentation explicite. L'adultère existe, mais ne doit pas être rapporté aux membres du clergé ; le blasphème existe chez les infidèles, mais ne touche pas les objets de la foi ; les ébats sexuels sont possibles, mais ne doivent pas être décrits de manière explicite : il ne faut pas mentionner ouvertement le *lavorío*, le *fastidio* ou tout autre outil anatomique qui pourrait servir aux pratiques sexuelles.

Le projet éthique de Sacchetti, dès la fin du XVIe siècle, n'est plus compréhensible. Un manuscrit conservé à Florence manifeste cette incompréhension. Il s'agit d'un texte du XVIIe siècle, où sont copiées sept nouvelles de Sacchetti et deux nouvelles du *Décaméron*[30]. On y retrouve, encore une fois, la nouvelle LXXXIV. Elle jouxte les nouvelles VII 5 et VIII 8 du *Décaméron*, qui traitent de deux *beffe* faites aux dommages des amants importuns. Ce thème se retrouve dans la nouvelle LXXXIV et dans une partie des récits tirés de Sacchetti. Le copiste semble ici assimiler le projet de Sacchetti à celui de Boccace : les nouvelles sont copiées *alla spicciolata*, sans référence au cadre, leur sujet est semblable, leurs effets aussi – il s'agit de rire et de faire rire. Le projet éthique des auteurs est

30 BNC de Florence, Ms. II.IV.12, c. 134 et ss. On ne connaît pas le copiste, mais il s'agit sans doute d'un copiste « par passion » qui a reporté conjointement les textes de Boccace et ceux de Sacchetti.

oublié : ce qui compte est le thème des nouvelles, l'adultère, la *beffa*, et pour certaines, la satire anticléricale. La préférence pour ces sujets, au XVIIe siècle, réduit la lecture à l'espace privé et à la forme confidentielle du manuscrit. Le copiste recherche probablement son plaisir et le plaisir de ses amis proches, mais n'entend pas publier un texte, celui de Sacchetti, qui est clairement perçu comme problématique et immoral.

Enrica ZANIN
Université de Strasbourg
Configurations littéraires, EA 1337

INDEX DES NOMS DE PERSONNES

INDEX DES NOMS DE PERSONNAGES[1]

---

1 Sauf mention contraire, les personnages recensés sont ceux des *Trecento Novelle*. Les chiffres romains renvoient aux nouvelles citées.

RÉSUMÉS

Laurent Baggioni et Sylvain Trousselard, « Avant-propos. Le regard de Sacchetti sur la politique – Les jeux du rire et du hasard »

En présentant la structure du volume et le résumé des articles, les auteurs invitent à considérer la poétique politique des *Trecento Novelle* sous un angle positif et non comme une régression par rapport au *Décaméron*. Ils s'attachent ainsi à mettre au centre de l'analyse le rapport entre les choix littéraires sacchettiens (comme l'abandon du récit-cadre boccacien et la présence de commentaires moralisants) et la représentation d'une crise socio-politique polymorphe caractéristique de cette fin du XIVe siècle.

Antonio Corsaro, « Introduction »

L'auteur met en relief la spécificité de la « nouvelle » sacchettienne. Les *Trecento Novelle* apparaissent comme une œuvre ouverte, irréductible à tout schéma moral, doctrinal ou idéologique. La précarité de l'existence, moteur narratif du recueil, se reflète dans la précarité des rapports sociaux, décrits dans un perpétuel mouvement. Critiquant toute attitude intellectualiste, Sacchetti réinvestit alors le récit exemplaire et comique traditionnellement adressé à un public moins cultivé.

Michelangelo Zaccarello, « Le nouveau texte critique des *Trecento Novelle* de Franco Sacchetti »

L'auteur rappelle les étapes fondamentales de l'histoire du texte en soulignant combien la matière linguistique du recueil, en l'absence d'autographe, est tributaire d'une tradition postérieure. En explicitant les critères de l'édition critique des *Trecento Novelle* qu'il a publiée en 2014 à Florence aux Edizioni del Galluzzo, Michelangelo Zaccarello démontre néanmoins que certains aspects microtextuels, notamment l'intérêt du narrateur pour la mimésis dialectale, constituent des acquis définitifs.

Sylvain Trousselard, « Onomastique et représentation de la société dans les *Trecento Novelle* »

La caractérisation comique des personnages est le fruit de jeux linguistiques variés, comme en témoigne l'inventivité onomastique de Sacchetti, destinée à mettre en relief l'épaisseur socio-économique des personnages. Analysant la désignation de certains personnages, l'auteur révèle de quelle manière le déictique de la personne s'inscrit pleinement dans la diégèse pour renvoyer parallèlement l'attention du lecteur sur les rapports socio-professionnels qui s'invitent alors dans le récit.

Pascaline Nicou, « L'adjectif *nuovo* chez Sacchetti et le renversement comique du monde »

L'examen de la qualification de personnages insolites par le mot *nuovo* (qu'on peut traduire par « singulier », « étrange », « extravagant ») traduit une conception du rire fondée sur l'écart par rapport à la norme, conception dont Pascaline Nicou révèle le lien avec la représentation de certains rapports de pouvoir au sein de la société, ainsi qu'avec une dimension politique plus générale correspondant à une critique de la fragilité des sociétés et des États contemporains.

Cécile Terreaux-Scotto, « La famille dans les *Trecento Novelle* de Franco Sacchetti. Liens fictionnels et ancrage historique »

La famille et la filiation sont marquées par l'ambiguïté : d'un côté, enfants et jeunes gens sont dépeints comme de dangereux rivaux ; de l'autre, leur intelligence est mise en valeur. Cette ambiguïté pourrait tenir au fait que les jeunes gens, de plus en plus présents dans la vie politique après la révolte des *Ciompi*, sont perçus comme subversifs. En tant que *pueri senes*, ils pourraient être le signe d'une crise morale profonde, dont la peste évoquée dans le prologue pourrait être l'emblème.

Ismène Cotensin, « Arts, espaces et narration dans les *Trecento Novelle* de Franco Sacchetti »

Comment la *bottega* de l'artiste, ouverte sur la rue, participe-elle au flux de la vie citadine ? Comment les différentes anecdotes mettant en scène les peintres Buffalmacco ou Giotto – déjà présents dans le *Décaméron* – révèlent-elles l'évolution de la société florentine, en particulier le statut de l'artiste-artisan ? La représentation des artistes par Franco Sacchetti traduit ainsi leur pleine insertion dans la sociologie urbaine et dans un ensemble de rapports de pouvoir qui structurent plus largement la cité.

Laurent BAGGIONI, « Analyse politique du rire florentin »

Franco Sacchetti dépeint le rapport entre les détenteurs du pouvoir et leurs sujets selon une polarité qui est l'un des principaux ressorts du comique. La catégorie bakhtinienne de « carnavalesque » semble inadéquate pour définir le comique du recueil, car celui-ci joue plutôt sur le ridicule des dominés plutôt que sur celui des dominants. Le comportement comique des bouffons est néanmoins doté d'une valeur heuristique qui révèle un regard critique porté sur toutes les formes de pouvoir.

Marina GAGLIANO, « Sacchetti, récit comique et commentaire moralisant dans les *Trecento Novelle*. Les modèles de Boccace et de Dante »

L'analyse se concentre sur l'instance multiple à laquelle Franco Sacchetti prête son nom et qui est à la fois protagoniste ou témoin, mais aussi narrateur et commentateur. Cette physionomie complexe n'est pas sans rappeler le « Dante » de la *Divine Comédie*, que l'auteur évoque en présentant la dimension éthique de ses récits. Ainsi, ce « je » aux multiples facettes fait du recueil un espace de communication où se déploie une invitation à la conciliation et à l'exercice des vertus morales et civiques.

Élise LECLERC, « "*Perché dice bene il proverbio*". En traduisant les formes sentencieuses des *Trecento Novelle* »

Les formes sentencieuses sont analysées du point de vue de l'économie générale du texte. Elles apparaissent comme un outillage narratif et rhétorique complexe que le narrateur manie avec précision, en l'articulant aux différentes voix du récit. La finalité commune de ces usages convergents semble être celle de tisser une trame sous-jacente, porteuse d'une sagesse atemporelle et collective, et participant de la mise à distance critique du monde contemporain à l'œuvre dans le recueil.

Ilaria TUFANO, « La dimension politique dans les *Trecento Novelle* de Franco Sacchetti »

L'observation empirique, développée par Franco Sacchetti, du cadre socio-politique tumultueux de la fin du XIVe siècle, sa vertigineuse perception de la précarité de l'existence – si éloignée des matrices proto-humanistes de Boccace – sont le fruit d'une vision augustinienne de l'histoire, intrinsèquement mauvaise et violente, que Sacchetti conçoit comme une tragique succession de catastrophes et, de surcroît – il s'écarte en cela d'Augustin –, comme le jouet des permutations de la Fortune.

Enrica ZANIN, « Les *Trecento Novelle*, projet éthique, réception et censure »

L'article questionne le projet éthique de Franco Sacchetti en soulignant sa proximité et ses écarts par rapport à son modèle boccacien. Il l'éclaire à la lumière de sa réception et de sa compréhension par les lecteurs plus tardifs, notamment dans les versions des mêmes nouvelles par Girolamo Morlini et Gianfrancesco Straparola. Le climat de censure qui suit le concile de Trente change la compréhension de ce projet, comme le montre la réception des nouvelles par Vincenzo Borghini et par Antonio da Sangallo.

TABLE DES MATIÈRES

DEUXIÈME PARTIE

NOUVELLES DE LA VIE FLORENTINE

TROISIÈME PARTIE

UN REGARD SUR LE MONDE

ÉTHIQUE ET POÉTIQUE DE FRANCO SACCHETTI

IMPRIM'VERT®

Achevé d'imprimer par Corlet Numéric,
Z.A. Charles Tellier, Condé-en-Normandie (Calvados), en juillet 2021
N° d'impression : 172567 - dépôt légal : juillet 2021
Imprimé en France